Hans Fink

# Meine Ur-Oma in der Buschschule

Hinter den Kulissen
des potenziell längsten europäischen Zaubermärchens
Aarne-Thompson Nr. 301
„Die drei geraubten Königstöchter"
(auch bekannt als
„Die Prinzessinnen in der Unterwelt")

Gießen
2022

© 2022 Hans Fink
Herstellung und Verlag: BoD – Books on Demand,
Norderstedt
ISBN: 9783756229895

# INHALT


Erster Teil. Die Einleitung ........................................... Seite   7

Das Vorhaben ...................................................................... 7
Propps Grenzen ............................................................ 10
Die Initiationsstätte ................................................…..…. 16
Das Programm der Buschschule .................................…... 19
Das Ende der alteuropäischen Buschschule ............................ 24
Entstellungen und ihre Ursachen ....................................... 39
Die Namen der Zauberer-Gestalt ...................................... 55


Zweiter Teil. Die Motive des Märchentypus AT 301 ..................... 59

Motiv Nr. 1:         Die Prophezeiung ................................... 59
Motiv Nr. 2:         Die Entführung .................................…... 70
Motiv Nr. 3:         Sonne, Mond und Sterne ..................…..… 80
Motiv Nr. 4:         Die Statuen ............................................ 83
Motiv Nr. 5:         Im Drachenschloss ............................... 85
Motiv Nr. 6:         Handarbeiten ........................................ 90

Erster Exkurs:       Ergänzungen zur Initiation der Mädchen ….….. 91

Motiv Nr. 7:         Die Bekanntmachung ........................... 103
Motiv Nr. 8:         Die Abstammung des Starken Hans ............ 105
Motiv Nr. 9:         Der Starke Hans als Knecht .................... 108
Motiv Nr. 10:        Der Starke Hans in der Schmiede .............. 108
Motive Nr. 11-17:    Die außerordentlichen Gesellen .................. 109
Motiv Nr. 11:        Der Fachmann für Steine ......................... 111
Motiv Nr. 12:        Der Fachmann für Holz ......................…... 112
Motiv Nr. 13:        Der Fachmann für Erdarbeiten ................. 114
Motiv Nr. 14:        Der Fachmann für Brücken und Wehre …….. 115
Motiv Nr. 15:        Der Fachmann für Dammbauten ................ 116
Motiv Nr. 16:        Der Fachmann für Bewässerung ................ 116
Motiv Nr. 17:        Der Fachmann für Metallarbeiten .............. 117

Motive Nr. 18-19:    Die Quälgeister ............................ Seite  118
Motiv Nr. 18:    Hunger und Schrecken ............................ 119
Motiv Nr. 19:    Ein Streifen Haut ............................ 122
Motiv Nr. 20:    Zerstückelt und gekocht ......................... 124
Motiv Nr. 21:    Das „Öffnen" des Mundes ...................... 126

Zweiter Exkurs:    Ergänzungen zur Initiation der Knaben ......... 127

Motiv Nr. 22:    Feen ............................................ 130
Motiv Nr. 23:    Der Tunnel zur Unterwelt ...................... 132
Motiv Nr. 24:    Der Abstieg ................................... 136
Motiv Nr. 25:    Die Gärten .................................... 141
Motiv Nr. 26:    Die Befreiung ................................. 145
Motiv Nr. 27:    Tanzende Frauen ............................... 145
Motiv Nr. 28:    Ein Schloss auf Vogelbeinen ................... 146
Motiv Nr. 29     Ein Haus ohne Türen und Fenster .............. 147
Motiv Nr. 30:    Geschenke der Königstöchter ................... 147
Motiv Nr. 31:    Tüchlein und Ei ............................... 149
Motiv Nr. 32:    Der Verrat .................................... 153
Motiv Nr. 33:    Dienstbare Geister ............................ 154
Motiv Nr. 34:    Die Rückkehr auf dem Riesenvogel ............ 157
Motiv Nr. 35:    Forderungen der Königstöchter ................. 159
Motiv Nr. 36:    Die Hochzeit .................................. 160

Dritter Exkurs:    Ergänzungen zum Unterricht ................. 161

Motiv Nr. 37:    Der Apfelbaum des Königs .................... 185
Motiv Nr. 38:    Eine zweite Unterwelt ......................... 186
Motiv Nr. 39:    Bestrafung der falschen Gefährten ............ 186

Vierter Exkurs:    Die Saligen ................................... 187

Schluss ................................................... 201

## Anhang

Bibliografie ......................................... Seite  203
Geschichte und Archäologie .............................. 203
Volkskunde und Völkerkunde ............................. 204
Erzählforschung ....................................... 212
Sammlungen von Märchen und Sagen ...................... 214

Liste mit Märchentypen aus dem Aarne-Thompson-Katalog .......... 233

# ERSTER TEIL
# DIE EINLEITUNG

## Das Vorhaben

Ich bewundere meine fernen Vorfahren, die mit zusammengebissenen Zähnen tapfer durch die Martern der Jugendweihe gegangen sind, Männer wie Frauen, Generation für Generation. Ihr Leidensweg und die darauffolgenden Erlebnisse in der Buschschule bilden den Hintergrund vieler Zaubermärchen. Die Gelehrten konnten sich keinen Reim darauf machen, wovon in diesen Märchen eigentlich die Rede ist, sie rätselten jahrzehntelang. Endlich, im Jahre 1946, veröffentlichte ein russischer Forscher ein Buch und machte auf einen Schlag vieles klar. Der Mann hieß Wladimir Jakowlewitsch Propp, lebte in Leningrad, und seine Abhandlung erschien unter dem geheimnisvollen Titel „Die historischen Wurzeln des Zaubermärchens".[1] Hier beschrieb er den Ablauf der archaischen Jugendweihe und ihren institutionellen Rahmen, der mit einem englischen Fachwort *Buschschule* heißt. Von den Herausgebern der „Enzyklopädie des Märchens" und ihren Mitarbeitern wurde diese Leistung Propps nicht anerkannt. Meines Wissens ist niemand weiter in die von ihm gewiesene Richtung vorgedrungen. Weder haben andere Erzählforscher versucht, die Entstehungszeit der Märchen von der europäischen Buschschule näher einzugrenzen, noch gaben sie sich die Mühe, die Schlussfolgerungen Propps aufgrund von Forschungsberichten, die ihm nicht zugänglich waren (etwa über Frauenbünde und Mädcheninitiation), zu ergänzen und zu berichtigen.

Wären die Erzählforscher Propp gefolgt, hätten sie längst alle noch offenen Fragen beantwortet:
- wie die alteuropäische Buschschule eingerichtet war;
- wie das Initiationsritual ablief;
- warum unsere Vorfahren auf die Buschschule verzichtet haben;

---

[1]    VLADIMIR PROPP: Die historischen Wurzeln des Zaubermärchens. [Leningrad, 1946.] München und Wien: Hanser, 1987.

- wann die Buschschule aus der sozialen Wirklichkeit verschwunden ist;
- was wir aus den Märchen von der Buschschule über die Gesellschaft der Späten Bronzezeit erfahren;
- wie und aus welchen Gründen sich die Märchen im Laufe von 3.000 Jahren veränderten;
- wie das Märchen von den zwei Brüdern, das wir aus der Grimm'schen Sammlung kennen (KHM 60), in die Folklore der Yoruba in Nigeria gelangte;
- wie sich die Übereinstimmungen zwischen europäischen Märchen von der Buschschule und Überlieferungen erklären lassen, die in Südchina, Vietnam, Laos, Kambodscha und Indonesien aufgezeichnet worden sind.

Wegen der Folgen des Zweiten Weltkriegs fanden Propps Erkenntnisse zum Ursprung der Zaubermärchen nur allmählich Verbreitung. Die deutsche Übersetzung der genannten Abhandlung erschien sogar mit einer Verspätung von vierzig Jahren. Die Redakteure und Mitarbeiter der „Enzyklopädie des Märchens", unter ihnen Max Lüthi, hielten daran fest, dass alle Märchen erfunden worden sind.

Mir ist in den siebziger Jahren, als ich noch in Rumänien lebte, die rumänische Übersetzung von Propps Abhandlung in die Hände gefallen. Kurz darauf las ich den Aufsatz von Monica Brătulescu über die rumänische Mädchen-Spinnstube, die als Ausläufer eines antiken Initiationsritus erkannt wurde. Unter dem Eindruck dieser zwei Texte begann ich gezielt Märchen, Literatur über Märchen, volkskundliche und völkerkundliche Literatur zu lesen. Ich stieß auf Bücher, die das Bild, das Propp sich gemacht hatte, ergänzten und berichtigten. Zu diesen gehört die Monografie von Georg Bohdan Mykytiuk über die ukrainischen Andreasbräuche, denn aus ihr geht hervor, dass es in der Ukraine Mädchen-Spinnstuben gegeben hat, die den rumänischen glichen wie ein Ei dem anderen. Aus dieser Ähnlichkeit lässt sich auf eine gemeinsame Urform schließen.

Dank der Berichte über die kollektive Jugendweihe in Afrika, Amerika, Asien, Australien und Neuguinea ist es möglich, die europäischen Märchen von der Buschschule zu interpretieren. Sie enthalten – streng wissenschaftlich formuliert – Motive, die Momenten der archaischen Jugendweihe entsprechen. Oft bilden die Motive eine längere Kette, wobei ihr Platz in der Kette vom Ablauf der Jugendweihe bedingt ist.

Die archaische Jugendweihe, die im vorgeschichtlichen Europa praktiziert wurde, spiegelt sich in den Varianten von mehreren Märchentypen des Aarne-Thompson-Katalogs wider, z.B.
- AT 301 „Die drei geraubten Königstöchter" (auch bekannt als „Die Prinzessinnen in der Unterwelt");
- AT 303 „Die zwei Brüder";
- AT 303 A „Sechs Brüder suchen sieben Schwestern zu Frauen";
- AT 310 „Die Jungfrau im Turm";
- AT 313 „Der dem Teufel versprochene Königssohn",
- AT 325 „Der Zauberer und sein Schüler",
- AT 400 „Der Mann auf der Suche nach seiner verschwundenen Gattin";
- AT 425 A „Amor und Psyche".

Aus meiner Lektüre ergab sich die Frage, ob man den Weg, den Propp gegangen war, um die Märchen von der Buschschule zu erklären, nämlich vom Brauch zum Text, nicht in umgekehrter Richtung beschreiten könnte, um die europäische Buschschule zu rekonstruieren, ausgehend von den bekannten Märchen. Für diesen Coup bot sich der Märchentypus AT 301 an, weil er a) einerseits weit verbreitet, andererseits gut belegt ist und b) die Handlung sich auf eine erstaunlich lange Motiv-Kette stützt – wenn man die Varianten in Betracht zieht, sind es 39 Motive. Mit AT 301 als Ausgangsbasis ließe sich der Ablauf der Jugendweihe im Alten Europa umfassend präsentieren, natürlich mit dem Vorbehalt, dass der Ritus nicht bei allen Stämmen identisch verlaufen ist.

Vorarbeiten zu einer derartigen Studie waren mir nicht bekannt. Ich gab mir Rechenschaft, dass ein Mensch allein dieses Projekt nicht zu bewältigen vermag – aber es war erlaubt, sich darüber Gedanken zu machen.

Im Folgenden wird beschrieben, was die archaische Jugendweihe war, wann sie aufgegeben wurde und warum das geschah. Manche Informationen, die schon in der Anthologie „Was einmal war"[2] auftauchen, erscheinen hier in einem neuen Kontext. Im ersten Teil des Buches wird auch veranschaulicht, wie und warum die Überlieferungen, die sich auf die Buschschule beziehen, im Laufe von 3.000 Jahren umgemodelt und zugleich damit entstellt worden sind.

Beim Märchentypus AT 301 wird der Ritus der archaischen Jugendweihe nicht vollständig dargestellt, davon sind wir weit entfernt. Das betrifft nicht irgendeine Variante, sie gilt für die Gesamtheit der Texte, die zu diesem Typus gehören. Etliche Momente des Ritus sind hier gar nicht vertreten. Um die vermissten Momente zu benennen und durch Szenen aus anderen Märchen zu illustrieren, muss ich Exkurse einfügen, dabei sind Wiederholungen unvermeidlich.

### Propps Grenzen

Im Leben unserer Ahnen war die Jugendweihe das größte Ereignis, denn nur wer sie bestanden hatte, wurde als vollberechtigtes Stammesmitglied anerkannt. Das verdeutlichen die Beobachtungen Diedrich Westermanns im Hinterland von Liberia, wo der Männerbund *Poro* die Jugendweihe für Knaben veranstaltete: Bei den Kpelle musste ein freier Mann Mitglied im Poro-Bund sein, sonst durfte er kein Landeskind heiraten, durfte kein öffentliches Amt ausüben, blieb vom Mitbesitz der religiösen Güter ausgeschlossen und erhielt kein ehrenvolles Begräbnis.[3]

Um zu verstehen, was in der Buschschule geschah, können wir von Propps Definition des Ritus ausgehen:

„Was ist Initiation? Es ist dies eine der Institutionen, die der Gentilordnung eigentümlich sind. Dieser Ritus wurde bei Eintritt der Geschlechtsreife vollzogen. Mit diesem Ritus wurde der Jüngling in den Stammesverband eingeführt, wurde dessen vollberechtigtes Mitglied und

---

2    HANS FINK: Was einmal war. Das Körnchen Wahrheit in Märchen und Sagen. Norderstedt: BoD – Books on Demand, 2022.
3    DIEDRICH WESTERMANN: Die Kpelle. S. 228-232.

erlangte das Recht, in die Ehe zu treten. Das ist die gesellschaftliche Funktion dieses Ritus. Seine Formen sind verschieden, und auf sie werden wir noch in Zusammenhang mit dem Märchenmaterial eingehen. Diese Formen sind durch die gedankliche Grundlage des Ritus bestimmt. Es wurde angenommen, dass der Knabe während des Ritus starb und hernach als nunmehr neuer Mensch wieder auferstand. Dies ist der sogenannte zeitweilige Tod. Tod und Auferstehung wurden durch Handlungen hervorgerufen, die das Verschlucktwerden, das Verschlungenwerden des Knaben durch ein Untier darstellten. Er wurde gleichsam von diesem Tier gefressen und kehrte, nachdem er eine Zeitlang im Magen des Ungeheuers verbracht hatte, wieder zurück, d. h., er wurde ausgespieen oder ausgestoßen. Für den Vollzug dieses Ritus wurden manchmal spezielle Häuser oder Hütten gebaut, die die Form eines Tieres hatten, wobei die Tür den Rachen darstellte. Hier wurde auch die Beschneidung vorgenommen. Der Ritus vollzog sich immer tief im Walde oder im Dickicht, unter strenger Geheimhaltung; er war von körperlichen Misshandlungen und Verletzungen (Abhacken eines Fingers, Ausschlagen mehrerer Zähne u. a.) begleitet. Eine andere Form des zeitweiligen Todes äußerte sich darin, dass man den Knaben symbolisch verbrannte, kochte, briet oder in Stücke hieb und dann wieder zum Leben erweckte. Der Auferstandene empfing einen neuen Namen, und auf die Haut wurden ihm Brandmale und andere Zeichen des Ritus, den er durchgemacht hatte, aufgeprägt. Der Knabe durchlief eine mehr oder weniger lange und strenge Schulung. Man lehrte ihn die Methoden der Jagd, man teilte ihm Geheimnisse religiösen Charakters mit, geschichtliches Wissen, Regeln und Vorschriften des Brauchtums usw. Er durchlief eine Schule als Jäger und Mitglied der Gesellschaft, eine Schule der Lieder und Tänze sowie aller Dinge, die für das Leben erforderlich schienen."[4]

Diese Definition ist nicht vollständig, ich muss sie aufstocken.

(A) Der russische Forscher hat sich in der ersten Hälfte des 20. Jahrhunderts in die Völkerkunde eingearbeitet, als die Feldforschung von Männern beherrscht wurde. Seine Gewährsleute berichteten über

---

[4]    VLADIMIR PROPP: Die historischen Wurzeln des Zaubermärchens. S. 63-64. Weitere Ausführungen S. 125-128.

Männerbünde, Männerhäuser, die Jugendweihe für Knaben. Der ausführliche Bericht Westermanns über die Reifezeremonien für Mädchen bei den Kpelle (1921)[5] ist ihm entgangen. Ebenso Martin Gusindes Mitteilungen über die gemeinsame Initiation von Knaben und Mädchen bei den Yámana im Feuerland, wo Männer und Frauen als gleichberechtigte Paten für die Zöglinge fungierten; Gusindes umfassender Bericht[6] ist erst 1946 erschienen, im selben Jahr wie die „Historischen Wurzeln". Deshalb konnte Propp als seriöser Wissenschaftler nur die Erlebnisse des männlichen Helden interpretieren, nicht aber die des weiblichen Helden. Die Mädchen-Spinnstuben in der Ukraine und in Rumänien, die Spätformen der Buschschule waren und bis ins 20. Jahrhundert fortdauerten, erwähnt Propp mit keinem Wort. Von den rumänischen wusste er mit Sicherheit wenig, denn die zusammenfassende Studie von Monica Brătulescu ist erst 1978 veröffentlicht worden, mehr als 20 Jahre nach seiner Abhandlung. Wie aber verhält es sich mit jenen der Ukraine? Ich stelle mir vor, dass der passionierte Volkskundler sie mit Stillschweigen überging, weil sie nach der Oktoberrevolution von den Behörden verboten worden sind: a) als Brutstätten des Aberglaubens und b) als Widerstandsnester des ukrainischen Nationalismus. Der ehemalige Sportfunktionär Iwan Lukjanowitsch Solonewitsch (1891-1953) erwähnt in seinem Buch „Die Verlorenen", dass 1921 in Odessa 83 ukrainische Jugendliche erschossen worden sind, weil sie dem Verein zur Pflege der Heimatkultur und Bildung „Proswita" angehörten; man hatte sie auf einem Spinnstuben-Abend überrascht.[7]

Aus demselben Grunde – Lücken in der Bibliografie – missverstand Propp die weibliche Zauberer-Gestalt, aus heutiger Sicht ein krasser Irrtum: „Der Lehrer und Waldgeist ist historisch, die Frau, die Alte,

---

[5]    DIEDRICH WESTERMANN: Die Kpelle. Ein Negerstamm in Liberia. Dargestellt auf der Grundlage von Eingeborenenberichten. Göttingen: Vandenhoeck & Ruprecht; Leipzig: Hinrich; 1921.

[6]    MARTIN GUSINDE: Urmenschen im Feuerland. Vom Forscher zum Stammesmitglied. Berlin, Wien, Leipzig: Zsolnay, 1946.

[7]    IWAN SOLONEWITSCH: Die Verlorenen. Zweiter Teil, S. 308-309.

die Mutter, die Herrin, die Schenkerin von Zaubereigenschaften ist prä-
historisch, sie ist außerordentlich archaisch, lässt sich aber in Rudimen-
ten in den Riten verfolgen."[8]

Abgesehen von wenigen Ausnahmen wie Margaret Mead (1901-
1978) und Emmy Bernatzik (1904-1977) nahmen Frauen erst in der zweiten Hälfte des 20. Jahrhunderts an Feldforschungen teil. Zum Unterschied von männlichen Forschern konnten sie das Vertrauen der eingeborenen Frauen erwerben und Einzelheiten über die Frauenbünde wie
auch über die Reifefeiern für Mädchen erfahren.

(B) Ursprünglich war die Buschschule eine Institution der Wildbeuter, man denke an das Stammesleben der Aborigines, der Eskimos
und vieler Indianerstämme. Doch als Viehzucht und Ackerbau die Jagd
als Ernährungsbasis verdrängten, passte sich das Ausbildungsprogramm
dem wirtschaftlichen Fortschritt an. So war es in Afrika: Den Knaben
wurde u.a. beigebracht, wie man den Busch rodet, um Ackerland zu gewinnen.[9] – Sie lernten, wie man Gärten mit Gemüse, Obst und Getreide
anlegt.[10] – Für ihren Bedarf mussten die zehn bis vierzehn Jahre alten
Jungen unter Anleitung ihrer Lehrmeister eine Farm anlegen.[11] – Pierre-
Dominique Gaisseau berichtet über die Toma in Guinea: „Die Knaben
bauen zuerst im Einführungslager ein kleines Dorf; sie werden auf diese
Weise später die Hütte bauen können, die ihre Familie schützt. Sie roden
ihre Lougans, säen und bebauen ihren eigenen Reis, ernten die Pal-
menschößlinge, um davon Öl zu gewinnen, und wissen bald alle eßbaren
Waldfrüchte zu unterscheiden; sie merken sich die Wildspuren und jagen
mit den Hunden. Sie weben selber die Baumwollstreifen ihrer Boubous,

---

[8]     VLADIMIR PROPP: Die historischen Wurzeln des Zaubermärchens. S. 134.
[9]     ANTHONY ATMORE, GILLIAN STACEY, WERNER FOR-
MAN: Schwarze Königreiche. S. 81.
[10]    GISELA BONN: Afrika verlässt den Busch. S. 113.
[11]    WERNER JUNGE: Bolahun. S. 121.

und in ihrer Freizeit machen sie Raffiagewebe. Aller Überschuß ihrer Produktion kommt ihren Eltern zugute."[12]

Ähnlich in Europa: Der Prinz muss den Wassermann täglich begleiten, um ihm beim Säen und Pflanzen zu helfen, sodass er bald sehr geübt in der Gartenkunst ist (Der Prinz und der Wassermann[13], dänisch, AT 314). – Der wilde Mann lehrt den Königssohn, wie man den Boden bebaut und Bäume pflegt (Der wilde Mann[14], tschechisch, AT 502). – Der Wanderbursche soll, hier mit einem Sieb, Wasser aus dem Teich schöpfen und auf das Feld tragen (Die Hexe und ihre Töchter[15], deutsch aus der Mark, AT 313). – Der Junge soll die Kanäle von Schlamm und Laub säubern (Der Junge und der Teufelszar[16], serbokroatisch, AT 313).

Häufig hören wir von der Aufgabe, Körner auszulesen oder Körner zu sortieren, hier Kulturpflanzen, dort Unkraut, gewissermaßen das Abc des Pflanzenbaus: Alán soll über Nacht tausend Sack Weizenkörner von Verunreinigungen säubern (Prinz Alán und das Finstere Hochland[17], spanisch aus Chile, AT 313). – Im Hause der Baba Jaga muss Wassilissa den Schwarzkümmel aus dem Weizen lesen und den Mohn auslesen, der

---

[12]    PIERRE-DOMINIQUE GAISSEAU: Geheimnisvoller Urwald. S. 117.

[13]    Der Prinz und der Wassermann (AT 314). In: HEINZ BARÜSKE (Hg.): Dänische Märchen. S. 187-190, hier S. 188.

[14]    Der wilde Mann (AT 502). In: ALFRED VON WALDAU (Hg.): Tschechische Märchen. S. 197-223, hier S. 210.

[15]    Die Hexe und ihre Töchter (AT 313). In: OTTO KNOOP (Hg.): Ostmärkische Sagen, Märchen und Erzählungen. S. 93-96, hier S. 94. Das Märchen stammt aus der Gegend von Posen/Poznań.

[16]    Der Junge und der Teufelszar (AT 413 + 313). In: URSULA ENDERLE (Hg.): Märchen der Völker Jugoslawiens. S. 147-151, hier S. 150.

[17]    Prinţul Alán şi Înaltele Ţinuturi Întunecate (AT 313). In: TUDORA ŞANDRU OLTEANU (Hg.): Legenda copacului manacá. S. 34-42, hier S. 38.

mit Erde verunreinigt ist (Die wunderschöne Wassilissa[18], russisch, AT ---). In einem eng verwandten sardischen Märchen muss Mariflor die Getreidekörner nach den verschiedenen Sorten ordnen (Das wundertätige Madonnenbild[19], AT ---).

Aus den Märchen von der Buschschule erfahren wir, dass die Zöglinge lernten, wie man rodet – wie man Buckelwiesen einebnet – wie man einen Sumpf entwässert – wie man Wasserläufe umleitet – wie man Felder bewässert. Ihre Beteiligung an gemeinnützigen Vorhaben der Dorfgemeinschaft hat sich im Motiv der „schweren Aufgaben" für den Helden niedergeschlagen, wir finden dieses Motiv in Varianten der Märchentypen AT 313 „Der dem Teufel versprochene Königssohn", AT 403 „Die weiße und die schwarze Braut", AT 425 A „Amor und Psyche", AT 560 „Der Zauberring".

Als Hinweis auf fortgeschrittenen Ackerbau dürfen auch die Märchen gelten, welche den Typus AT 301 mit dem Typus AT 300 „Der Drachentöter" verbinden. AT 300 handelt von der Errettung einer Jungfrau, die dem Flussgott geopfert werden sollte, damit er eine reiche Ernte gewähre. Solche Märchen konnten erst entstehen, nachdem die Menschen auf den schrecklichen Brauch verzichtet hatten, weil sie einsahen, dass sie selbst die Fruchtbarkeit der Felder durch künstliche Bewässerung steigern können.

Schließlich stelle ich fest, dass es Märchen gibt, die in den Ausführungen Propps keine Rolle spielen. Zu diesen gehören die Varianten des Typus AT 301 B „Die außerordentlichen Gesellen". Weder würdigt er den Kontakt der Initianden zu Spezialisten der Dorfgemeinschaft, noch schenkt er dem Motiv des Abstiegs in die Unterwelt durch einen Schacht Aufmerksamkeit. Dass die Initianden sich schwärzten, um ihren

---

[18]     Die wunderschöne Wassilissa (AT ---).    In: ALEXANDER N. AFANASJEW: Russische Volksmärchen. Bd. 1, S. 118-127, hier S. 122, 123.

[19]     Das wundertätige Madonnenbild (AT ---). In: FELIX KARLINGER (Hg.): Das Feigenkörbchen. S. 98-110, hier S. 104.

Aufenthalt im Lande der Toten zu veranschaulichen, kommt bei ihm nicht klar zum Ausdruck.[20]

## Die Initiationsstätte

In Europa befand sich der Sitz der Buschschule tief im Wald, und zwar in einem Gebäude, das in den Märchen als *großes Haus,* als *Schloss* oder als *Turm* bezeichnet wird, in einem Fall auch als *Kloster.* Propp hat den Standort, das Aussehen und die Funktionen dieses Gebäudes aus den Märchen rekonstruiert, wobei er es mit dem Männerhaus der Völkerkunde verglich: Es ist von einem Zaun (einer Dornenhecke) umgeben, steht auf Pfählen, umfasst mehrere Räume und hat keinen Eingang zu ebener Erde, man erreicht die Eingangsluke über einen gekerbten Pfahl oder eine Leiter. Vor ihm befinden sich geschnitzte Tierfiguren. Es dient als Wohnung für die Zöglinge und als Herberge.[21]

Die Analyse von Texten, die dem russischen Gelehrten offenbar nicht zur Verfügung standen, erlaubt es uns, seine Beschreibung wesentlich zu ergänzen.

(A) Das Große Haus war nicht unbedingt ein „Männerhaus". Zumindest bei manchen Stämmen stand es sowohl den Männern als auch den Frauen zur Verfügung. Zum einen wurde dort auch die Jugendweihe für Mädchen bzw. für gemischte Gruppen abgehalten, das geht aus Varianten des Märchentypus AT 710 bzw. der Typen AT 313 und 400 hervor, zum anderen fanden dort Feste der Frauen statt. Um diese Eigenheit zu verstehen, müssen wir uns vergegenwärtigen, dass die Bevölkerung Alteuropas bis zum Eindringen der indoeuropäischen Stämme matriarchalisch war. Die Gesellschaft der Donauzivilisation, deren Blütezeit von 5500 bis 4500 v. Chr. reicht, wird von Harald Haarmann als egalitär beschrieben, Männer und Frauen waren gleichberechtigt. Im Falle der Donauzivilisation brachte erst die Ankunft der Steppennomaden den

---

[20]    Siehe den Abschnitt „Der Ungewaschene" in: VLADIMIR PROPP: Die historischen Wurzeln des Zaubermärchens. S. 164-167.

[21]    VLADIMIR PROPP: Die historischen Wurzeln des Zaubermärchens. S. 137-145.

sozialen Umbruch.[22] Im Süden der Balkan-Halbinsel fand der soziale Umbruch um die Mitte des zweiten vorchristlichen Jahrtausends statt, als die eingewanderten Urgriechen die matriarchalisch organisierten Pelasger unterdrückten.[23] Mehrere Varianten des Märchentypus AT 710 lassen erkennen, dass im Großen Haus Männer eine Beratung abhalten, während die Jugendweihe für Mädchen im Gange ist (Die Schmiedetochter, die schweigen konnte[24], slowakisch; Die Schmiedstochter und die schwarze Frau[25], polnisch). Und als Marko Kuhsohn den Zwerg Ellenbart verfolgt, der in die Unterwelt geflüchtet ist, begegnet er zuerst tanzenden alten Weibern, dann tanzenden Frauen, zuletzt tanzenden jungen Mädchen (Der alte Ellenbart[26], serbokroatisch, AT 301 B).

(B) Das Große Haus war der Mittelpunkt einer kleinen Siedlung, zu ihm gehörte ein Wirtschaftshof. Auffällig oft ist die Rede von einem Garten und von Viehhaltung, außerdem hat sich die Erinnerung an einen *Komplex von Gebäuden* erhalten.

(C) Das Große Haus gehörte nicht einem einzigen Dorf, an ihm waren mehrere Siedlungen beteiligt.

(D) Hier empfing der Stammeszauberer in seiner Funktion als Seelsorger und Wahrsager Männer, die aus verschiedenen Gründen einen Rat brauchten, darüber berichten die Varianten des Märchentypus AT 460 A „Die Reise zu Gott" und des Märchentypus AT 461 „Drei Haare vom Barte des Teufels". Was bedrückte die Menschen? Ein Brunnen, der sonst reichlich Wasser gespendet hat, ist versiegt. – Ein Baum, der sonst

---

[22]     HARALD HAARMANN: Das Rätsel der Donauzivilisation. S. 149-150.

[23]     GEORGE THOMSON: Frühgeschichte Griechenlands und der Ägäis. S. 215.

[24]     Die Schmiedetochter, die schweigen konnte (AT 710). In: O. STANOWSKÝ, O. SIROWÁTKA, R. LUŽIK: Slawische Märchen. S. 22-26, hier S. 24.

[25]     Die Schmiedstochter und die schwarze Frau (AT 710). In: SIGRID FRÜH (Hg.): Märchenreise durch Europa. S. 73-78, hier S. 76.

[26]     Der alte Ellenbart (AT 511 A + 301 B). In: URSULA ENDERLE (Hg.): Märchen der Völker Jugoslawiens. S. 363-377, hier S. 371-372.

reichlich Früchte getragen hat, ist verdorrt. – Die Tochter ist erkrankt. – Drei Töchter finden, obwohl fleißig, keinen Mann. – Die Ehefrau versteckt die Eier ihres Huhns, weil sie nicht zum Haushalt beitragen will.

(E) Im Großen Haus waren Männer und Frauen mit Handarbeiten beschäftigt.

(F) Fassen wir zuletzt die geschnitzten Tierfiguren vor dem Gebäude ins Auge. Das Märchenschloss wird von gefährlichen Tieren bewacht, genannt werden Schlangen und Löwen (auch ein Tiger kommt vor). Wir finden die Wächtertiere bei AT 301, 313, 314, 400, 425 A, 551, 709, 894. Sie lassen sich als Abbilder des Totem-Tiers interpretieren. Die Gabe des Helden, um sie abzulenken, erinnert an rituelle Speise- bzw. Trankopfer. Im Märchen von Amor und Psyche bewacht ein dreiköpfiger Hund die Burg Plutos, des Herrschers der Unterwelt. Psyche muss, um in das Innere der Burg zu gelangen, wo sie mit Plutos Gattin Proserpina sprechen möchte, an dem Untier vorbeigehen – sie beruhigt es mit einem honigsüßen Gerstenkuchen (Amor und Psyche, römisch, AT 425 A).[27]

Unter dem Zaun, der die Initiationsstätte umgab, muss man sich ein undurchdringliches Dornengestrüpp vorstellen, wie es die Ortschaften schützte, bevor man Mauern baute. Das Gestrüpp wuchs aber nicht von allein, wie in der Geschichte von Dornröschen, sondern wurde mühselig angepflanzt. Dafür war ein Spezialist zuständig, der *Bäumekrummbieger;* in den Varianten des Märchentypus AT 650 + 301 B „Die außerordentlichen Gesellen" schauen wir ihm bei der Arbeit zu. In Europa wurden derlei Hecken bis ins späte Mittelalter verwendet, in Süddeutschland nannte man sie *Gebück* (vom Beugen der Zweige) und in Norddeutschland *Knick* (vom Knicken der Äste). Cäsar beschreibt im „Gallischen Krieg", wie die Nervier zu Werke gingen, um ein Gebück herzustellen: „Um nun desto leichter räuberische Reitereinfälle ihrer Nachbarn aufzuhalten, hatten sie seit alter Zeit Zäune angelegt, indem sie noch biegsame Bäume anschnitten und zur Erde niederbogen, ihre zahlreichen Triebe seitlich herauswachsen ließen und Brombeer- und Dornsträucher dazwischen pflanzten. So hatten sie erreicht, dass diese Zäune

---

[27]    Amor und Psyche (AT 425 A). In: ERICH ACKERMANN (Hg.): Märchen der Antike. S. 114-139, hier S. 134.

mauerähnliche Befestigungen bildeten, die nicht bloß den Durchgang, sondern selbst den Durchblick unmöglich machten."[28]

## Das Programm der Buschschule

Die Jugendweihe war darauf ausgerichtet, die herangewachsenen Knaben und Mädchen in Erwachsene zu verwandeln und diese zu vollwertigen Stammesmitgliedern zu erziehen. Nun stellt sich die Frage, ob die europäische Buschschule a) eine permanente Einrichtung war, die laufend Neulinge aufnahm, sei es einzeln, sobald die Kinder ein bestimmtes Alter erreicht hatten (wie es bei den Schawano-Indianern im nordwestlichen Kanada geschah[29]), sei es gruppenweise, etwa jeweils nach der Ernte, oder b) eine periodische Einrichtung, die, wenn sie eröffnet wurde, Knaben und Mädchen aus mehreren Jahrgängen erfasste, d.h. jüngere und ältere (wie es bei den Kpelle in Liberia üblich war[30]). Die Frage lässt sich nicht sicher beantworten. Für eine permanente Einrichtung sprechen Spottnamen wie *Dummling, Zwerg, Wichtel, Männken* als Bezeichnungen für Initianden, die nach den Aufnahmeriten zu den älteren Schülern stießen und von diesen gehänselt wurden.

Bei den Kpelle am Paulsfluss in Liberia, über die Westermann berichtet, dauerte die volle Lehrzeit im Busch zu Beginn des 20.

---

[28]　　GAJUS JULIUS CÄSAR: Der Gallische Krieg. S. 56 [Zweites Buch II, Kap 17 (4)].

[29]　　SAT-OKH: Das Land der Salzfelsen. S. 10-11. Der Autor wurde nach Vollendung seines fünften Lebensjahrs ins Lager der Jungen Wölfe gebracht.

[30]　　DIEDRICH WESTERMANN: Die Kpelle. S. 241. Der Lehrgang für Knaben dauerte vier Jahre, zwischen zwei Kursen lag eine dreijährige Pause, in die die Abhaltung der Sande-Schule für Mädchen fiel, sodass alle sieben Jahre ein neuer Lehrgang begann. Oder man ließ nach Beendigung des drei Jahre beanspruchenden Sande-Busches nochmals drei Jahre verstreichen und begann nach jeweils zehn Jahren einen neuen Poro-Lehrgang.

Jahrhunderts für die Knaben vier Jahre, für die Mädchen drei Jahre.[31] Bei manchen benachbarten Völkern konnte sie auch länger sein: bei den Gbunde fünf Jahre – bei den Stämmen am Rio Nunez nach Leo Frobenius sieben bis acht Jahre – bei den Temne nach Winterbottom bis zehn Jahre.[32] In den dreißiger Jahren des 20. Jahrhunderts verbrachten die Knaben der Buszi im Hinterland von Liberia noch sechs bis sieben Jahre an der Initiationsstätte.[33] Um die Mitte des 20. Jahrhunderts währte die Erziehung im „Heiligen Wald" im Hinterland der Elfenbeinküste noch vier bis sieben Jahre.[34] Allerdings konnte die Lehrzeit auch kürzer sein, und je mehr die Stämme mit europäischem Leben in Berührung kamen, desto mehr nahm die Dauer des Schulbesuchs ab. So verbrachten die Knaben bei den Nyende, einem Pflanzervolk im Nordwesten von Benin (vormals Dahomey), in den sechziger Jahren des 20. Jahrhunderts nur drei Monate im Initiationslager.[35]

Im Falle der rumänischen Mädchen-Spinnstube wurden die Neulinge mit etwa dreizehn Jahren aufgenommen, nach ihrem Eintritt in die Pubertät, und beteiligten sich bis zu ihrer Heirat an den Aktivitäten der Gruppe. Ihre Zusammenkünfte fanden von September bis Ostern in einem Haus statt, in dem keine Männer lebten.

Das Programm der Jugendweihe setzte sich aus Riten, Belehrungen, Übungen und Proben zusammen. Im Falle der gemischten Gruppe von Initianden (AT 301 A, 303 A, 313, 325, 400) wurde seine Durchführung vom Stammeszauberer und Chef des Männerbundes in Kooperation mit der Stammeshexe und Oberin des Frauenbundes überwacht. Es gibt Hinweise auf Gruppen bestehend nur aus Knaben (AT 451) und auf Gruppen bestehend nur aus Mädchen (AT 402). Aus der vergleichenden Analyse der Märchen von der Buschschule ergibt sich folgender Ablauf:

---

[31] DIEDRICH WESTERMANN: Die Kpelle. S. 241, 243 bzw. 241, 256.

[32] Ebd., S. 234-235.

[33] WERNER JUNGE: Bolahun. S. 123.

[34] GISELA BONN: Afrika verlässt den Busch. S. 111.

[35] HUGO HUBER: Tod und Auferstehung. S. 34.

- Die Schulleiter und ihre Helfer offenbaren den Initianden Mythen, damit sie den Sinn der Handlungen verstehen, an denen sie teilnehmen werden. Propp zufolge hat man die Mitteilungen durch Tänze verdeutlicht.[36]
- Dem Initianden wird der kleine Finger abgehackt. Den Verwandten zeigt man den abgehackten Finger als Beweis des Todes. So geschieht es in Varianten des Märchentypus AT 502 „Der wilde Mann" und AT 709 „Schneewittchen".
- Die Initianden nehmen an einem rituellen kannibalischen Mahl teil, ein Akt der Aufnahme in den Stamm.
- Die Schulleiter und ihre Helfer schneiden die Stammesmarken in die Haut der Initianden ein.
- Sie „öffnen" die Augen, die Ohren und den Mund der Initianden für das Leben als Erwachsener, nachdem diese jeweils durch einen ätzenden Saft geblendet, durch einen heftigen Schlag betäubt bzw. durch einen Stich in die Zunge der Sprache beraubt worden sind. Zu diesen Eingriffen gehört auch die Beschneidung, die das Märchen laut Propp nicht bewahrt hat.[37]
- Man martert die Initianden zusätzlich, damit diese, sobald sie physisch und geistig geschwächt sind, die inszenierte Begegnung mit dem Tier-Ahnen sowie den Abstieg in die Unterwelt für wahr halten.
- Die Schulleiter verwandeln die Initianden rituell in Erwachsene. Das geschieht entweder durch symbolisches Verbrennen und anschließendes Wiederbeleben oder durch symbolisches Zerstückeln des Körpers nebst dem Kochen der Teile und anschließendes Wiederbeleben oder durch symbolisches Öffnen der Bauchhöhle nebst einem Austausch von Organen.
- Ein als Tier-Ahne maskierter Helfer verschlingt symbolisch den Initianden und lässt ihn eine Weile in seinem Magen sitzen, um ihm auf diese Weise Fähigkeiten eines erfolgreichen Jägers zu

---

[36] VLADIMIR PROPP: Die historischen Wurzeln des Zaubermärchens. S. 124-128.
[37] Ebd., S. 87.

verleihen. Welche Fähigkeiten ein Mädchen erhielt, ist mir nicht bekannt. Als Verschlinger tritt ein Wolf oder ein Vogel in Erscheinung, eine Schlange, ein Schwein oder ein großer Fisch (bzw. ein Wal). Nun gilt der Initiand als tot. Auch das Verschlucktwerden durch den Tier-Ahnen symbolisiert die Aufnahme in den Stamm.

- Bei manchen Stämmen klettern die Initianden durch einen Schacht, der vermeintlich in die Unterwelt führt. Bei anderen Stämmen springt der Schulleiter mit dem Initianden in ein Gewässer, um das Eintauchen ins Reich der Toten zu simulieren.
- Nach dem Eintritt in die Unterwelt schwärzen die Initianden ihren Körper, um den Zustand des Todes zu veranschaulichen. Dadurch sind sie konventionell unsichtbar, denn ein Lebender kann einen Toten nicht sehen. Sie setzen eine Tier-Maske oder eine Pflanzen-Maske auf, um zu verdeutlichen, dass sie sich bei den gestorbenen Ahnen befinden, die sich nach ihrem Tod in Tiere bzw. in Pflanzen verwandelt haben.[38] Nach einer Weile kehren sie allmählich ins Leben zurück, was dadurch angezeigt wird, dass sie schrittweise auf die Schwärzung verzichten – man kann immer mehr Teile ihres Körpers „sehen", erst die Hände, dann den Kopf usw.
- Der Stammeszauberer defloriert rituell die Initiandinnen.
- Sobald ihre Wunden verheilt sind, nehmen die Knaben und Mädchen an einem komplexen Unterricht teil, der folgende Fächer umfasst: Pflichten und Rechte – Geschichte und Gesellschaftskunde – Mythologie und Folklore – Körperliche Ertüchtigung

---

[38] Dass die Toten sich in Tiere verwandeln, war ein weltweit verbreiteter Aberglaube. Im Alten Europa glaubte man offenbar auch an die Verwandlung in eine Pflanze. Es liegt nahe, dass jenes Tier bzw. jene Pflanze dem Totem des Stammes oder – je nachdem – jenem der Sippe entsprach.

Einen Hinweis auf die Vielzahl der Abstammungslinien geben die Varianten des Märchentypus AT 451 „Das Mädchen, das seine Brüder sucht". Die verzauberten Brüder treten auf als Löwen, Ochsen, Hirsche, Wölfe, Füchse, Schwäne, Wildgänse, Wildenten, Raben, Tauben.

und Selbstbeherrschung – Handwerkliche Ausbildung – Magische Praktiken – Sexuelle Aufklärung.

- Sie beteiligen sich an gemeinnützigen Vorhaben der Dorfgemeinschaft (Roden – Anpflanzen von Dornenhecken zum Schutz der Ortschaften – Entwässern von Sümpfen – Umleiten von Wasserläufen – Bau von Wegen – Bau von Brücken – Anlegen von Bohlenwegen – Einebnen von Buckelwiesen – Bestellen und Bewässern der Felder – Säubern der Fischteiche – Säubern der Kanäle). Bei diesen Einsätzen lernen sie die Fachleute der Dorfgemeinschaft kennen.

- Sie müssen Proben bestehen: klettern, tauchen, den Geschlechtstrieb zügeln. Besonders anspruchsvoll ist die Aufgabe, längere Zeit allein in der Wildnis zu leben.

- Die Absolventen erhalten ein Zeugnis in Form eines rundlichen Gegenstands, in der Überlieferung erscheint dieser Gegenstand als Apfel, Ball, Ei, Knäuel, Nuss oder Orange. In den Varianten des Märchentypus AT 530 „Der Ritt auf den Glasberg" wird dieser Gegenstand in einer Schlüsselszene erwähnt, nämlich dann, als der Held die auf der Bergspitze wartende Prinzessin erreicht: Sie gibt ihm – oder er gibt ihr – einen Apfel, woraus man ableiten darf, dass beide Teile ihr Zeugnis vorzeigten. Die späteren Erzähler haben den Vorgang im Prozess der künstlerischen Gestaltung vereinfacht.

- Nach der Rückkehr ins Dorf legen die Absolventen vor der Dorfgemeinschaft eine Prüfung ab. Vermutlich fielen Prüfung und Vermählung zusammen. Die Märchen vom Typus AT 303 A „Sechs Brüder suchen sieben Schwestern zu Frauen" belegen, dass die einander verlobten Kinder bei manchen Stämmen gemeinsam an der Jugendweihe teilnahmen, wahrscheinlich gehörten sie derselben Altersklasse an. Beim Typus AT 301 „Die drei geraubten Königstöchter" erfolgt die Hochzeit, unmittelbar nachdem der Held sich durch die Probestücke als der wahre Befreier ausgewiesen hat. Wir erinnern uns: Beim Typus AT 930 „Der reiche Mann und sein Schwiegersohn" bestimmen die Schicksalsfrauen einen Knaben und ein Mädchen zu einem Paar, die zur selben Stunde geboren worden sind. In anderen Fällen ist das gar nicht so – wir hören etwa, dass der Held seine Verlobte von der Initiationsstätte abholt, das heißt, er hat früher und an einer anderen Stelle die Jugendweihe absolviert (AT 402, 408, 409 A).

## Das Ende der alteuropäischen Buschschule – die Geburtsstunde unserer Märchen

Zu Lebzeiten der Buschschule war es verboten, in der Öffentlichkeit über sie zu sprechen. Nachdem sie aus der Wirklichkeit verschwunden war, büßte das Tabu seine Kraft ein, damals bildeten sich aus den Erinnerungen an jene geheimnisvolle Einrichtung die Urformen unserer Märchen. Dazu macht Propp nur vage Angaben. „Das Verschwinden des Ritus", heißt es an einer Stelle, „hängt mit dem Verschwinden der Jagd als einziger oder überwiegender Quelle der Existenz zusammen."[39] Hier irrte der Gelehrte, denn in Europa wie auch in Afrika hat sich die Buschschule – wie oben ausgeführt – der wirtschaftlichen Entwicklung angepasst und Ackerbau wie Obstbau in ihr Programm integriert.

Mir ist es gelungen, die Entstehungszeit der europäischen Märchen von der Buschschule auf die Späte Bronzezeit (1200 bis 800 v.Chr.) einzugrenzen, die mit der Urnenfelderkultur übereinstimmt. Diese Kultur war von England bis zur Balkanhalbinsel verbreitet, allerdings mit zahlreichen regionalen Unterschieden.

Die untere Grenze der Entstehungszeit – die uns näher liegende Grenze – konnte ich anhand von mehreren wesentlichen Motiven, die sich in die uns bekannte Geschichte einordnen lassen, weiter und weiter in die Vergangenheit rücken.

Wer viele Texte vergleicht, stellt bald fest, dass es heidnische und verchristlichte Varianten gibt. In den verchristlichten sind positive und negative Rollen von Gestalten der christlichen Legende besetzt: einerseits von Gottvater, der Gottesmutter, einem Engel oder einem Heiligen, andererseits vom Teufel oder einem anderen Feind der Christenheit, etwa

---

[39]    VLADIMIR PROPP: Die historischen Wurzeln des Zaubermärchens. S. 453.

einem Araber, einem Mauren, einem Sarazenen, einem Türken. Folglich waren diese Märchen schon im Umlauf, bevor sich die christliche Lehre verbreitete. <u>AT 310 „Die Jungfrau im Turm"</u>: In einer sizilianischen Variante wird das Mädchen von einer Hexe erzogen, in einer zweiten von einem Drachen (Von der schönen Angiola[40]; Acciulilla[41]). In einer dritten aber ist es der heilige Franz von Paula (Von dem Pathenkinde des heiligen Franz von Paula[42]). <u>AT 313 „Der dem Teufel versprochene Königssohn"</u>: In einer polnischen Variante wird der Held einem Wassermann übergeben (Der Wassermann und der Fischersohn[43]), in einer finnischen Variante aber einem Teufel, der im Meer lebt (Der dem Teufel versprochene Königssohn[44]). – In einer griechischen Variante erscheint die Zauberer-Gestalt als menschenfressender Araber (Der schwarze Krug[45]), in einer portugiesischen Variante als hartherziger Maurenkönig (Die Töchter des Maurenkönigs[46]). <u>AT 461 „Drei Haare vom Barte des Teufels"</u>: In einer Variante aus Oberösterreich soll der Held drei Federn vom Vogel

---

[40]　Von der schönen Angiola (AT 310). In: LAURA GONZENBACH: Sicilianische Märchen. Erster Teil, S. 339-344.

[41]　Acciulilla (AT 310). In: RENATO APRILE (Hg.): Die Schöne mit den sieben Schleiern. S. 54-59.

[42]　Von dem Pathenkinde des heiligen Franz von Paula (AT 310). In: LAURA GONZENBACH: Sicilianische Märchen. Erster Teil, S. 124-130.

[43]　Der Wassermann und der Fischersohn (AT 313). In: VIERA GAŠPARÍKOVÁ, JAROMÍR JECH, HELENA KAPEŁUŚ, PAUL NEDO (Hg.): Die gläserne Linde. S. 104-107.

[44]　Der dem Teufel versprochene Königssohn (AT 313). In: AUGUST VON LÖWIS OF MENAR (Hg.): Finnische und estnische Volksmärchen. S. 84-87.

[45]　Der schwarze Krug (AT 537 + 313). In: PARASKEVOS I. MILIOPULOS: Mazedonische Märchen. Erster Teil, S. 35-46, Zweiter Teil, S. 46-62. (Der Band enthält griechische Märchen aus Mazedonien.)

[46]　Die Töchter des Maurenkönigs (AT 313). In: HARRI MEIER und DIETER WOLL (Hg.): Portugiesische Märchen. S. 5-8.

Fenus bringen (Die drei goldenen Federn[47]), in einer Variante aus dem Burgenland jedoch drei goldene Federn vom Federnteufel (Der Federnteufel[48]). <u>AT 710 „Marienkind"</u>: In einer rumänischen Variante aus Siebenbürgen wird das Mädchen von der mächtigsten Fee adoptiert (Lüge nicht![49]), in einer rumänischen Variante aus der Bukowina – wie auch sonst – von der Muttergottes (Die Muttergottes[50]).

Der nächste Anhaltspunkt sind zwei aus der römischen Literatur bekannte Texte: das von Apuleius bearbeitete Märchen „Amor und Psyche" und die noch älteren „Metamorphosen" des Ovid. Dem Dichter Ovid (gestorben etwa 17 n.Chr.) waren offenbar die wesentlichen Züge des Märchens vom Zauberer und seinem Schüler (AT 325) bekannt, denn er hat sie zitiert. Allerdings ist nicht von einem Mann und dessen Sohn, sondern von einem Mann und dessen Tochter die Rede:

> Als der Vater bemerkte, sie konnt' die Gestalten vertauschen,
> Hat er nicht selten verkauft sie. Sie wußt' sich zu retten,
> Bald als Stute, als Vogel, als Hinde, jetzt wieder als Färse,
> Und ihrem gierigen Vater ein nicht ehrliches Leben bereitend.
> (Kapitel 8, Verse 89-92.)[51]

Der dritte Anhaltspunkt ist der Löwe. Zuweilen erscheint der Märchenheld in seiner verzauberten Gestalt als Löwe wie sonst als Bär, Wolf, Schwein, Rabe, Schlange oder Frosch. Der in die Unterwelt hinabgestiegene Initiand galt als tot, und man glaubte, dass die Toten sich in

---

[47]	Die drei goldenen Federn (AT 930 + 461). In: KARL HAIDING (Hg.): Märchen und Schwänke aus Oberösterreich. S. 191-195.

[48]	Der Federnteufel (AT 302 + 461). In: KARL HAIDING (Hg.): Österreichs Märchenschatz. S. 329-336.

[49]	Nu minţi! (AT 710.) In: ION POP RETEGANUL: Poveşti ardeleneşti. S. 198-201.

[50]	Maica Domnului (AT 710). In: ELENA NICULIŢĂ-VORONCA: Datinile şi credinţele poporului român. Bd. 2, S. 111-115.

[51]	Siehe: WALDEMAR LIUNGMAN: Die schwedischen Volksmärchen. S. 62. Die Übereinstimmung der zwei Titel – „Metamorphosen" – ist reiner Zufall.

Tiere bzw. in Pflanzen verwandeln; um diesen Zustand anzudeuten, setzten die Initianden Tier-Masken bzw. Pflanzen-Masken auf. Die Vorstellung vom Löwen als mythischer Ahne der Sippe kann nur aus einer Zeit stammen, als der Löwe noch eine alltägliche Erscheinung war, d.h. aus den Jahrhunderten vor der Zeitenwende, denn in Europa sind die letzten Bestände um 200 v.Chr. ausgerottet worden.[52] AT 425 A „Amor und Psyche": In einer hessischen Variante ist der Tierbräutigam ein Löwe (Das singende, springende Löweneckerchen[53]). AT 425 C „Die Schöne und das Tier": Hier ist es in einer niedersächsischen Variante genauso (Das goldene Salzfass, der goldene Haspel und der Tannenzweig[54]). AT 450 „Brüderchen und Schwesterchen": In einer okzitanischen Variante verwandelt sich das Brüderchen, weil es aus der Quelle getrunken hat, in einen Löwen (Die Quelle, deren Wasser in einen Löwen verwandelt[55]). AT 451 „Das Mädchen, das seine Brüder sucht": In einer spanischen Variante sind die Brüder in Löwen verzaubert (Die drei Löwen[56]).

Im alten Athen hat es noch einen Löwenclan gegeben. Dessen Mitglieder durften nicht in den Leopardenclan heiraten, der zur gleichen

---

[52] BROCKHAUS-ENZYKLOPÄDIE. 21., völlig neu bearbeitete Aufl. Bd. 17 (2006), S. 189.

[53] Das singende, springende Löweneckerchen (AT 425 A). In: GRIMM, BRÜDER GRIMM: Kinder- und Hausmärchen. KHM 188. Bd. 2, S. 17-24.

[54] Das goldene Salzfass, der goldene Haspel und der Tannenzweig (AT 425 C). In: HEINRICH PRÖHLE: Märchen für die Jugend. S. 10-13. – Unter dem Titel „Der Löwe als Bräutigam" in: GÜNTER PETSCHEL (Hg.): Märchen aus Niedersachsen. S. 29-31.

[55] Die Quelle, deren Wasser in einen Löwen verwandelt (AT 450). In: MARLIES HÖRGER (Hg.): Französische Märchen. S. 51-55. – Auch enthalten in: MONIKA A: WEISSENBERGER (Hg.): Das große Buch der Märchen. S. 31-35. Hier als Märchen aus der Provence ausgegeben.

[56] A három oroszlán (AT 451). In: LAJOS BOGLÁR (Hg.): A három narancs palotája. S. 84-93.

Unterphratrie gehörte. (Ebenso war es den Mitgliedern des Lamm- und des Ziegenclans verboten, untereinander zu heiraten.)[57]

Um glaubhaft zu machen, dass unsere kollektive Erinnerung so weit zurückreicht, berufe ich mich auf die rumänischen Weihnachtslieder „für den Burschen" *(pentru fecior),* deren Held die Männlichkeitsprobe besteht, indem er einen Löwen fängt und lebend heimbringt.[58] Für den modernen Europäer klingt eine solche Forderung fantastisch, aber bei den Massai in Ostafrika musste bis vor wenigen Jahrzehnten jeder Bursche einen Löwen töten, um als Krieger anerkannt zu werden.[59] Die gebürtige Australierin Catherine Oddie hat in ihrem Buch „Enkop Ai. Mein Leben als Weiße bei den Massai" (1994) geschildert, wie ihr Mann Robert, geboren 1964, im Alter von 18 Jahren diese Probe bestand.[60]

Als Argument für ein hohes Alter kommt auch das zur Äffin verzauberte Mädchen in Varianten des Märchentypus <u>AT 402 „Die Katze als Braut"</u> in Betracht. Die Geschichte vom jüngsten Bruder, der eine Äffin zur Frau nimmt wie sonst eine Katze, Ratte, Maus, Schildkröte, Fröschin oder Kröte, wurde im Mittelmeergebiet erzählt (Die Äffinnen[61], portugiesisch; Die Prinzessin als Äffin[62], spanisch; Die Affenprinzes-

---

[57]    ROBERT VON RANKE-GRAVES: Griechische Mythologie. S. 243.

[58]    OCTAVIAN BUHOCIU: Die rumänische Volkskultur und ihre Mythologie. S. 73-135.

[59]    ANTON QUINTANA: Der Paviankönig. S. 36.

[60]    CATHERINE ODDIE: Enkop Ai. Mein Leben als Weiße bei den Massai. S. 140-143.

[61]    Die Äffinnen (AT 402). In: HARRI MEIER und DIETER WOLL (Hg.): Portugiesische Märchen. S. 83-85.

[62]    Die Prinzessin als Äffin (AT 402). In: HARRI MEIER und FELIX KARLINGER (Hg.): Spanische Märchen. S. 190-194.

sin[63], mallorquinisch; Der Palast der Affen[64], italienisch; Die Äffin[65], griechisch). Diese Märchen können nur in einem Land entstanden sein, in dem die Menschen eine so lebhafte Vorstellung vom Affen hatten wie sonst von der Maus und der Kröte. Im Mittelalter hat es in Europa kein solches Land gegeben, wohl aber in vorgeschichtlicher Zeit. Zwischen Spanien im Süden, England im Norden und Ungarn im Osten wurden an verschiedenen Stellen fossile Reste von Berberaffen gefunden; sie beweisen, dass diese Tiere zu Urzeiten nicht nur im nördlichen Afrika, sondern auch in Europa lebten. Zudem sind auf etruskischen Wandmalereien, auf alten griechischen Vasen und auf frühen italienischen Bronzegegenständen Berberaffen abgebildet.[66] Dass auf Kreta einst Affen lebten, bezeugen uralte Fresken.

Schließlich führen die Überlegungen zur Rolle des Reitpferds im Märchen weit zurück in die Vergangenheit. Die Analyse einer großen Anzahl von Texten erlaubt den Schluss, dass das Reitpferd nachträglich in die Märchen von der Buschschule eingeführt worden ist – mit anderen Worten: dass diese Märchen bereits existierten, bevor das Reitpferd in Europa verbreitet, bevor es allgemein bekannt war. Zum einen sind die Mitteilungen zum Gebrauch des Reitpferds widersprüchlich (A und B), zum anderen veranschaulichen sie den Aufstieg des Reitpferds zum Helfer und Mentor des Helden (C und D).

(A) Hie und da zieht der Held, obwohl Sohn eines Königs oder Kaisers, zu Fuß in die Welt. Sogar im selben Land erzählte man parallel zwei Varianten des Märchentypus AT 303 „Die zwei Brüder" – die eine ohne Pferd, die andere mit Pferd. Zum Beispiel: (1) Das Märchen vom

---

[63]     La princesa mona (AT 402). In: JOSÉ SÁNCHEZ-PÉREZ (Hg.): Cien cuentos populares españoles. S. 140-143.

[64]     Der Palast der Affen (AT 402). In: FELIX KARLINGER (Hg.): Das Mädchen im Apfel. S. 54-58.

[65]     Die Äffin (AT 402). In: J. G. v. HAHN: Griechische und albanesische Märchen. Zweiter Teil, S. 31-33. – Auch enthalten in: JOHANN GEORG VON HAHN: Griechische Märchen. S. 333-335.

[66]     MARKUS KAPPELER: Berberaffe. In: WWF Conservation Stamp Collection, 1988. Quelle: INTERNET.

goldenen Baum[67], deutsch aus Lothringen – Die zwei Brüder[68], deutsch aus Holstein; (2) Die zwei Brüder, die Förster waren[69], tschechisch – Von den zwei Brüdern[70], tschechisch; (3) Die Söhne des Fischers[71], sizilianisch – Von den zwei Brüdern[72], sizilianisch. Offenbar handelt es sich um zwei Generationen von Varianten.

(B) Richten wir unseren Blick auf das Motiv der „magischen Flucht" beim Märchentypus <u>AT 313 „Der dem Teufel versprochene Königssohn"</u>. Wenn der Held und seine Verlobte zu Fuß aus dem Machtbereich der Zauberer-Gestalt fliehen, läuft der Bösewicht mit Meilenstiefeln hinter ihnen her, womit vermutlich Stelzen gemeint sind, ein Bestandteil der Riesen-Maske. Wenn sie als Tauben fliehen, nehmen die Verfolger die Gestalt von Raubvögeln an (Sperber, Weih, Adler, Geier) oder die Gestalt einer Wolke. In anderen Varianten wieder benutzen die Flüchtlinge oder die Verfolger oder beide Teile Pferde. Und hier lassen die Widersprüche uns aufhorchen: In einer norwegischen Variante stellt der Riese dem Königssohn die Aufgabe, sein *feuriges Reitpferd* von der Weide zu holen, doch als der Königssohn mit dem Meistermädel fortläuft, verfolgt er sie *zu Fuß* (Das Meistermädel[73]). – In einer ukrainischen

---

[67]     Das Märchen vom goldenen Baum (AT 303). In: ANGELIKA MERKELBACH-PINCK: Lothringer Volksmärchen. S. 92-95, hier S. 92.

[68]     De twe Bröder (AT 303). In: WILHELM WISSER: Plattdeutsche Volksmärchen. Bd. 1, S. 1-14, hier S. 2.

[69]     Die zwei Brüder, die Förster waren (AT 303). In: OLDŘICH SIROVÁTKA (Hg.): Tschechische Volksmärchen. S. 135-140, hier S. 136.

[70]     Von den zwei Brüdern (AT 303). In: JAROMÍR JECH (Hg.): Tschechische Volksmärchen. S. 40-44, hier S. 41.

[71]     Die Söhne des Fischers (AT 303). In: RENATO APRILE (Hg.): Die Schöne mit den sieben Schleiern. S. 212-219, hier S. 213.

[72]     Von den zwei Brüdern (AT 303). In: LAURA GONZENBACH: Sicilianische Märchen. Erster Teil, S. 272-280, hier S. 274.

[73]     Das Meistermädel (AT 313). In: KLARA STROEBE (Hg.): Nordische Volksmärchen. Bd. 2, S. 100-114, hier S. 102-103 bzw. 107.

Variante dient Iwan beim Bösewicht Wind. Dieser besteigt *ein Ross,* um die Flüchtlinge zu verfolgen, und als das Ross ihn zu guter Letzt abwirft, stürzt er sich zu Tode (Der arme Iwan und die Weise Duljana[74]). – In einer russischen Variante jagt der Seezar auf einem *geflügelten Ross* hinter den Verlobten her, wird aber durch einen Eichenwald, einen spiegelglatten Berg und eine Wüste aufgehalten (Vom Seezaren und seiner klugen Tochter Jelena"[75]). Hier haben die Erzähler zum einen nicht beachtet, dass der Sitz des Seezaren sich in der Tiefe des Wassers befindet, zum anderen, dass ein geflügeltes Ross sich in die Luft erheben kann. – In der serbokroatischen Variante „Vila bleibt Vila"[76] flüchten die Verlobten mit Meilenstiefeln, und die Frau des Vampirs, die zu Fuß unterwegs ist, kommt ihnen wiederholt gefährlich nahe. Um die Verfolgerin zu täuschen, verwandeln sie sich erst in einen Hengst und in eine Stute, dann in einen Schlehdorn- und in einen Brombeerstrauch, zuletzt, als sie an einer Kapelle vorbeikommen, in einen Priester und in einen Messdiener. Offenbar sind Hengst und Stute naive Hinzufügungen. Warum verwandeln sich die Verlobten, wenn sie schon zaubern können, nicht gleich in Pferde, warum fliehen sie nicht blitzschnell durch die Luft? So wär's im Falle einer frei erfundenen modernen Geschichte, doch der vorliegende Text ist ein überlieferter Bericht. Die Erzähler waren der ihnen mitgeteilten Fassung verhaftet und gaben sie automatisch weiter, einschließlich der Widersprüche durch gelegentliche Neuerungen.

Auch in einem italienischen Märchen aus dem Tessin, einer Kombination von AT 310 und AT 313, finden wir einen eklatanten Widerspruch: Der Königssohn Sepp reitet auf einem feurigen Renner zu dem Schloss, wo ein altes Weib die Schöne mit den goldenen Zöpfen

---

[74] Der arme Iwan und die Weise Duljana (AT 313 + 302 C). In: DAS FLIEGENDE SCHIFF. S. 216-225, hier S. 225.

[75] Vom Seezaren und seiner klugen Tochter Jelena (AT 313). In: JAROSLAV KOTOUČ: Das Wasser des Lebens. S. 93-114, hier S. 108-112.

[76] Vila bleibt Vila (AT 313 + Saligen-Ehe + AT 400). In: AUGUST LESKIEN (Hg.): Balkanmärchen. S. 142-151, hier S. 147-149.

gefangen hält, aber dann flüchtet das Paar zu Fuß, als ob jenes Ross nie existiert hätte (Die Schöne mit den goldenen Zöpfen[77]).

(C) Die Bewunderung für das Reitpferd im realen Leben färbte auf die Überlieferung ab: Im Märchen stieg das Pferd zum Berater und Helfer des Helden auf, der in allen Notlagen einen Ausweg weiß. So ist es beim Märchentypus AT 314 „Goldener" und beim Märchentypus AT 531 „Das kluge Pferd".[78]

(D) Dieselbe Entwicklung veranschaulicht ein Vergleich der Texte, die zum Märchentypus AT 302 „Das Herz des Unholdes im Ei" gehören, mit den Texten, die zum Märchentypus AT 302 C „Dienst um ein Zauberpferd" gehören. Abermals lassen sich zwei Generationen von Varianten unterscheiden. Im Falle der älteren Varianten bezwingt der Held den Unhold, nachdem er in Erfahrung gebracht hat, wo jener sein Herz versteckte, es kommt kein Pferd vor. Im Falle der jüngeren Varianten aber besitzt der Unhold ein Zauberpferd, und der Held muss, um seine Braut zu befreien, sich ein Zauberpferd besorgen, das jenem überlegen ist, indem es mehr Beine oder mehr Herzen oder mehr Flügel besitzt. Die nahe Verwandtschaft der zwei Gruppen bezeugen u.a. Texte mit kuriosen Dubletten: Der Tod des Drachen steckt in einem Steinchen, trotzdem muss sich der Held ein schnelleres Ross besorgen (Fjodor Tugarin und die wunderschöne Anastassja[79], russisch). – Der Held muss sich ein schnelleres Ross besorgen, aber er muss zudem in Erfahrung bringen, wo

---

[77]  Die Schöne mit den goldenen Zöpfen (AT 310 + 313). In: CURT ENGLERT-FAYE (Hg.): Schweizer Märchen, Sagen und Fenggengeschichten. S. 9-19.

[78]  Eine bekannte russische Bearbeitung von AT 531 ist „Das bucklige Pferdchen" von PJOTR PAWLOWITSCH JERSCHOW (Hamburg: Soldi, 2002), zu der es auch einen wunderbaren Zeichenfilm gibt. Eine bekannte rumänische Bearbeitung ist das „Märchen vom Weißen Mohren" von ION CREANGĂ. In: Prinz Stutensohn. S. 7-86.

[79]  Fjodor Tugarin und die wunderschöne Anastassja (AT 552 + 302 C + 302). In: ALEXANDER N. AFANASJEW: Russische Volksmärchen. Bd. 1, S. 333-339, hier S. 336-339.

das Herz des Drachen versteckt ist (Märchenprinz Ionica[80], rumänisch aus Siebenbürgen; Die Tschuda-Tochter[81], rumänisch aus der Bukowina). – Der Held muss sich ein schnelleres Ross besorgen, aber auch das Ei mit dem Leben des unsterblichen Koschtschej finden, um es ihm an die Stirn zu werfen (Iwan Zarensohn und Jelena die Wunderschöne[82], russisch).

Mit dem Nachweis, dass die Märchen von der Buschschule älter sind als die Verbreitung des Reitpferds in Europa, haben wir die untere Grenze der Entstehungszeit dieser Märchen (die uns näher liegende Grenze) erreicht. Die obere Grenze wird durch die Herstellung von Rüstungsteilen wie Helm, Panzer, Arm- und Beinschienen verdeutlicht, die in Mitteleuropa im 13. Jahrhundert v.Chr. begonnen hat.[83] In diesem Punkt berühren sich die von den Archäologen rekonstruierte Vorgeschichte und die mündliche Überlieferung, denn der Leiter der Buschschule gibt sich als Schmied zu erkennen, der Rüstungsteile fertigt. Im Märchen tritt er unter Namen auf, die rätselhaft anmuten, doch wenn wir sie zusammenrücken, entsteht die plumpe Beschreibung eines Mannes mit einer Rüstung: *Kupferstirn – bleiköpfiger Ritter – Stahlkopf – Mann mit Kupferstirn und einem Bauch von Zinn – Mann mit Armen aus Eisen,*

---

[80]  Ionică Făt-Frumos (AT 301 + 302 C + 302). In: LAZĂR ŞĂINEANU: Basmele romăne. S. 284-285.

[81]  Fata Ciudei (AT 552 + 302 C + 302). In: LAZĂR ŞĂINEANU: Basmele romăne. S. 461-463.

[82]  Ivan Carevic i Jelena Prekrasnaja (AT 552 + 302 C + 302). In: D. K. ZELENIN (Hg.): Velikorusskie skaski Permskoj gubernii. S. 75-81, hier S. 80-81.

[83]  ALBRECHT JOCKENHÖVEL: Schimmernde Wehr – Die ältesten Schutzwaffen aus Metall. In: ALBRECHT JOCKENHÖVEL und WOLF KUBACH (Hg.): Bronzezeit in Deutschland. S. 84-85. – Siehe auch: ERNST PROBST: Deutschland in der Bronzezeit. S. 271. – Siehe ferner: OTTO SCHERTLER: Die Kelten und ihre Vorfahren. S. 103-106.

Man weiß heute, dass die Schutzrüstung aus Bronzeblech weniger dem praktischen Gebrauch als der Parade diente, sie war vor allem ein Rangabzeichen.

*einem Kopf aus Gusseisen und einem Leib aus Kupfer – halbeiserner Mann – eiserner Mann – Mann aus Stahl – goldener Mann.* Ich stelle mir vor, dass der Schmied die von ihm gefertigten Rüstungsteile den Kunden anprobierte, ein spektakulärer Vorgang, der immer Zuschauer anlockte. Als das Moment der Anprobe in die Überlieferung einging, ist der Schmied mit seinem Produkt verschmolzen.

Hier die Namen der Zauberer-Gestalt mit Metall-Komponente, die als Hinweise auf das Verfertigen von Rüstungsteilen gelten dürfen. Natürlich sind Stahl und Eisen anachronistisch, das Gold – eine märchenspezifische Übertreibung.

AT 302 „Das Herz des Unholdes im Ei": *halbeiserner Mann* (Die Geschichte von den drei Brüdern, den drei Schwestern und dem halbeisernen Mann[84], albanisch; *Stahl-Pascha* (Stahl-Pascha[85], serbokroatisch). AT 302 C „Der Dienst um ein Zauberross": *bleiköpfiger Ritter* (Die Fee Ilona[86], ungarisch). AT 313 „Der dem Teufel versprochene Königssohn: *Eisenkönig* (Die drei gehorsamen Kinder[87], sizilianisch). AT 465 „Der um sein schönes Weib Beneidete: *eiserner Mann* (Der eiserne Mann[88],

---

[84]  Die Geschichte von den drei Brüdern, den drei Schwestern und dem halbeisernen Mann (AT 552 + 304 + 301 + 302). In: AUGUST LESKIEN (Hg.): Balkanmärchen. S. 273-278, hier S. 276-278.

[85]  Stahl-Pascha (AT 552 + 304 + 302). In: FRIEDRICH S. KRAUSS: Sagen und Märchen der Südslaven. Bd. 1, S. 143-169. – Auch enthalten in: URSULA ENDERLE (Hg.): Märchen der Völker Jugoslawiens. S. 46-65. In anderen Varianten heißt der Unhold *Stahlkopf.*

[86]  Die Fee Ilona (AT 302 C). In: VON PRINZEN, TROLLEN UND HERRN FRO. Bd. 4 (1959), S. 171-188. Die Einleitung mit dem himmelhohen Baum ist verwässert.

[87]  Die drei gehorsamen Kinder (AT 552 + 313). In: SILVIA STUDER-FRANGI (Hg.): Märchen aus Sizilien. S. 136-140.

[88]  Der eiserne Mann (AT 402 + 465 C). In: FRIEDRICH S. KRAUSS: Sagen und Märchen der Südslaven. Bd. 2, S. 384-390. – Siehe auch: „Der eiserne Mann". In: URSULA ENDERLE (Hg.): Märchen der Völker Jugoslawiens. S. 114-118.

serbokroatisch); *Eisenmann* (Der Eisenmann[89], Märchen rumänischer Zigeuner). <u>AT 502 „Der wilde Mann"</u>: *Kupferstirn* (Iwan Zarensohn und Alterchen Kupferstirn[90], russisch); *Mann mit Kupferstirn und einem Bauch von Zinn* (Kupferstirn[91], russisch); *Mann mit Armen aus Eisen, einem Kopf aus Gusseisen und einem Leib aus Kupfer* (Iwan, der Zarensohn, und Marfa, die Zarentochter[92], russisch); *eiserner Mann* (Der Eisenhans[93], aus Hessen; Der eiserne Mann[94], aus Sachsen-Anhalt); *goldener Mann* (Der lederne Gurt[95], deutsch aus dem Banater Bergland; Der Sohn des Kaisers der wilden Tiere[96], rumänisch; Iwan Küchenjunge[97], russisch; Der goldene Mann[98], georgisch).

---

[89]   Der Eisenmann (AT 402 + 465 C). In: WALTHER AICHELE und MARTIN BLOCK (Hg.): Zigeunermärchen. S. 110-116.

[90]   Ivan Carevič i starik mednyj lob (AT 502). In: N. E. ONČUKOV (Hg.): Severnye skazki. Bd. 1, S. 358-360.

[91]   Mednyj lob (AT 502 + 566). In: N. E. ONČUKOV (Hg.): Severnye skazki. Bd. 2, S. 10-16.

[92]   Iwan, der Zarensohn, und Marfa, die Zarentochter (AT 502 + 300). In: ALEXANDER N. AFANASJEW: Russische Volksmärchen. Bd. 1, S. 156-164.

[93]   Der Eisenhans (AT 502). In: GRIMM, BRÜDER GRIMM: Kinder- und Hausmärchen. KHM 136. Bd. 2, S. 233-242.

[94]   Der eiserne Mann (AT 502). In: EMIL SOMMER: Sagen, Märchen und Gebräuche aus Sachsen und Thüringen. Bd. 1, S. 86-91. – Auch enthalten in: HANS SIWIK und SUSANNE LESAAR (Hg.): Der eiserne Mann. S. 7-13.

[95]   Der lederne Gurt (AT 502 + 590). In: ALEXANDER TIETZ: Märchen und Sagen aus dem Banater Bergland. S. 38-44.

[96]   Feciorul împăratului lighionilor (AT 502). In: C. RĂDULESCU-CODIN: Poveşti. S. 11-50.

[97]   Iwan Küchenjunge (AT 502). In: ISIDOR LEVIN (Hg.): Zarensohn am Feuerfluß. S. 94-107.

[98]   Der goldene Mann (AT 502). In: HEINZ FÄHNRICH (Hg.): Georgische Märchen. S. 91-98.

Als Grund für das Verschwinden der Buschschule aus der sozialen Wirklichkeit kommt vor allem die horizontale und vertikale Differenzierung der Gesellschaft in Betracht, denn durch sie wurde die ehemalige Solidargemeinschaft der Wildbeuter untergraben. Sie bewirkte den Niedergang des Männerbundes. Gestützt auf Beobachtungen von Reisenden und Forschern haben Heinrich Schurtz und Hutton Webster den Prozess der Umwandlung dieser ursprünglich demokratischen Organisation in einen von reichen Sippenhäuptern gelenkten Klub beschrieben. Inwieweit ihre Darstellung auf das Alte Europa zutrifft, ist schwer zu sagen.

Die horizontale Differenzierung durch Arbeitsteilung war schon innerhalb der sogenannten *Donauzivilisation* im 5. Jahrtausend v.Chr. ausgeprägt.[99] Deren Gesellschaft bestand aus Bauern, Töpfern, Schmieden und Händlern; die Tätigkeit der Schmiede setzt Bergarbeiter, der Handel entlang der Flusstäler Bootsbauer voraus. Viehzucht, Getreidebau, Metallverarbeitung ermöglichten die Akkumulation, die zu einer Spaltung in Arm und Reich führte, weil mangelnder Sachverstand oder Unwetter oder Krankheiten bei Teilen der Bevölkerung Verarmung und Elend bewirkten. Infolgedessen bildeten sich zwei Hauptklassen: Bauernschaft und Adel. Diese Spaltung ist einerseits in burgartigen Festungen, andererseits in den Grabbeigaben greifbar, die große Unterschiede aufweisen. Die Archäologen registrierten sie auf einem Gebiet, das sich vom Balkan über die Slowakei und Böhmen bis Mittel- und Süddeutschland erstreckt, von der Iberischen Halbinsel über Frankreich bis zu den Britischen Inseln.[100]

Es liegt nahe, dass dieses Gebiet dem Areal entspricht, auf dem die Menschen in der Späten Bronzezeit auf die Buschschule verzichteten. Wir dürfen von einem ausgedehnten Areal sprechen, weil die Märchen zahlreiche gegensätzliche Angaben zur Jugendweihe enthalten:

---

[99]     HARALD HAARMANN: Das Rätsel der Donauzivilisation. München: Beck, 2011.

[100]     ALBRECHT JOCKENHÖVEL: Bauern und Krieger, Künstler und Händler – Bronzezeitliche Gesellschaft. In: ALBRECHT JOCKENHÖVEL und WOLF KUBACH (Hg.): Bronzezeit in Deutschland. S. 45-47. – OTTO SCHERTLER: Die Kelten und ihre Vorfahren. S. 114-115.

(A) Wir unterscheiden drei Formen, was das Geschlecht der Teilnehmer betrifft, nämlich: ausschließlich Knaben (AT 451), ausschließlich Mädchen (AT 402) und die gemischte Gruppe (AT 301, 303 A, 313, 325).

(B) Es zeichnen sich mehrere Möglichkeiten ab, wie der Initiand aus dem Elternhaus zur Initiationsstätte gelangte: Er wurde dem Schulleiter bzw. der Schulleiterin übergeben (AT 314, 325, 710). – Die Gruppe der Initianden folgte einer Tier-Maske (AT 303, 311, 313, 405); solche Masken verkörpern Hirsch, Fuchs, Kater, Schwein, Eule. – Man führte das Kind bis in die Nähe der Initiationsstätte, die letzte Wegstrecke bewältigte es allein (AT 502, 709 und rumänische Balladen, die Monica Brătulescu analysiert). – Der Initiand legte den Weg allein zurück (AT 313). – Die Schulleiterin griff sich das Mädchen mit Einverständnis der Eltern (AT 310). – Der Schulleiter und seine Gehilfen inszenierten eine Entführung der Mädchen (AT 301, 302).

(C) Wir stellen fest, dass Knaben und Mädchen in manchen Fällen gleichzeitig an der Jugendweihe teilnahmen und als künftiges Ehepaar nach Hause zurückkehrten (AT 301 und 303 A), während der Knabe in anderen Fällen früher initiiert wurde als seine künftige Braut oder an einem anderen Ort initiiert wurde, denn er holte sie von der Initiationsstätte ab (AT 402, 408, 409 A).

(D) Gemäß einer Vorstellung befanden sich die Initianden während der Ausbildungszeit unter dem Erdboden, gemäß einer anderen in der Tiefe eines Gewässers.

(E) Der Tunnel im künstlich aufgeworfenen Hügel, der angeblich in die Unterwelt führte, weist zwei Profile auf: a) wie der Großbuchstabe [L] und b) wie ein Kellerhals.

(F) Um die Körper der Initianden zu erneuern, haben Zauberer und Hexe a) sie rituell verbrannt und wiederbelebt oder b) sie rituell zerstückelt, gekocht und wiederbelebt oder c) rituell Organe ausgetauscht.

Eine derartige Vielfalt wäre auf einem kleinen Gebiet nicht möglich gewesen.

In Mitteleuropa wurde die Tradition der Buschschule bis ins Mittelalter fortgeführt, erst die Ausbreitung des Christentums setzte ihr ein

Ende. Das geht aus den Sagen über hilfreiche Zwerge des Typus Heinzelmännchen bzw. Salige Fräulein und vergleichbare Gestalten sowie aus den Sagen von der bauchaufschlitzenden Bercht hervor. In Osteuropa überlebten Ausläufer der Buschschule in Form der rumänischen und der ukrainischen Mädchen-Spinnstube bis ins 20. Jahrhundert. Von der Kirche wurden sie heftig bekämpft.

An dieser Stelle ist eine kurze Beschreibung der Urnenfelderkultur fällig. Ihr Name hängt mit der Bestattung des Leichenbrandes in Urnen auf großen Urnenfeldern zusammen. Diese Kultur reichte vom Pariser Becken im Westen bis zum Karpatenbogen im Osten, sie umfasste auch den östlichen Teil der Iberischen Halbinsel, Norditalien und das Gebiet Sloweniens. Ihr Verbreitungsgebiet überlagerte sich teilweise mit dem Territorium, auf dem die soziale Differenzierung jene zwei Hauptklassen hervorgebracht hat. Im Bereich der Urnenfelderkultur fand der Pflug allgemein Verwendung. Man baute Häuser aus Holz mit mehreren Räumen. Andere Neuerungen waren: Talsiedlungen in der Nähe von verkehrsgünstigen Wasserläufen – zahlreiche Gegenstände aus Bronzeblech – die industriemäßige Gewinnung von Bergsalz. Angebaut wurden Zwergweizen, Gerste, Emmer, Dinkel, Einkorn, Hafer, Hirse, Erbse, Ackerbohne und Linse, außerdem Lein und in geringem Umfang Gemüse und Obst. Im Süden pflanzte man auch Reben. Man stellte Käse aus Kuhmilch her. Zwar gab es schon Speichenräder, aber die schnell rotierende Töpferscheibe war noch nicht eingeführt. Ebenso wenig das Geld – die Menschen trieben Tauschhandel. Die durchschnittliche Lebenserwartung belief sich auf 40 bis 45 Jahre.[101]

Für das Verschwinden der Buschschule aus der sozialen Wirklichkeit gibt es noch einen Grund, der in Frage kommt. Als eine der möglichen Ursachen, die am Ausgang der Bronzezeit zum Zusammenbruch der Reiche rund um das östliche Mittelmeer führten, gilt ein

---

[101] WIKIPEDIA; ARCHÄOLOGISCHES LEXIKON und UNIVERSAL-LEXIKON im Internet. – CORNELIA SCHÜTZ-TILLMANN: Späte Bronzezeit und Urnenfelderzeit. In: KARL HEINZ RIEDER und ANDREAS TILLMANN (Hg.): Archäologie um Ingolstadt. S. 89-112.

Klimawandel. Hungersnöte infolge langanhaltender Dürren dürften eine Völkerwanderung Richtung Süden ausgelöst haben, mit Plünderungen, mit Kämpfen, mit der Zerstörung von Ortschaften.[102] Unter solchen Umständen – Hungersnot und Krieg – konnte keine kollektive Jugendweihe stattfinden. Leicht möglich, dass der Brauch in den betroffenen Gebieten erloschen ist.

Der Niedergang des Männerbundes wurde von einem Machtkampf zwischen dem Oberhäuptling und dem Stammeszauberer begleitet, den der Oberhäuptling mit Unterstützung der reichen Sippenhäupter für sich entschied. Zwar verlauten Schurtz und Webster darüber kein Wort, aber die Märchen des Typus AT 502 „Der wilde Mann" bezeugen es. Es gibt auch Überlieferungen, aus denen hervorgeht, dass die kollektive Jugendweihe weiterhin abgehalten wurde, allerdings nicht laufend oder in regelmäßigen Abständen, sondern dann, wenn die Söhne bzw. Töchter des Oberhäuptlings und seines Anhangs das erforderliche Alter erreicht hatten.

Wer am Ritus festhalten wollte, musste auf die individuelle Jugendweihe ausweichen (die sich in relativ wenigen Märchen widerspiegelt).

Das Verschwinden der Buschschule aus der sozialen Wirklichkeit war ein Nebeneffekt der sozialen Differenzierung, die zur Auflösung der Gentilordnung führte. In den Märchen lassen sich deutliche Indizien des Verfalls erkennen. Sie reichen vom Schulgeld bis zu den Eigenmächtigkeiten des Oberhäuptlings.

### Entstellungen und ihre Ursachen

Seitdem von der Buschschule erzählt wird, sind 3.000 Jahre vergangen, das bedeutet rund 120 Generationen. Aus verschiedenen Gründen haben sich die Überlieferungen, von Mund zu Mund weitergegeben, stark verändert. Durch die vergleichende Analyse zahlreicher Texte ist es möglich, den ursprünglichen Handlungsverlauf annähernd zu rekonstruieren, dabei ergibt sich eine Liste möglicher Entstellungen. Die Deformationen

---

[102] ERIC H. CLINE: 1177 v.Chr. S. 205-212.

sind mannigfaltig und nehmen zuweilen extreme Ausmaße an. Auf mehrere davon hat Propp aufmerksam gemacht.

Wesentlich ist die Lösung vom Ritus. Die älteste Stufe des Erzählens finden wir in der Buschschule. Der Initiationsleiter oder einer seiner Helfer offenbarte den Knaben und Mädchen den Sinn der Handlungen, die an ihnen vollzogen wurden, doch sprach er nicht von ihnen, sondern von einem Ahn, einem Gründer der Sippe und Stifter der Bräuche. Diese Erzählungen bildeten einen Teil des Kultes und waren tabuisiert. Die Loslösung des Sujets vom Ritus konnte entweder auf natürlichem Wege als historische Notwendigkeit ablaufen, indem die alte Ordnung verschwand, die es hervorgebracht hatte, oder sie konnte – wie im Falle der Indianer – durch deren Christianisierung und deren gewaltsame Umsiedlung in ganzen Stammesverbänden auf anderes, schlechteres Land oder durch die Veränderung der Lebensweise oder durch die Veränderung der Produktionsweise usw. beschleunigt werden. Zuletzt maß man den Mythen keine religiöse Bedeutung mehr bei, man erzählte sie, wie man Geschichten erzählt.[103]

Die Entwicklung der Mythen zum literarischen Genre Märchen führte u.a. zur Vermischung der Motive. Die von Propp untersuchten Texte speisten sich vor allem aus Erinnerungen an die Buschschule und aus Vorstellungen von der Reise ins Jenseits. „Diese beiden Zyklen liefern quantitativ die Mehrzahl der Motive. Einige weitere Motive waren anderer Herkunft."[104]

**Die Umwertung des Ritus.** Sehr wichtig für das Verständnis der Märchenhandlung ist die Kenntnis von der *Umwertung des Ritus,* die Propp entdeckt hat. Deren Ursache war die grausame Behandlung der Initianden während der Aufnahmeriten. Ursprünglich galten die Grausamkeiten als notwendig, weil der, der den Ritus durchlaufen hatte, etwas erlangte, was man als magische Herrschaft über die Tiere bezeichnen könnte. Zauberer und Hexe wurden als Wohltäter geehrt. Doch nach dem Absterben des Brauchs empfand man die grausamen Riten als unnötig.

---

[103]     VLADIMIR PROPP: Die historischen Wurzeln des Zaubermärchens. S. 454-459.

[104]     Ebd., S. 451.

Das Märchenpublikum lehnte sie ab, wobei sich seine Reaktion gegen Zauberer und Hexe als Urheber richtete, und auch sie wurden abgelehnt.[105] Im Endergebnis stellt das Märchen den Zauberer und die Hexe als böse, gefährliche Gegner dar, die aber in der Auseinandersetzung mit dem Helden den Kürzeren ziehen. Der Held überwindet bzw. tötet die Zauberer-Gestalten bei AT 301, 302, 303, 303 A, 313, 314, 325.

Einmal in Gang gekommen, griff die Umwertung auf Momente der Jugendweihe über, die nichts weniger als grausam sind, aber mit dem Auftreten von Zauberer und Hexe zusammenhängen: die sogenannte Verschreibung – die Teilnahme an landwirtschaftlichen Arbeiten – die Vermittlung magischer Praktiken – ja sogar die Rückkehr ins Dorf, dargestellt als Flucht aus dem Machtbereich der Verderber. Durch die Umwertung hat sich die Märchenlandschaft stark verändert. Allerdings macht sich der Vorgang nur als Tendenz bemerkbar, denn er berührte nur einen Teil des Märchengutes und auch dann nicht sämtliche Motive eines Märchens, sodass wir beim Vergleichen der Varianten eines Typus den ursprünglichen Ablauf der Handlung ermitteln können. In manchen Varianten erscheint der Zauberer noch als wohlwollend, in anderen jedoch als böse. Die Zauberer-Gestalt aus AT 502 „Der wilde Mann" ist von der Verurteilung ganz ausgenommen.

**Subjektive Vorstellungen der ersten Erzähler.** Die Buschschule war eine geheimnisvolle Einrichtung, vom Gebot des Schweigens umgeben. Nicht einmal zu ihren Lebzeiten als demokratische Institution besaß die Masse der Bevölkerung ein objektiv richtiges Bild vom Geschehen an der Initiationsstätte, noch viel weniger, nachdem die Masse sich ihr entfremdet hatte, weil sie nicht mehr verpflichtend und zu einem elitären Zirkel verkommen war. Die Enkel der letzten Absolventen kannten alles nur noch vom Hörensagen. Infolgedessen flossen die Konventionen und Täuschungen als vermeintlich erlebte Wirklichkeit in die Überlieferung ein.

Zum Zweck der Erneuerung seines Körpers wurde der Initiand je nach der Tradition entweder rituell verbrannt und zu neuem Leben erweckt (AT 325, 400) oder rituell zerstückelt und gekocht und zu neuem

---

[105]  Ebd., S. 23, 87.

Leben erweckt (AT 313, 400). Der Initiand glaubte an diese Erneuerung. Infolgedessen wird der Held des Märchens tatsächlich verbrannt bzw. zerstückelt und gekocht. Eine dritte Form der Erneuerung des Körpers war der Austausch von Organen. Vor dem rituellen Eingriff betäubten Zauberer und Hexe die Initianden durch ein Getränk bzw. eine vergiftete Frucht oder stachen ihnen ein Gift ein. Sobald die Ersten von ihnen aus der Betäubung erwachten, sahen sie ihre Mitschüler wie Steine im Gras liegen, und aus diesem Eindruck stammt das Motiv der Versteinerung (AT 301, 303, 303 A, 894).

Offiziell galten die Zöglinge der Buschschule als gestorben, ihr Zustand wurde durch die Schwärzung des Körpers angedeutet. Als Tote waren sie konventionell unsichtbar. Ihnen fiel die Aufgabe zu, die Erwachsenen zu bedienen, die sich im Großen Haus aufhielten. Das ist die Erklärung für den Tisch, der sich von selbst deckt. Obwohl das verwunschene Schloss im Märchen menschenleer ist, geht der Wunsch des Gastes nach Essen oder nach einem Nachtlager auf wunderbare Weise in Erfüllung, sobald er ihn ausgesprochen hat (AT 301, 313, 400, 425 C, 432, 465 A, 894).

**Das Geschlecht des Helden.** Ein Symptom für Lücken sind Texte, die durch das Geschlecht des Helden vom Typus abweichen. Beim Typus ist der Held männlich, während er hier weiblich ist – und umgekehrt. Einzeln genommen erwecken solche Texte den Eindruck, es handle sich um eine Ausnahme. Wir müssen aber einen Unterschied machen.

Man kann von Ausnahmen sprechen, wenn es sich um erfundene Märchen handelt. Doch die Märchen von der Buschschule sind nicht erfunden, sie haben sich aus Erinnerungen an einen ehemaligen Brauch gebildet, und wenn bei zwölf Typen Abweichungen der genannten Art vorkommen, kann nicht von Ausnahmen die Rede sein. Meine Erklärung für dieses Phänomen setzt bei der gemischten Gruppe der Buschschule an und zieht in Betracht, dass es abgesehen von gemischten Erzählgemeinschaften auch solche gegeben hat, die ausschließlich aus Männern bzw. ausschließlich aus Frauen bestanden: Holzfäller, Flößer, Bergleute, Fischer, Seeleute, Schafhirten, Eseltreiber, Kameltreiber, Soldaten, Arbeiter der Tabakmanufakturen bzw. Hausfrauen, Mitglieder von

Spinnstuben, Gruppen von Frauen bei Arbeiten wie Hopfenpflücken, Weinlese und Hanfbrechen, Gemüsehökerinnen (in Berlin) und Fratschlerinnen (in Wien). In Russland war es bei den Kölderascha-Zigeunern üblich, während der Arbeit Märchen vorzutragen (und die wurden dabei gern dramatisch dargestellt).[106] Es ist denkbar, dass man etliche Märchen ursprünglich sowohl mit männlichen als auch mit weiblichen Helden erzählt hat und dass in dem einen Fall nach und nach die weiblichen Helden, in dem anderen Fall nach und nach die männlichen Helden verdrängt worden sind. <u>AT 303 A „Sechs Brüder suchen sieben Schwestern zu Frauen"</u>: In einem Text aus Schleswig-Holstein ist es umgekehrt: Hier wollen sieben Schwestern sich Männer suchen. Der Vogel, in dem das Herz des Bösewichts steckt, wird von den Männern gemeinsam getötet (Text ohne Titel[107]). <u>AT 313 „Der dem Teufel versprochene Königssohn"</u>: Im Grimm'schen Märchen „Die wahre Braut"[108] soll *ein Mädchen* „schwere Aufgaben" bewältigen, und zwar: ein ungeheures Pensum Federn schleißen – mit einem durchlöcherten Löffel den Teich ausschöpfen – ein Schloss bauen, welches vollständig eingerichtet ist. Dem Mädchen hilft eine alte Frau. – In einer ungarischen Variante verschreibt der König *seine Tochter* einem Teufel; sobald das Mädchen zehn Jahre alt geworden, holt der Teufel es ab. Das Mädchen soll Grütze aus der Asche lesen, da ruft der Sohn des Teufels mit einer Pfeife Teufelchen herbei, welche die Arbeit erledigen. Dann aber soll das Mädchen *aus nichts* eine himmelhohe Kirche bauen, in der Gott eine Messe zelebriert, und es bleibt dem Paar nichts anderes übrig, als zu flüchten (Teufels-Hänschen[109]). AT

---

[106]  CARL HERMAN TILLHAGEN: Nachwort. In: Ders. (Hg.): Taikon erzählt. S. 251-276, hier S. 260-262. Kölderascha – Kesselschmiede.

[107]  Text ohne Titel (AT 303 A mit vertauschten Rollen). In: KURT RANKE (Hg.): Schleswig-Holsteinische Volksmärchen. Bd. 1, S. 103-104.

[108]  Die wahre Braut (AT 313). In: GRIMM, BRÜDER GRIMM: Kinder- und Hausmärchen. KHM 186. Bd. 2, S. 368-376.

[109]  Ördög-Jánoska (AT 313). In: ELEK BENEDEK: Benedek Elek összes meséi. Bd. 2, S. 286-291.

314 „Goldener": Im rumänischen Märchen „Ellenbart"[110] leben im Anwesen der Zauberer-Gestalt *ein Knabe und ein Mädchen.* Sie fliehen gemeinsam mit Hilfe des sprechenden Pferdes. AT 325 „Der Zauberer und sein Schüler": In der bulgarischen Fassung „Iwantscho lernt des Teufels Handwerk"[111] begegnet der Held im Röhrenbrunnen vielen Knaben und Mädchen. Bei der Fassung, die Ovid in den „Metamorphosen"[112] zitiert, hören wir von einem weiblichen Helden. Die Standard-Form aber weiß nur von Knaben. AT 361 „Der Bärenhäuter": Im Tiroler Märchen „Die faule Katl"[113] darf sich *ein Mädchen* sieben Jahre lang weder waschen noch kämmen und nichts Warmes essen. AT 400 „Der Mann auf der Suche nach seiner verschwundenen Gattin": Bei der Standard-Form erlöst der Held durch standhaftes Verhalten in den Qualnächten eine verzauberte Jungfrau. In einem niederösterreichischen und in einem oberösterreichischen Märchen fällt die Rolle des Erlösers *einem Mädchen* zu; es errettet durch standhaftes Verhalten eine verzauberte Frau (Allmählich weiß[114]) bzw. einen verwunschenen Jüngling (Vom verwunschenen

---

[110]   Tartacot (AT 314). In: D. STĂNCESCU: Sur-Vultur. S. 254-258. Die Zauberer-Gestalt trägt hier den Namen des Quälgeistes aus AT 301.

[111]   Iwantscho lernt des Teufels Handwerk (AT 325). In: KYRILL HARALAMPIEFF (Hg.): Bulgarische Volksmärchen. S. 173-180, hier S. 176.

[112]   WALDEMAR LIUNGMAN: Die schwedischen Volksmärchen. S. 62.

[113]   Die faule Katl (AT 361). In: IGNAZ und JOSEPH ZINGERLE: Kinder- und Hausmärchen aus Tirol. S. 266-268. – Auch enthalten in: PAUL ZAUNERT (Hg.): Deutsche Märchen seit Grimm. Bd. 1, S. 369-371. – Enthalten ferner in: KARL HAIDING (Hg.): Österreichs Märchenschatz. S. 314-316.

[114]   Allmählich weiß (AT 400). In: THEODOR VERNALEKEN: Mythen und Bräuche des Volkes in Österreich. S. 125-129.

Prinzen[115]). – Im schlesischen Märchen „Die erlöste Schlange"[116] und im polnischen Märchen „Die Krähe" [117] errettet *ein Mädchen* einen verzauberten Prinzen. – Desgleichen im slowakischen Märchen „Die Rosenknospe"[118]. <u>AT 425 A „Amor und Psyche" mit vertauschten Rollen</u>: Im rumänischen Märchen „Die Fee der Feen"[119] wird nicht die Tierhaut des verwunschenen Helden vor der Zeit verbrannt, sondern die Tierhaut der verwunschenen Heldin samt den Tierhäuten ihrer sechs Dienerinnen. Sie treten zunächst als Eulen in Erscheinung. Die junge Frau verschwindet, und der Held muss sie suchen. <u>AT 930 „Der reiche Mann und sein Schwiegersohn"</u>: Das rumänische Märchen „Der Spruch der Schicksalsfrauen"[120] handelt von einem reichen Mann und seiner Schwiegertochter.

**Ausgefallene Motive.** Was kann es bedeuten, wenn in einem Text ein Motiv auftaucht, das in der Beschreibung des Typus nicht vorkommt? Man denkt an Kontamination, wahrscheinlich hat der Erzähler das Motiv aus einem anderen Text seines Repertoires übernommen. Doch wenn das Motiv sich logisch in den Verlauf der Handlung fügt, kommt auch eine andere Erklärung in Betracht. Es ist möglich, dass jenes Motiv ursprünglich zum Schema der Handlung gehörte und bei den meisten Fassungen verdrängt wurde. Zum Beispiel: In einer französischen

---

[115]     Vom verwunschenen Prinzen (AT 400). In: KARL HALLER (Hg.): Volksmärchen aus Österreich. S. 6-11. – Auch enthalten in: MAX MELL (Hg.): Alpenländisches Märchenbuch. S. 56-60.

[116]     Die erlöste Schlange (AT 400). In: KARL HALLER (Hg.): Volksmärchen aus Österreich. S. 109-111.

[117]     Die Krähe (AT 400). In: K. W. WOYCICKI: Volkssagen und Märchen aus Polen. S. 82-83.

[118]     Die Rosenknospe (AT 425 C + 400). In: BOŽENA NEMČOVÁ: Der König der Zeit. S. 29-33.

[119]     Zîna zînelor (AT 402 + 425 A + 518). In: PETRE ISPIRESCU: Legende sau basmele românilor. S. 196-202. Mit vertauschten Rollen: Was sonst mit dem Helden geschieht, geschieht hier mit der Heldin – und umgekehrt.

[120]     Cuvîntul ursitoarelor. In: ION POP RETEGANUL: Poveşti ardeleneşti. S. 244-247.

Variante des Typus AT 301 B „Die außerordentlichen Gesellen" – und nur hier – wird der Koch vom Quälgeist in Stücke geschnitten, das ist die verblasste Erinnerung an eine Form der rituellen Erneuerung des Körpers (Hachko[121]). – In einer serbokroatischen Variante des Typus AT 402 „Die Katze als Braut" – und nur hier – muss der Held drei Qualnächte erdulden (Wem Gott hilft, dem kann niemand schaden[122]). – In einer deutschen Variante des Typus AT 710 „Marienkind" – und nur hier – erduldet die Heldin Qualnächte (Die kleine schwarze Frau[123], aus Hannover). Beim Typus <u>AT 310 „Die Jungfrau im Turm"</u> wird stereotyp ein Merkmal des Großen Hauses hervorgehoben: dass sich der Eingang nicht zu ebener Erde, sondern weiter oben befindet (im Märchen als Öffnung in der Wand). Doch nur in einer mir bekannten Fassung werden wilde Tiere erwähnt, die der Held mit Brot oder mit Wasser beruhigen muss, damit sie ihn vorbeilassen (Teufelsblendwerk und Gottesmacht[124], serbokroatisch). Diese Wächter, unter denen wir uns geschnitzte Totemfiguren vorzustellen haben, sind sporadisch bei AT 301, 313, 314, 400, 425 A, 551, 709, 894. – Nur in einer mir bekannten Fassung kommt das Motiv des verbotenen Zimmers mit enthaupteten Menschen vor, die mit einer

---

[121]    Hachko (AT 650 A + 301 B). In: RÉ SOUPAULT (Hg.): Französische Märchen (Diederichs-Verlag). S. 242-250, hier S. 248. – Auch enthalten in: RÉ SOUPAULT (Hg.): Französische Märchen (Fischer-Verlag). S. 91-97, hier S. 95.

[122]    Wem Gott hilft, dem kann niemand schaden (AT 402 + 400). In: AUGUST LESKIEN (Hg.): Balkanmärchen. S. 126-131. – Auch enthalten in: JOSEPH SCHÜTZ (Hg.): Jugoslawische Märchen. S. 110-113. – Enthalten ferner in: FELIX KARLINGER (Hg.): Märchen der Welt. Bd. 1 (Südeuropa), S. 156-159.

[123]    Die kleine schwarze Frau (AT 710). In: CARL und THEODOR COLSHORN: Märchen und Sagen aus Hannover. S. 95-98.

[124]    Teufelsblendwerk und Gottesmacht (AT 310). In: AUGUST LESKIEN (Hg.): Balkanmärchen. S. 131-133, hier S. 132. – Auch enthalten in: WOLFGANG ESCHKER (Hg.): Serbische Märchen. S. 167-170, hier S. 169.

Salbe geheilt werden (Petrusinella[125], italienisch aus Kalabrien). Dieses Motiv entspricht einem Hauptmoment der Jugendweihe, der Erneuerung des Körpers (stereotyp bei AT 311 „Von der Schwester gerettet"). <u>AT 400 „Der Mann auf der Suche nach</u> seiner verschwundenen Gattin": Nur in der holsteinischen Variante „Ziburtius"[126] wird ein Abstieg in die Unterwelt geschildert, und zwar mit Einzelheiten, die wir aus AT 301 B „Die außerordentlichen Gesellen" und aus AT 936* „Der Edelsteinberg" kennen: Die Soldaten stoßen im Wald auf einen Stein, unter diesem befindet sich ein Schacht wie ein Sod (Brunnen); sie flechten einen Strick aus Weidenbast (bei AT 301 B gewöhnlich Lindenbast), hangeln sich an dem hinunter und gelangen zu einem Treppenabsatz. Weit unten – nach tausend Stufen – führt eine Tür ins Freie, und erst dann erblicken sie das Schloss mit der Zugbrücke. Dieses Motiv stellt eine rätselhafte Verbindung zwischen den Märchentypen AT 301 und AT 400 her, eine Verbindung, die zu weitläufigen Spekulationen veranlasst.

Die **Veränderungen durch das Christentum** sollen zumindest erwähnt werden, auch wenn sie schon bei den Überlegungen zur Altersbestimmung der Märchen von der Buschschule angesprochen worden sind. Ich will noch ein Beispiel anfügen. Der dämonische Freier, der nacheinander drei Schwestern in seine Gewalt bringt und ihnen verbietet, eine bestimmte Kammer zu betreten, mutierte im Mittelalter zum Teufel. In den älteren Varianten des Märchentypus AT 311 „Von der Schwester gerettet" entdecken die Frauen in jener Kammer die verstümmelten

---

[125] Petrusinella (AT 310). In: HANS-JÖRG UTHER (Hg.): Märchen vom Essen und Trinken. S. 14-17.

[126] Ziburtius (AT 400). In: WILHELM WISSER: Plattdeutsche Volksmärchen. Neue Folge [Bd. 2], S. 104-110, hier S. 104-105. Ausnahmsweise ist der Stein hier nicht nur riesengroß und ungeheuer schwer, sondern auch mit Ritzzeichnungen bedeckt. Man sieht einen Pferdekopf, einen Schafskopf, einen Schweinekopf, Ringe, Löffel, Messer und Gabeln (wobei zu bemerken ist, dass es in der Bronzezeit noch keine Gabeln gegeben hat).

Körper seiner Opfer. In einer Variante aus Welschtirol entdecken sie dort die Hölle (Der Teufel und seine Weiber[127]).

**Anachronismen.** Immer wieder haben spätere Erzähler die Lebensumstände des Helden ihren eigenen Lebensumständen angepasst. Das geschah unbewusst, sobald das Verständnis für eine archaische Realität erloschen war. Es konnte aber auch bewusst geschehen, wenn der Erzähler sich bemühte, sein Publikum zu fesseln, indem er die Überlieferung aktualisierte.

Die Königstochter, die dem Drachen geopfert werden soll (AT 300), wird oft in einer *Kutsche* zum vorbestimmten Ort gebracht. Diese Art Reisewagen ist erst im 15. Jahrhundert aufgekommen; ihre Bezeichnung geht auf das ungarische Wort *kocsi* zurück, was „Wagen“ bedeutet, ursprünglich „Wagen aus dem Ort Kócs“. – Nach dem Kampf wickelt der Held die Zungen des getöteten Drachen oft als Wahrzeichen in ein *Taschentuch*, welches wir uns notgedrungen als ziemlich groß vorzustellen haben. Im mecklenburgischen Märchen „Der Drachentöter“[128] sind es nach drei Kämpfen insgesamt 36 Zungen (neun, zwölf und fünfzehn), und weil der Held befürchtet, die Übersicht zu verlieren, *nummeriert* er Zungen und Köpfe. Ein Jahr lang trägt der Held die Zungen mit sich herum.[129] Unser Taschentuch aber ist aus einem modischen Ziertuch für Männer und Frauen hervorgegangen, das in Italien ab dem 15. Jahrhundert bekannt war; der alltägliche Gebrauch von Taschentüchern begann erst im 19. Jahrhundert. – Der Königssohn, der ausgezogen ist, um das Wasser des Lebens zu finden (AT 551), soll nicht länger als *eine Stunde*

---

[127]  Der Teufel und seine Weiber (AT 311). In: CHRISTIAN SCHNELLER: Märchen und Sagen aus Wälschtirol. S. 88-90.

[128]  Der Drachentöter (AT 303 + 301 A). In: GOTTFRIED HENSSEN (Hg.): Mecklenburger erzählen. S. 21-24.

[129]  Der Jagdbrauch, dem Beutetier die Zunge herauszuschneiden, wird in einer griechischen Sage erwähnt. Peleus hat den von ihm erlegten Tieren – Hirschen, Bären und Keilern – die Zungen herausgeschnitten und als Beweise in einem Sack aufbewahrt (Telamon und Peleus). In: ROBERT VON RANKE-GRAVES: Griechische Mythologie. S. 243-250, hier S. 245.

im Zauberschloss verweilen, *bevor es zwölf schlägt*, soll er es verlassen. Doch die gleichförmige Einteilung des Tages in Stunden ist erst seit dem Ende des Mittelalters üblich; große Turmuhren mit Geh- und Schlagwerk wurden erst ab Mitte des 14. Jahrhunderts gebaut.

Wir hören von einem König, der *in einem Dorf* wohnt – dessen Töchter besuchen *das Freibad* gleich hinter dem Dorf, und von dort raubt ein dreiköpfiger Drache eine nach der anderen (Die drei Prinzessinnen und Loktibrada[130], slowakisch, AT 301 A).

Der Werkstoff Glas muss die einfachen Erzähler in Buxtehude fasziniert haben wie der Gral die höfischen Dichter. Den künstlich aufgeworfenen Hügel, durch den der Weg der Initianden in die Unterwelt führte, lassen sie aus Glas sein: Der König lässt einen Glasberg machen und verkündet, wer über diesen laufen könne, ohne zu fallen, der soll seine Tochter zur Frau haben (Oll Rinkrank[131], friesisch, AT ---). – Im Auftrag des Königs errichtet ein Weiser einen Glasberg und stellt den Sarg mit der scheintoten Königstochter auf dessen Spitze (Die Prinzessin auf dem gläsernen Berg[132], estnisch, AT 530). – In dem gläsernen Berg, der sich neben dem Dorf befindet, leben zwölf verzauberte Mädchen; man liefert ihnen Lebensmittel in einer Kiste (Die Geschichte von den 12 goldenen Gänsen[133], deutsch aus Mähren, AT 400). – Nach der dritten Nachtwache schenkt der tote Vater dem Dummerchen einen diamantenen Apfel, und auf dem gläsernen Berg wirft das Dummerchen diesen Apfel

---

[130]　　Die drei Prinzessinnen und Loktibrada (AT 301 A). In: VIERA GAŠPARÍKOVÁ (Hg.): Slowakische Volksmärchen. S. 22-33, hier S. 22.

[131]　　Oll Rinkrank (AT ---). In: GRIMM, BRÜDER GRIMM: Kinder- und Hausmärchen. KHM 196. Bd. 2, S. 413-415.

[132]　　Die Prinzessin auf dem gläsernen Berg (AT 530). In: ALEXANDER BAER (Hg.): Der gläserne Berg. S. 35-41.

[133]　　Die Geschichte von den 12 goldenen Gänsen (AT 400). In: MARIE KOSCH: Deutsche Volksmärchen aus Mähren. S. 20-24.

in den Schoß der Prinzessin (Die Prinzessin auf dem gläsernen Berg[134], lettisch, AT 530).

**Veränderungen aus künstlerischer Absicht.** Um Beifall zu ernten, mussten die Erzähler die Erwartungen ihres Publikums berücksichtigen. Für die Erzähler war das Aufrechterhalten der Spannung so wichtig, dass sie auf die ausführliche Darstellung einer Gestalt oder eines Sachverhalts verzichteten. Statt alle bekannten Merkmale zu nennen, beschränkten sie sich auf einige davon, im Extremfall auf nur eins, weil das genügte. Darin besteht die *Ökonomie der Erzähler*. Diesem Kunstgriff sind im Laufe der Zeit unzählige Einzelheiten zum Opfer gefallen. Beispiele sind: Die Bedingungen der Saligen-Ehe – die Martern im Kontext der Aufnahmeriten, siehe AT 301 B „Die außerordentlichen Gesellen" – die Fachleute beim selben Typus – die Probestücke für die handwerkliche Tüchtigkeit der künftigen Schwiegertochter beim Typus AT 402 „Die Katze als Braut".

Ein anderes Mittel, um die Spannung zu erhöhen, war die Übertreibung. Ein Mann hat hundert Söhne, tausend Söhne. – Der Held wächst in Stunden wie andere in Tagen und in Tagen wie andere in Jahren. Er ist so kräftig, dass ein gewöhnliches Pferd, dem er die Hand auf den Rücken legt, zusammenbricht. – Sein Zauberpferd frisst Glut. – Die rätselhaften Prinzessinnen zertanzen jede Nacht ein Paar Schuhe. – Dornröschens Schlaf verbreitet sich übers ganze Schloss. Nicht nur der König und die Königin samt ihrem Hofstaat schlafen ein, sondern auch die Pferde im Stall, die Hunde im Hof, die Tauben auf dem Dach sowie die Fliegen an der Wand, ja sogar das Feuer auf dem Herd (Dornröschen[135], deutsch aus Hessen).

Eine Schwester der Übertreibung ist die Triplifikation.

Um die Aufmerksamkeit des Publikums zu fesseln, haben die Erzähler noch mehr Eingriffe in die überlieferten Texte vorgenommen. Sie ersetzten den kollektiven Helden, das war die Gruppe von Zöglingen,

---

[134] Die Prinzessin auf dem gläsernen Berg (AT 530). In: OJĀRS AMBAINIS (Hg.): Lettische Volksmärchen. S. 252-256.

[135] Dornröschen (AT 410). In: GRIMM, BRÜDER GRIMM: Kinder- und Hausmärchen. KHM 50. Bd. 1, S. 257-260, hier S. 258-259.

durch einen individuellen Helden, mit dem sich der Zuhörer leichter identifizieren konnte. Im Falle von AT 325 „Der Zauberer und sein Schüler" sind die Varianten mit einem einzigen Schüler das Endprodukt einer Entwicklung, die mit der gemischten Gruppe begonnen hat. Dieselbe Tendenz zeichnet sich ab beim Typus AT 400 „Der Mann auf der Suche nach seiner verschwundenen Gattin". Bei manchen Märchentypen ist dieser Prozess so weit fortgeschritten, dass anstelle der Gruppe immer nur ein einziger Held auftritt, siehe AT 310 „Die Jungfrau im Turm", AT 314 „Goldener", AT 502 „Der wilde Mann", AT 710 „Marienkind". Die Geschichten, die wir im Folgenden betrachten, handeln in der Regel davon, dass drei Prinzessinnen geraubt und befreit werden, manchmal vier, aber zuweilen ist es nur eine einzige. In einer sizilianischen Variante wird *nebenbei* mitgeteilt, dass die Königstochter in der Unterwelt zwölf andere Mädchen um sich hat (Die Geschichte von dem Seminaristen, der die Königstochter erlöste[136], AT 301 A). In einer italienischen Variante aus Mantua sind die drei Königstöchter zusammen mit vielen Mädchen und Burschen in Stauen verzaubert und werden zusammen erlöst (Der Zauberbrunnen[137], AT 301 A).

Ein weiterer Aspekt der Idealisierung ist die Erhebung des Helden zum Königssohn bzw. der Heldin zur Königstochter. In der Folklore wimmelt es von gekrönten Häuptern.

Um das Publikum anzusprechen, verankerten die Erzähler ihre Märchen nach Möglichkeit in der geografischen Umgebung, in den sozialen Umständen. Dadurch erhielten manche Überlieferungen eine lokale Färbung, im Extremfall entwickelten sie sich zur Sage. Die Erzähler gingen noch einen Schritt weiter und betonten den Wahrheitsgehalt der angekündigten Geschichte, indem sie behaupteten, diese sei von bekannten Personen erlebt worden, oder indem sie sich auf bekannte Personen als Gewährsleute beriefen.

---

[136]  Die Geschichte von dem Seminaristen, der die Königstochter erlöste (AT 301 A). In: LAURA GONZENBACH: Sicilianische Märchen. Zweiter Teil, S. 40-49, hier S. 44, 47.

[137]  Der Zauberbrunnen (AT 301 A). In: FELIX KARLINGER (Hg.): Italienische Volksmärchen. S. 14-18, hier S. 17.

**Die Rolle der Fantasie.** Ein Faktor, der dazu beigetragen hat, dass die Märchen sich stellenweise weit von der ursprünglichen Darstellung entfernten, war die umwerfende Fantasie der späteren Erzähler. Einerseits haben sie die Lebensumstände des Helden ihren eigenen Lebensumständen angepasst, gewissermaßen einen Teil der ihnen suspekten Einzelheiten unter die Kontrolle ihrer Vernunft gebeugt. Andererseits haben sie überlieferte Motive umfunktioniert, in einen neuen Kontext gestellt und packende Episoden hinzuerfunden. Auf diese Weise verwandelte sich der lähmende Bericht über den dramatischen Leidensweg der Zöglinge in erhebende Geschichten.

Wahrscheinlich war nicht eben viel Vorstellungskraft nötig, um ein Reittier für *Hans mein Igel* zu erfinden – der Held zieht auf einem Göckelhahn in den Wald, um dort seines Vaters Schweine zu hüten, und der Göckelhahn wird vor der Schmiede beschlagen (Hans mein Igel[138], deutsch aus Hessen, AT 441). Ganz anders verhält es sich mit dem Schloss des besiegten Mädchenräubers beim Typus AT 301 „Die drei geraubten Königstöchter": Das Schloss wird in einen Apfel oder in ein Ei verwandelt und in dieser Form in die Oberwelt mitgenommen. AT 313 „Der dem Teufel versprochene Königssohn": Nach der geglückten Flucht küsst der Held eine andere Frau, worauf er die Braut aus dem Wald vergisst. Schon ist er drauf und dran, die andere zu heiraten, schon sitzen die Hochzeitsgäste beisammen, da gelingt es der Braut aus dem Wald, sich in Erinnerung zu bringen: Aus einem von ihr gebackenen Kuchen schlüpfen ein Hahn und ein Huhn, die spazieren über den Tisch und führen ein Gespräch – ein Gespräch über den Prinzen, der seine Liebesschwüre gebrochen, seine Helferin verraten, seine Retterin vergessen hat. AT 402 „Die Katze als Braut": Die Braut des jüngsten Sohnes verblüfft die Hochzeitsgäste durch ein Zauberkunststück: Während des Mahls steckt sie Speisereste in die Ärmel, und als sie tanzt, fliegen aus den Ärmeln Blumen, Perlen oder Münzen. Ihre Schwägerinnen stellen sich bloß, als sie es ihr gleichtun wollen. Ostslawische Erzähler haben die Szene noch weiter ausgebaut: „Und dann schwenkte sie den rechten Ärmel und warf

---

[138] Hans mein Igel (AT 441). In: GRIMM, BRÜDER GRIMM: Kinder- und Hausmärchen. KHM 108. Bd. 2, S. 118-123.

einen Bissen hinaus, da ward daraus ein Garten, und in dem Garten war eine Säule, auf ihr ging ein Kater hinauf und hinab, ging er hinauf, sang er Lieder, kam er herunter, erzählte er Märchen. Sie tanzte und tanzte, schwenkte den linken Ärmel, und in dem Garten entstand ein Flüsschen, und in dem Flüsschen schwammen Schwäne. Alle staunten über das Wunder wie kleine Kinder!" (Die Zarentochter Frosch[139], russisch.)

Im Falle des Märchentypus AT 301 haben spätere Erzähler die Handlung dramatisiert, indem sie nur einen von den Gefährten (bzw. nur einen Bruder) in die Unterwelt absteigen ließen, obendrein wird der Held, nachdem er die Prinzessinnen befreit hat, von seinen Gefährten (bzw. von seinen Brüdern) verraten. Die Prinzessinnen müssen Stillschweigen geloben, dann geben sich die Gefährten als ihre Befreier aus. Sie wollen die Prinzessinnen heiraten, aber die stellen Bedingungen … Diese aus der Fantasie geborenen Szenen fanden großen Anklang und haben sich demzufolge weit verbreitet.

**Eingriffe der Herausgeber.** Zu guter Letzt haben die Herausgeber in den überlieferten Wortlaut eingegriffen, wenn sie eine Auswahl von Texten für das breite Publikum vorbereiteten. Erstens kombinierten sie Bruchstücke und unvollständige Fassungen, die sich gegenseitig ergänzten, zu einer abgerundeten Erzählung, zweitens verwendeten sie für ihre Version die vom sprachlichen Standpunkt gelungensten Formulierungen – mal eine von hier, mal eine von da. Schon die Brüder Grimm sind auf diese Weise verfahren. Die „Kinder- und Hausmärchen" haben die Welt erobert, und ihr Erfolg gab den Grimms recht. Nach ihnen haben andere Herausgeber, immer das breite Publikum vor Augen, aus denselben Erwägungen ähnlich gehandelt: Paul Zaunert (Deutsche Märchen seit Grimm, 1912 und 1923)[140]; Wilhelm Wisser (Plattdeutsche

---

[139]    Die Zarentochter Frosch (AT 402 + 554).        In: REINHOLD OLESCH (Hg.): Russische Volksmärchen. S. 21-30, hier S. 26.
[140]    PAUL ZAUNERT: Vorwort. In: Ders. (Hg.): Deutsche Märchen seit Grimm. Bd. 1, S. V-XII, hier S. V-VII.

Volksmärchen, 1914 und 1927)[141]; Alexej Tolstoj (Russische Volksmärchen, deutsch 1946)[142]; Italo Calvino (Italienische Märchen, 1956)[143].

Viele Märchen sind ehemals von Erwachsenen für Erwachsene erzählt worden und waren mit Derbheiten gespickt. Diese fielen der Bearbeitung zum Opfer, weil die Verlage mit Recht befürchteten, das gebildete Publikum werde sie als anstößig empfinden, insbesondere ein Buch mit solchen Texten als für Kinder ungeeignet ablehnen. In der Urfassung des Märchens vom Teufel mit den goldenen Haaren (AT 461) tritt eine Teufelin auf, die sich zum Hausherrn ins Bett legt[144] – die Brüder Grimm haben sie durch eine unverfängliche, possierliche Teufels-Großmutter mit Sorgenstuhl ersetzt[145]. In der hessischen Variante des Typus AT 304, die den Brüdern Grimm als Vorlage zu KHM 111 „Der gelernte Jäger" diente, legt sich der Held zu der schlafenden Königstochter, und sie wird davon schwanger[146] (siehe auch die holsteinische Fassung „Die Nachtwache"[147] und die siebenbürgisch-sächsische Fassung „Der Hünen-

---

[141]  WILHELM WISSER: Einleitung. In: Ders.: Plattdeutsche Volksmärchen. Bd. 1, S. IX-XXVIII, hier S. XXVI-XXVII.

[142]  A. N. TOLSTOJ: Vorwort. In: Ders.: Russische Volksmärchen. S. 5-6. – Siehe auch: Märchen aus Russland. S. 7-8.

[143]  PAUL-WOLFGANG WÜHRL: Italo Calvino und der „italienische Grimm". In: ITALO CALVINO: Die Braut, die von Luft lebte. S. 5-19, hier S. 10-11.

[144]  Von dem Teufel mit drei goldenen Haaren (AT 461). In: PETER DETTMERING (Hg.): Kinder- und Hausmärchen der Brüder Grimm. S. 130-134, hier S. 132.

[145]  Der Teufel mit den drei goldenen Haaren (AT 461). In: GRIMM, BRÜDER GRIMM: Kinder- und Hausmärchen. KHM 29. Bd. 1, S. 167-174, hier S. 170-173.

[146]  GRIMM, BRÜDER GRIMM: Kinder- und Hausmärchen. Bd. 3, S. 192.

[147]  Die Nachtwache (AT 304). In: WILHELM WISSER: Plattdeutsche Volksmärchen. Neue Folge [Bd. 2], S. 16-24, hier S. 19.

töter"[148]). Doch in der veröffentlichten Version schneidet der Held, um ein Wahrzeichen zu haben, ein Stück aus ihrem Hemd, ohne sie anzurühren.[149] Die Befürchtung, Anstoß zu erregen, zitterte noch anderthalb Jahrhunderte später. Friedrich von der Leyen, der Begründer und Herausgeber der Reihe „Märchen der Weltliteratur", hat es Felix Karlinger noch 1959 zur Auflage gemacht, einige sexuelle Ausdrücke zu beseitigen oder auszutauschen, ehe er die Texte für den Band „Inselmärchen des Mittelmeeres" akzeptierte.[150]

Durch das Kombinieren von mehreren unvollständigen Überlieferungen zu einem logisch strukturierten Text haben die Märchensammler eine Art Vorarbeit für die Historiker geleistet. Sie beseitigten den Schaden, der durch die Vergesslichkeit der Erzähler entstanden war. Damit haben sie sich zufriedengegeben. Die Entstellung der ursprünglichen Überlieferung durch die Ökonomie der Erzähler haben sie nicht erkannt. Deshalb bildet das Kombinieren der Informationen aus mehreren Varianten den nächsten Schritt der Rekonstruktion, eine Aufgabe für die Historiker.

### Die Namen der Zauberer-Gestalt

Die zwei zentralen Gestalten der Märchen von der Buschschule sind Abbilder ihrer Leiter – des Stammeszauberers, der gleichzeitig Chef des Männerbundes war, und der Stammeshexe, die gleichzeitig Oberin des Frauenbundes war. Es handelt sich um zwei komplexe Persönlichkeiten, wir merken es an den vielen Namen, unter denen sie in den Märchen auftreten. Die Varianten des Märchentypus AT 313 „Der dem Teufel versprochene Königssohn" schildern sie als Eheleute.

---

[148] Der Hünentöter (AT 304). In: JOSEF HALTRICH: Sächsische Volksmärchen aus Siebenbürgen. S. 108-116, hier S. 111-112.
[149] Der gelernte Jäger (AT 304). In: GRIMM, BRÜDER GRIMM: Kinder- und Hausmärchen. KHM 111. Bd. 2, S. 129-135, hier S. 132.
[150] FELIX KARLINGER: Erscheinungsformen und Funktionen sexueller Episoden im Zaubermärchen. In: Ders.: Menschen im Märchen. S. 21-36, hier S. 22.

Mit Sicherheit wurden Zauberer und Hexe ursprünglich umfassend vorgestellt, doch in dem Maße, in dem sich die geheiligten Erinnerungen in Geschichten verwandelten, in ein literarisches Genre, verzichteten die Erzähler auf mehr und mehr Einzelheiten, um das Publikum durch eine flüssige Handlung zu fesseln, bis aus dem komplexen Erscheinungsbild nur je ein Merkmal übrigblieb. Die Merkmale verteilten sich auf die Überlieferungen wie die Eigenschaften des Auerochsen auf die Rassen der Hausrinder, dabei führte der Zufall Regie. Infolgedessen haben die zwei Zauberer-Gestalten in den Varianten der Märchen von der Buschschule bei gleichem Handlungsverlauf eine jeweils andere Erscheinungsform.

Die männliche Zauberer-Gestalt tritt auf als Zauberer – als alter Mann – als der Mann ohne Herz bzw. der unsterbliche Koschtschej – als Wassermann – als Menschenfresser – als Riese – als Schlange – als Vogel – als Kaiser der wilden Tiere – als Blumenmann – als Sonne – als Wind – als Eisenmann – als schwarzer Mann oder als grüner Mann. Jede Erscheinungsform repräsentiert ein Merkmal, man darf sie als personifiziertes Merkmal betrachten.

Der Zauberer steht für die magische Potenz, der alte Mann für das ansehnliche Alter, der Mann ohne Herz für die angebliche Unsterblichkeit. – Der Wassermann verweist auf den angeblichen Aufenthaltsort. – Der Menschenfresser erinnert an die Rolle beim rituellen kannibalischen Mahl, welches die Aufnahme der Initianden in den Stamm besiegelte. – Der Riese, die Schlange, der Vogel und der Blumenmann stehen für Masken. – Die Sonne und der Wind symbolisieren vermutlich eine Schlüsselposition im Kult der beiden einst als Gottheiten verehrten Naturkräfte. – Der Kaiser der wilden Tiere erinnert an die wichtige Aufgabe, vor einer Jagd den „Herrn der Tiere" günstig zu stimmen. – Der Eisenmann schließlich wie auch andere Erscheinungsformen, die einen Namen mit Metall-Komponente haben, lassen sich durch die Tätigkeit des Stammeszauberers als Schmied erklären.

Die politische Rolle des Stammeszauberers als Leiter des Männerbundes kommt in den Bezeichnungen *Waldkönig, Zar des Wilden Waldes, Wasserkönig* und *Meereszar* zum Ausdruck.

Als Beweis für die Richtigkeit meiner Interpretation führe ich ein wallonisches Märchen vom Typus AT 461 „Drei Haare vom Barte des Teufels" an. Hier wird der Held zu einem Riesen mit Federn geschickt (Märchen vom großen Riesen oder Märchen vom Reichsten in Amsterdam[151]). Das eine Attribut stammt von der Riesen-Maske, das andere von der Vogel-Maske. Da es ausgeschlossen ist, dass der Zauberer gleichzeitig beide Masken anlegte, kann die Verknüpfung der zwei Attribute nur zustande gekommen sein, indem die Erzähler den Zauberer ursprünglich ausführlicher vorstellten.

Der deutlichste Hinweis auf den Beruf des Stammeszauberers findet sich in einem rumänischen Märchen des Typus AT 300 A „Der Kampf an der Brücke". Hier tritt ein Schmied auf, der zugleich Zauberer ist, er heißt *Weltenschmied* (rumänisch: *Faurul-pămîntului*). Dieser Schmied nimmt an einem spezifischen, aus der Jugendweihe übernommenen Vorgang teil. Dem Vorgang liegt die Mythe von der Begegnung des Stammesgründers mit dem Tier-Ahnen zugrunde, der ihn verschlingt und eine Weile in seinem Magen sitzen lässt, um ihm Fähigkeiten eines großen Jägers zu verleihen.[152] Zwar wird dieser Vorgang in umgewerteter Form dargestellt (der Tier-Ahne tritt nicht als Wohltäter auf, sondern als Verderber), aber das darf uns nicht stören. In unserem Märchen jagt die Drachenmutter in Gestalt einer Sau hinter dem Helden her, um ihn zu verschlingen; sie wird vom Weltenschmied überlistet, der ein eisernes Ebenbild des Helden, glühend gemacht, in ihren Rachen schiebt

---

[151]    Märchen vom großen Riesen oder Märchen vom Reichsten in Amsterdam (AT 461). In: WILHELM MARICHAL: Volkserzählgut und Volksglaube in der Gegend von Malmedy und Altsalm. S. 119-123.

[152]    Für diesen Teil des Ritus findet sich in einem griechischen Märchen eine sensationelle Bestätigung. Das Märchen heißt „Der Königssohn und der Bartlose", es gehört zum Typus AT 531. Der Prinz hat einen blinden Drachen geheilt, aus Dankbarkeit verschluckt dieser den Prinzen und lehrt ihn in seinem Bauch die Tiersprache; nachdem der Prinz ausgelernt hat, speit er ihn aus. In: GEORGIOS SARANTIS-ARIDAS (Hg.): Griechische Märchen. S. 87-93, hier S. 89.

(Greuceanu[153]). In einer litauischen Fassung wirft der Schmied der Drachenmutter glühende Brocken Eisen in den Rachen, die angeblich Glieder des Helden sind (Das zweiköpfige Ross[154]).

Den männlichen Erscheinungsformen lassen sich ebenso viele weibliche zuordnen. Zum Zauberer oder Hexenmeister gehört die Zauberin oder Hexe; zum alten Mann – die alte Frau; zum Menschenfresser – die Menschenfresserin; zum Riesen – die Riesin; zum Drachen oder Drakos – die Drachin bzw. Drakäna; zum Wassermann – die Nixe, Wasserlisse, Sirene und Gorgo; zum wilden Mann – die wilde Frau. Neben dem schwarzen Mann steht die schwarze Frau, neben dem grünen – die grüne. In dieser Liste kommt auch die Feenkönigin vor, das ist die Stammeshexe in ihrer Eigenschaft als Leiterin des Frauenbundes. In ihrer Gestalt vereinigen sich magische Kraft, Macht, ewige Jugend und Schönheit – eine irreale Kombination.

In den Varianten eines Märchentypus handeln die Erscheinungsformen des Zauberers und der Hexe identisch, sie könnten untereinander ausgetauscht werden. Das ist die *funktionale Identität* der Zauberer-Gestalten in den Märchen von der Buschschule.

---

[153]  Greuceanu (AT 300 A). In: PETRE ISPIRESCU: Legende sau basmele românilor. S. 203-213, hier S. 210.

[154]  Das zweiköpfige Ross (AT 300 A). In: BRONISLAVA KERBE-LYTÉ (Hg.): Litauische Volksmärchen. S. 33-39, hier S. 38-39.

# ZWEITER TEIL
## DIE MOTIVE DES MÄRCHENTYPUS AT 301

Der Märchentypus AT 301 „Die drei geraubten Königstöchter" umfasst drei Untertypen oder Redaktionen: AT 301 A „Die Suche nach den verschwundenen Prinzessinnen" – AT 301 B „Die außerordentlichen Gesellen" – AT 301 C „Der Apfelbaum des Königs". Wir eröffnen unsere Betrachtung mit Motiven von AT 301 A.

### Motiv Nr. 1: Die Prophezeiung

Manche Variante beginnt mit einer unheilvollen Prophezeiung, die kurz nach der Geburt der Königstöchter ausgesprochen wird: Ehe die jüngste Prinzessin vierzehn Jahre alt ist, wird eine Wolke die vier Schwestern rauben (Von den vier Königstöchtern[155], sizilianisch, AT 301 A). Oder: Wenn die Sonne auf die Prinzessinnen scheint, bevor sie fünfzehn Jahre alt sind, wird ein riesenhafter Troll sie entführen (Die verschwundenen Prinzessinnen[156], schwedisch, AT 301 A). Auch bei anderen Märchentypen leitet eine Prophezeiung die Handlung ein: Wenn die Königstochter im fünfzehnten Lebensjahr von der Sonne beschienen wird, soll sie sich in eine Eidechse verwandeln, ins Meer fallen und fünf Monate darin bleiben (Der Riese vom Berge[157], griechisch, AT 403). – Auf dem Mädchen liegt ein Zauberbann: Wenn ein Sonnenstrahl auf Tilios Schwester fallen sollte, werde sie augenblicklich in den Bauch eines Wals versetzt (Das

---

[155]  Von den vier Königstöchtern (AT 301 A). In: LAURA GONZENBACH: Sicilianische Märchen. Zweiter Teil, S. 4-7, hier S. 4-5.
[156]  Die verschwundenen Prinzessinnen (AT 301 A). In: WALDEMAR LIUNGMAN (Hg.): Weißbär am See. S. 47-51, hier S. 47.
[157]  Der Riese vom Berge (AT 403). In: LEANDER PETZOLDT (Hg.): Balkan-Märchen. S. 59-66, hier S. 59.

Mädchen mit den goldenen Zöpfen[158], italienisch aus Welschtirol, AT 403). – Wenn das Mädchen die Sonne sieht, soll es sich in eine schwarze Schlange verwandeln (Burdilluni[159], sizilianisch, AT 403). – Im zwölften Lebensjahr soll die Prinzessin von der Blumenfee verschleppt werden (Märzveilchen[160], rumänisch, AT 407). – Sobald das Mädchen das dreizehnte Lebensjahr erreicht hat, soll es sich in eine Zitrone verwandeln (Die drei Zitronen[161], griechisch, AT 408). – Die Königstochter soll sich in ihrem fünfzehnten Jahr an einer Spindel stechen und tot hinfallen (Dornröschen[162], deutsch aus Hessen, AT 410).

Beim Märchentypus AT 930 „Der reiche Mann und sein Schwiegersohn" verfügen die meist als *Schicksalsfrauen* bezeichneten Gestalten, dass die Tochter des reichen Mannes den zur gleichen Stunde geborenen Sohn des Habenichts heiratet, der jenem Unterkunft gewährt hat.

Was sind das für Geschöpfe, die über die Zukunft eines Neugeborenen entscheiden? Warum hängt der Schicksalsschlag mit dem Eintritt in die Pubertät zusammen? Und was hat die Sonne damit zu tun? Mit Hilfe der Völkerkunde ist es möglich, auf diese Fragen zu antworten.

Die Prophezeiung dürfte das Echo einer Besprechung sein, bei der die Teilnehmer wesentliche Fragen für den Status des Neugeborenen beantworteten. Heute würde man im Falle einer Großfamilie von einer Familienkonferenz sprechen. Vor 3.000 Jahren spielte der Zusammenhalt der Familien in Sippen eine große Rolle, die Dutzende, ja Hunderte Personen umfassten und sich von anderen Sippen durch ihren mythischen

---

[158]  Das Mädchen mit den goldenen Zöpfen. In: CHRISTIAN SCHNELLER: Märchen und Sagen aus Wälschtirol. S. 51-55, hier S. 51-52.

[159]  Burdilluni (AT 403). In: RUDOLF SCHENDA und DORIS SENN (Hg.): Märchen aus Sizilien. S. 177-185, hier S. 179.

[160]  Povestea viorelei (AT 407). In: TONY BRILL (Hg.): Legendele românilor. Bd. 2 (Legendele florei), S. 254.

[161]  Die drei Zitronen (AT 408). In: GEORGIOS ARIDAS (Hg.): Und sie lebten glücklich ... S. 79-85, hier S. 83.

[162]  Dornröschen (AT 410). In: GRIMM, BRÜDER GRIMM: Kinder- und Hausmärchen. KHM 50. Bd. 1, S. 257-260, hier S. 257-258.

Ahnen abgrenzten. Die Sippenmitglieder lebten in benachbarten Weilern und halfen einander wie Brüder. Die Leitung ihrer Angelegenheiten lag in den Händen von älteren Personen, die sich durch kluge Ratschläge, Tatkraft und einen versöhnlichen Umgangston ausgezeichnet hatten. Nach der Geburt eines Kindes begaben sich die Leiter mit einigen in den Bräuchen bewanderten Sippengenossen in das betreffende Haus, wo man sie gespannt erwartete. Die Besprechung selbst ist keine Hypothese, sie wird durch konkrete Informationen bestätigt. Nur der Inhalt der Gespräche beruht auf Vermutungen.

Bis in die nahe Vergangenheit wurde in allen Balkanländern am dritten Tag nach der Geburt eines Kindes das Zimmer neben dem der Wöchnerin mit größter Sorgfalt für den Empfang ranghoher Gäste vorbereitet, obwohl seit Menschengedenken keine solchen Besuche mehr stattgefunden hatten. Wie man dabei verfuhr, wird im albanischen Märchen „Visoji'dhas"[163] („Ziegensäugling", AT 930) beschrieben: Auf dem Tisch befindet sich das gesamte Silbergeschirr des Hauses, in der Mitte ein mit Honig gefüllter Trinkbecher, in dem drei Mandeln schwimmen. Dort stehen auch drei Teller mit Essen, und man hat drei Schnitte Brot, drei Messer, drei Gabeln und drei Mundtücher zurechtgelegt. Die bei den Rumänen beobachteten Bräuche hat Tudor Pamfile beschrieben, wobei er vermerkte, dass die Zahl der Schicksalsfrauen auch sieben oder sogar neun betragen kann.[164] Die Sitte, einen festlich gedeckten Tisch vorzubereiten, war weit verbreitet, und es wurden noch mehr Maßnahmen getroffen: Man ließ die Türen und Fenster offen, damit die Schicksalsfrauen ins Haus gelangen können.[165] – Die Mazedo-Rumänen (oder Armunen) schafften für eine Nacht die Hunde aus dem Haus, damit sie die Gäste

---

[163]    Visoji'dhas (AT 930). In: MAXIMILIAN LAMBERTZ (Hg.): Die geflügelte Schwester und die Dunklen der Erde. S. 106-112, hier S. 107.
[164]    TUDOR PAMFILE: Mitologie româneasca. S. 5-17. – Siehe auch: S. FL. MARIAN: Naşterea la români. S. 113-115.
[165]    TUDOR PAMFILE: Mitologie româneasca. S. 7.

nicht mit ihrem Gebell erschrecken.[166] – Rolf Wilhelm Brednich vermerkt mit Bezug auf Griechenland [wo Mazedo-Rumänen leben], dass die Hausleute am Abend den Hund an die Kette legten und alle Gegenstände aus dem Weg räumten, über die ein Besucher hätte stolpern können.[167] – Die Rumänen der Bukowina ließen eine Kerze brennen, damit die Gäste Licht haben.[168]

Ehemals lud man auch in Lothringen, wo Johanna von Orléans ihre Kindheit verbrachte, die Feen zur Tauffeier ein. Man glaubte, dass sie das Neugeborene beschenken. Im Zimmer neben dem der Wöchnerin deckte man für sie einen Tisch. Allerdings bekam niemand sie zu Gesicht, und man hütete sich, sie zu belauern.[169] Diese Einzelheiten wurden beim Prozess im Jahre 1430 festgehalten.[170] – In Böhmen erhielt sich der Brauch, die Schicksalsfrauen festlich zu empfangen, bis ins 19. Jahrhundert. Um einen günstigen Spruch für das Neugeborene zu erwirken, stellte man Brot und Salz wie auch Bier auf den Tisch (Die Schicksalsrichterinnen[171]).

So übermächtig war der Druck der Tradition, dass rumänische Bäuerinnen, die nach dem Zweiten Weltkrieg die Möglichkeit hatten, in

---

[166]    TUDOR PAMFILE: Mitologie românească. S. 9. – Siehe auch: S. Fl. MARIAN: Naşterea la romãni. S. 114. Mazedo-Rumänen oder Armunen – Nachkommen der romanisierten thrakischen und illyrischen Bevölkerung der Balkanhalbinsel, die nicht slawisiert wurden.

[167]    ROLF WILH. BREDNICH: Volkserzählungen und Volksglaube von den Schicksalsfrauen. S. 161-162.

[168]    S. FL. MARIAN: Naşterea la romãni. S. 114. – Siehe auch: TUDOR PAMFILE: Mitologie româneasca. S. 9.

[169]    ANATOLE FRANCE: Vie de Jeanne d'Arc. S. 59.

[170]    ROLF WILH. BREDNICH: Volkserzählungen und Volksglaube von den Schicksalsfrauen. S. 205. (Mit Berufung auf Anatole France.)

[171]    Die Schicksalsrichterinnen. In: JOSEF VIRGIL GROHMANN: Sagen-Buch von Böhmen und Mähren. Bd.1, S. 15.

einem Krankenhaus zu entbinden, ihr Nachtkästchen für den Besuch der Schicksalsfrauen schmückten.[172]

Offenbar legten die Hausleute auf die Stimmung der Gäste großen Wert. Was der vermutlich wichtigste Grund für die Beratung der Sippenältesten war, wird in den Überlieferungen nicht mitgeteilt. Vermutlich wollten sie feststellen, wer der kürzlich verstorbene Ahne ist, dessen Seele in das Neugeborene Einzug gehalten hat, denn eine Besprechung mit diesem Anliegen wurde bei Völkern Asiens, Afrikas und Australiens beobachtet. In Westsibirien, bei den Mansen (oder Wogulen) und Chanten (oder Ostjaken) haben sich die alten Frauen noch in historischer Zeit zu der rituellen Weissagung eingefunden. (Männer wurden nicht zugelassen.)[173] Dass die Sippenältesten im Märchen meist als weibliche Wesen in Erscheinung treten, kann ein Hinweis auf die einstige Dominanz der Frauen im rituellen Bereich sein.

Die Vorstellung von der Reinkarnation eines Ahnen bezeugt ein alter europäischer Brauch, bei dem die Braut sich auf einen bestimmten Stein stellte oder setzte oder auf diesem tanzte. Es handelt sich um den sogenannten *Brautstein*. John Meier hat gezeigt, dass der Brautstein ursprünglich als Teil des Ahnengrabs einen Ahnen aus der Sippe des Bräutigams verkörperte; in den Kindern des Paars sollte der Ahn zu neuem Leben wiedergeboren werden.[174] – Ähnlich bei den Daka in Nigeria: Wenn sich eine Frau zehn Tage nach der Hochzeit noch nicht schwanger fühlte, ging ein Verwandter mit dem jungen Ehemann zur Grabstelle der Mutter, des Vaters oder der Großeltern, je nachdem, wer von diesen verstorben war, und bat sie um ihre Rückkehr und Wiedergeburt.[175]

---

[172] Mündlich von einer Mitarbeiterin des „Museums des Rumänischen Bauern", das in Bukarest nach der politischen Wende 1989 im Gebäude des ehemaligen Parteimuseums eingerichtet worden ist.

[173] SOJA SOKOLOWA: Das Land Jugorien. S. 145, 178.

[174] JOHN MEIER: Der Brautstein. S. 78 (einschließlich Fn. 3) und S. 92.

[175] EMIL FINKERNAGEL: Familienleben und Jugenderziehung in Westafrika. S. 56. (Mit Berufung auf Frobenius.)

Das deutsche Wort *Enkel* (mittelhochdeutsch *enenkel*) bedeutet „kleiner Ahn" oder „Großväterchen". Dazu gibt es eine Parallele in Tanganyika: Dort wurde ein neugeborenes Kind oft mit der Anrede *Großvater* begrüßt.[176]

Das folgende Thema bei der Beratung der Sippenältesten war von der Heiratspolitik bedingt. Jede Sippe bemühte sich, ihr Ansehen durch klug arrangierte Heiraten zu vermehren. Allem Anschein nach nutzten die Sippenältesten die Gelegenheit, um zu überlegen, innerhalb welcher anderen Sippe man im Einklang mit den Heiratstabus nach einem Ehepartner für das Kind Ausschau halten könne. Aus den Varianten des Märchentypus AT 930 „Der reiche Mann und sein Schwiegersohn" leiten wir ab, dass man Ehepartner aus derselben Altersklasse bevorzugte, denn im Märchen wird der künftige Ehepartner in derselben Nacht, ja sogar zur selben Stunde geboren (Der Findling[177], serbokroatisch; Nach dem Kiebitzberg[178], deutsch aus Holstein; Die drei goldenen Haare von Vater Allwissend[179], tschechisch; Die drei goldenen Haare des Sonnenkönigs[180], Märchen transsilvanischer Zigeuner; Die Weissagung des Vogels[181], Roma-Märchen aus Moldawien). In der ungarischen Variante „Der

---

[176] HILDE THURNWALD: Die schwarze Frau im Wandel Afrikas. S. 64.

[177] Der Findling (AT 930). In: FRIEDRICH S. KRAUSS: Sagen und Märchen der Süd-slaven. Bd. 2, S. 179-180.

[178] Na 'n Kiwitzbarg (AT 930 + 461). In: WILHELM WISSER: Plattdeutsche Volksmärchen. Bd. 1, S. 90-98, hier S. 90-91.

[179] Die drei goldenen Haare von Vater Allwissend (AT 930 + 461). In: JAROMÍR JECH (Hg.): Tschechische Volksmärchen. S. 120-127, hier S. 121.

[180] Die drei goldenen Haare des Sonnenkönigs (AT 930 + 461). In: HEINRICH VON WLISLOCKI: Märchen und Sagen der Transsilvanischen Zigeuner. S. 16-21, hier S. 16.

[181] Die Weissagung des Vogels (AT 930). In: HEINZ MODE und MILENA HÜBSCHMANNOVÁ (Hg.): Zigeunermärchen aus aller Welt. S. 399-403, hier S. 400.

Knabe im Sarg"[182] werden Knabe und Mädchen in derselben Nacht geboren und am folgenden Tag getauft.

Die Verlobung in der Wiege hat sich auch im Motiv AT 409 B* niedergeschlagen. Es heißt „Dem ungeborenen Sohn wird eine Fee versprochen". Als der Held erwachsen ist, zieht er aus, um seine Fee zu finden.

An dieser Heiratspolitik hat sich bis in historische Zeiten nichts geändert: „Die Eltern", berichtete Edmund Schneeweis im Jahre 1935 mit Bezug auf Jugoslawien, „legen Wert darauf, mit einer angesehenen und wohlhabenden Familie verschwägert zu werden. In diesem Bestreben wurzeln die Kinderverlobungen, die früher häufig waren, heute aber nur noch vereinzelt in der Crna Gora und Hercegovina sowie bei den Mohammedanern in Bosnien und Hercegovina vorkommen."[183] – Im archaischen rumänischen Dorf entschied ein Gremium bestehend aus den Familienältesten über eine mögliche Verbindung, wobei man das Ansehen der anderen Familie in Betracht zog: ob vielleicht ein Fluch auf ihr lastet – die Gesundheit ihrer Mitglieder – den Umfang ihrer Habe. Braut und Bräutigam mussten sich fügen, denn es war zweitrangig, ob sie zueinander passen, ob sie sich mögen. Die Mädchen wurden mit 15-16 Jahren, die Burschen mit 18-19 Jahren verheiratet.[184]

Sobald die zwei genannten Fragen geklärt waren, besprachen die Sippenältesten wahrscheinlich die Teilnahme des Neugeborenen an der Jugendweihe, obwohl bis zu seiner Einschulung zehn, zwölf oder mehr Jahre vergehen sollten. Zu dieser Vermutung führen Aussagen in ganz verschiedenen Märchen, aus denen ich zitierte. Für den Forscher ist die Prophezeiung ein indirekter Hinweis darauf, dass die Sippenältesten bei ihrer Beratung auch die Jugendweihe im Auge hatten, die Gesamtheit der

---

[182] Der Knabe im Sarg (AT 930 + 461). In: GYULA ORTUTAY (Hg.): Ungarische Volksmärchen. S. 322-339, hier S. 323-324.

[183] EDMUND SCHNEEWEIS: Serbokroatische Volkskunde. S. 58-59.

[184] MARIA MÂNDROANE: Nunta, ca trecere. In: NEDEIA. Revistă de cultură tradițională. Reşiţa/Reschitza [Rumänien]. Nr. 2 (4)/2014, S. 69-73, hier S. 71.

Aussagen macht ein Gespräch über die Jugendweihe plausibel. Als Grund für ihre Überlegungen kommt die sogenannte *Verschreibung* in Betracht, d.h. die Zahlung, die zu leisten war, damit das Neugeborene formell in den Männerbund oder in den Frauenbund aufgenommen wird. Man musste sich darüber einigen, wer die Zahlung leistet. Die Verschreibung ist ein häufiges Motiv, Propp hat es ausführlich kommentiert.[185] Sie verweist in eine Zeit, als die Jugendweihe nicht mehr selbstverständlich war, also in eine späte Phase der Buschschule.

Warum die Königstöchter nicht ins Sonnenlicht treten dürfen, hängt mit abergläubischen Vorstellungen im Zusammenhang mit dem Einsetzen der Regelblutungen zusammen. James George Frazer belegt die weltweite Verbreitung dieser Vorstellungen mit zahlreichen Beispielen.[186] „Der Beweggrund für die Gefangenschaft, die so allgemein den Mädchen zur Zeit der Geschlechtsreife auferlegt wird, ist die tiefwurzelnde Furcht, die der Primitive immer vor dem Menstruationsblute hegt. Er fürchtet es zu allen Zeiten, aber ganz besonders bei seinem ersten Auftreten."[187]

„Bei den zivilisierten Völkern Europas", vermerkt Frazer, „ist der Aberglaube, der sich um diese geheimnisvolle Seite der weiblichen Natur gebildet hat, nicht weniger phantastisch als derjenige, der unter den Wilden herrscht. In der ältesten Enzyklopädie, die wir kennen, der Naturgeschichte des Plinius, ist die Liste der Gefahren, die von der Menstruation befürchtet werden, länger als irgendeine bei den Barbaren. Nach Plinius verwandelte die Berührung einer menstruierenden Frau den Wein in Essig, vernichtete die Ernte, tötete die Sämlinge, zerstörte die Gärten, ließ das Obst von den Bäumen fallen, trübte die Spiegel, machte Rasiermesser stumpf, rostete Eisen und Messing (besonders bei abnehmendem Mond), tötete Bienen oder trieb sie wenigstens aus dem Stock, ließ Stuten eine Fehlgeburt erleiden und so weiter. Ebenso glaubt man heute noch [1922] in verschiedenen Gegenden Europas, daß, wenn eine Frau, die ihre

---

[185]  VLADIMIR PROPP: Die historischen Wurzeln des Zaubermärchens. S. 102-105.

[186]  JAMES GEORGE FRAZER: Der goldene Zweig. S. 865-883.

[187]  Ebd., S. 876.

Periode hat, eine Brauerei betritt, das Bier sauer werde. Wenn sie Bier, Wein, Essig oder Milch anrührte, würden diese Flüssigkeiten schlecht werden. Macht sie Marmelade ein, dann hält sie nicht. Reitet sie auf einer Stute, dann wird diese eine Fehlgeburt haben. Berührt sie Knospen, dann welken sie. Klettert sie auf einen Kirschbaum, dann stirbt er ab. In Braunschweig meinen die Leute, wenn eine menstruierende Frau beim Schlachten hilft, würde das Schweinefleisch verfaulen. Auf der griechischen Insel Calymnos darf eine Frau um diese Zeit nicht an einen Brunnen gehen, um Wasser zu trinken, oder einen Fluß überschreiten oder ins Meer gehen. Ihre Anwesenheit auf einem Boot soll Stürme erregen."[188]

Im Märchen werden die Königstöchter von Riesen, Drachen oder einer Wolke entführt, weil sie das Gebot, in die Sonne zu treten, verletzt haben. Hier verwechselten späteren Erzähler die Ursache mit der Wirkung. Die von der Menstruation bedingte Abwesenheit war das Signal für den Eintritt in die Pubertät, und wenn die Mädchen sich wieder im Sonnenlicht zeigten, war die Zeit für ihre Einschulung gekommen.

Es stellt sich die Frage, wie die von Frazer genannten Vorsichtsmaßnahmen im Falle der gemischten Gruppe von Initianden beachtet worden sind. Zwei Motive aus <u>AT 400 „Der Mann auf der Suche nach seiner verschwundenen Gattin"</u> können als Fingerzeig gelten, wie man mit menstruierenden Mädchen verfahren ist, denn die Varianten dieses Märchentypus berichten wenn nicht von einer gemeinsamen, so doch von einer gleichzeitigen Jugendweihe für Knaben und Mädchen.

Hier stehen die verwünschten Mädchen in der Nähe des Märchenschlosses bis zum Hals im Wasser; der Held erlöst sie durch seine Standhaftigkeit in den Qualnächten (Nebojsa[189], slowakisch; Der Schuster[190], rätoromanisch; Der Schuster[191], italienisch aus Wälschtirol; Die Königin

---

[188]    Ebd., S. 881.

[189]    Nebojsa (AT 326 + 400). In: VIERA GAŠPARÍKOVÁ (Hg.): Slowakische Volksmärchen. S. 38-53, hier S. 44.

[190]    Der Schuster (AT 400). In: LEZA UFFER (Hg.): Rätoromanische Märchen. S. 240-242, hier S. 241.

[191]    Der Schuster (AT 400). In: CHRISTIAN SCHNELLER: Märchen und Sagen aus Wälschtirol. S. 101-102.

von den Drei Goldenen Bergen[192], italienisch aus der Gegend von Bologna; Das Schloss in den Lüften[193], Märchen aus der Bretagne). Bei diesem Motiv könnte es sich um die Widergabe eines rituellen Bades handeln. Alfred Winterstein bringt Beispiele für ein rituelles Bad oder Waschungen im Zusammenhang mit der Menarche aus verschiedenen Teilen der Welt: Zentralafrika, Südostafrika, Südafrika, Neuguinea, Marshall-Inseln, Guayana, Südwestindien, Jawa und Ceylon.[194] – Bei den Thonga in Südostafrika in der Gegend der Delagoabucht wurden die Mädchen nach dem Auftreten der Menarche für einen Monat abgesondert und wohnten in einer besonderen Hütte. Eingeweihte Frauen begleiteten sie an jedem Morgen zu einem Teich und tauchten sie bis zum Hals ins Wasser.[195] – Bei den Luvale im Nordwesten Zambias nahm die Initiandin während ihrer drei bis zwölf Monate dauernden Absonderung jeden Morgen ein Vollbad im Fluss.[196] – Bei den Comanche hatten die Frauen, bevor sie aus der Isolation in die Gemeinschaft zurückkehrten, in fließendem Wasser zu baden, auch im Winter, wobei sie oft zuerst das Eis weghacken mussten.[197]

Doch die Mädchen stehen nicht immer im Wasser, manchmal stecken sie bis zum Hals in der Erde (Der Schuster[198], italienisch aus

---

[192] Die Königin von den Drei Goldenen Bergen (AT 400). In: ITALO CALVINO (Hg.): Die Braut, die von Luft lebte. S. 145-150, hier S. 146.

[193] Das Schloss in den Lüften (AT 314 A + 400). In: ERICH ACKERMANN (Hg.): Märchen der Bretagne. S. 64-70, hier S. 66.

[194] ALFRED WINTERSTEIN: Die Pubertätsriten der Mädchen und ihre Spuren im Märchen. S. 201 bzw. 202, 203, 204-205, 206, 211, 215.

[195] Ebd., S. 202.

[196] EVA MAHONGO RAUTER: Das Mädchen lernt tanzen. Die weibliche Initiation bei den Luvale. In: MARIE-JOSÉ VAN DE LOO und MARGARETE REINHART (Hg.): Kinder. Ethnologische Forschungen in fünf Kontinenten. S. 348-365, hier S. 355.

[197] HANS LÄNG: Kulturgeschichte der Indianer Nordamerikas. S. 241.

[198] Der Schuster (AT 400). In: CHRISTIAN SCHNELLER: Märchen und Sagen aus Wälschtirol. S. 103-109, hier S. 104.

Wälschtirol; Prinz Drache[199], baskisch; Hauptmann Tulpe und die Prinzessin von Bordeaux[200], französisch; Die drei Prinzessinnen im Weißland[201], norwegisch). Was kann das bedeuten? Winterstein berichtet u.a. auch über den australischen Brauch, menstruierende Mädchen bis zum Hals mit Erde zu bedecken, vielleicht bietet dieser Brauch den Schlüssel zum Verständnis des Motivs. Ich zitiere:

„[...] Einige Stämme pflegen ihre Mädchen bei solchen Gelegenheiten mehr oder weniger tief in der Erde zu begraben, vielleicht in der Absicht, sie vor dem Sonnenlichte zu verstecken. Wenn unter den Eingeborenen des Pennefather-Flusses auf der Halbinsel York In Queensland ein Mädchen zum ersten Mal menstruiert, wird es von der Mutter zu irgendeinem abgelegenen Platze geführt, die dort ein kreisrundes Loch im Sandboden unter dem Schatten eines Baumes gräbt. In diesem Loch kauert das Mädchen mit gekreuzten Beinen und wird bis zum Gürtel mit Sand bedeckt. Zu beiden Seiten wird ein Grabstock fest in den Sand gepflanzt und der Platz mit einer Einfriedigung von Strauchwerk umgeben, ausgenommen vorn, wo die Mutter ein Feuer entzündet. Dort verbleibt das Mädchen den ganzen Tag, indem es mit gekreuzten Armen dasitzt und die Handteller auf den Sand legt. Es darf die Arme nicht bewegen, außer um Nahrung von der Mutter zu empfangen oder um sich zu kratzen; und wenn das Mädchen sich kratzt, darf es sich nicht mit den eigenen Händen berühren, sondern muss zu diesem Zweck einen Holzsplitter benützen, der, wenn er nicht gebraucht wird, ins Haar gesteckt wird. Sie darf nur mit ihrer Mutter sprechen; niemand anderer würde daran denken, sich ihr zu nähern. Am Abend ergreift das Mädchen die zwei Grabstöcke, befreit sich mit ihrer Hilfe von dem darüber liegenden Sandgewicht und

---

[199]  Prinz Drache (AT 400). In: FELIX KARLINGER und ERENTRUDIS LASERER (Hg.): Baskische Märchen. S. 31-36, hier S. 32.

[200]  Hauptmann Tulpe und die Prinzessin von Bordeaux (AT 400). In: JAN VLADISLAV: Französische Märchen. S. 131-147, hier S. 134-137.

[201]  Die drei Prinzessinnen im Weißland (AT 400). In: KLARA STROEBE (Hg.): Nordische Volksmärchen. Bd. 2, S. 126-131, hier S. 127.

kehrt ins Lager zurück. Tags darauf wird es wieder im Sand unter dem Schatten des Baumes begraben und verbleibt dort bis zum Abend. Das geschieht fünf Tage lang. Nach seiner Rückkehr am Abend des fünften Tages wird das Mädchen von der Mutter mit einem Gürtel, einem Stirn- und einem Halsband aus Perlmuscheln geschmückt, und um seine Arme, Handgelenke und über seine Brust werden grüne Papageienfedern gebunden; der Körper selbst wird vorn und hinten vom Gürtel aufwärts mit roten, weißen und gelben Klecksen bemalt. Nach der zweiten und dritten Menstruation wird das Mädchen in gleicher Weise im Sande begraben, bei der vierten darf es im Lager bleiben, indem es seinen Zustand bloß dadurch kennzeichnet, dass es einen Korb mit leeren Muscheln auf dem Rücken trägt."[202]

## Motiv Nr. 2: Die Entführung

Aus der völkerkundlichen Literatur geht hervor, dass die Jugendweihe veranstaltet wurde, wenn die Lebensmittel für die Teilnehmer gesichert waren: Wenn Kamilaroi-Gruppen in Neu-Süd-Wales ihre Bora-Zeremonien zum Zweck der gemeinsamen Initiation von [männlichen] Jugendlichen veranstalteten, versammelten sich 200 bis 300 Personen für drei oder vier Monate; die primären Vorbedingungen dafür waren ausreichende Wasser- und Nahrungsversorgung.[203] – Den feuerländischen Yámana bot ein gestrandeter Wal Gelegenheit zur Abhaltung der Pubertätsriten, weil sich die beschwerliche Nahrungssuche für lange Zeit erübrigte.[204] – Bei den Kpelle in Liberia fand die Eröffnung eines neuen Lehrgangs für die Knaben zu Beginn der Trockenzeit statt, vom November an, wenn man die Feldarbeiten des Jahres erledigt hatte.[205] Der Beginn

---

[202]    ALFRED WINTERSTEIN: Die Pubertätsriten der Mädchen und ihre Spuren im Märchen. S. 207-208.

[203]    CORINNA ERCKENBRECHT: Frauen in Australien. S. 254-256.

[204]    MARTIN GUSINDE: Urmenschen im Feuerland. S. 265.

[205]    DIEDRICH WESTERMANN: Die Kpelle. S. 244.

eines Lehrgangs für die Mädchen fiel ebenfalls in die Trockenmonate.[206]
– Bei den Nyende im Nordwesten der Volksrepublik Benin fiel die Feier
gewöhnlich in die Monate zwischen der Hirseernte und der neuen Feld-
bestellung, also zwischen Januar/Februar und April/Mai, bevor noch die
ersten Regen fallen.[207] – Dasselbe gilt für die Stämme in Ostangola und
Nordwestsambia.[208] – Malidoma Patrice Somé berichtet über die Dagara
in Burkina Faso: „Die Hirsefelder standen üppig, die Ernte war gut. Vorbei war es mit der harten Arbeit des Sammelns und Transportierens der
Körner von den Feldern auf die Dächer der Häuser, wo sie darauf warte-
ten, in die Kornspeicher gebracht zu werden. Jetzt war Mußezeit, und die
Dorfbewohner konnten sich geistigen Fragen und der Initiation wid-
men."[209]

Ausgehend davon erscheint für das Alte Europa aus praktischen
Erwägungen der Spätherbst, wenn die Menschen der Sorge um die tägli-
che Nahrung enthoben waren, als günstige Zeit für die Eröffnung eines
Lehrgangs. Den deutlichsten Hinweis auf diese Gepflogenheit geben *die
spätherbstlichen Schreckgestalten*. Sie sind eine höchst auffällige Erscheinung des traditionellen Brauchtums, deshalb verdienen sie unsere
Aufmerksamkeit.

In Mitteleuropa erhielten sich bis ins 20. Jahrhundert meist vage
Vorstellungen von einem Wegführen der Kinder aus dem Elternhaus, die
sich bei näherem Hinsehen als unklare Erinnerungen an die ehemalige
Buschschule erweisen. Diese Vorstellungen waren mit dem Auftreten
von männlichen und weiblichen Schreckgestalten verknüpft. Den unartigen Kindern drohte man aus billigen pädagogischen Gründen mit dieser
Perspektive: sie werden weggeführt – weggeführt und getötet – sie werden gefressen – sie werden verbrannt – man schneidet ihnen den Bauch
auf und füllt die Bauchhöhle mit Kehricht oder mit Steinen. Die ersten

---

[206]    Ebd., S. 256.

[207]    HUGO HUBER: Tod und Auferstehung. S. 19.

[208]    GERHARD KUBIK: Die Mukanda-Erfahrung. In: MARIE-
JOSÉ VAN DE LOO und MARGARETE REINHART (Hg.): Kinder. S.
308-347, hier S. 315.

[209]    MALIDOMA PATRICE SOMÉ: Vom Geist Afrikas. S. 255.

Schreckgestalten traten zu Martini am 11. November auf: der *Pelzmärtel* in Brandenburg und in Halle und das *Martini-Weibchen* in der Pfalz. Dieses Datum ist interessant, weil der Martinstag einst als Abschluss des alten Wirtschaftsjahrs galt; zum Zeichen, dass die Ernte vorüber ist, wurden im Martinsfeuer die Körbe verbrannt, die zum Einbringen des Ernteguts gedient hatten.

In der Pfalz drohte man den Kindern ehemals damit, das Martini-Weibchen werde sie holen und in den Sack stecken; in Ludwigshafen wollte eine Schreckgestalt, welche das Martini-Weibchen verkörperte, besonders Mädchen bei Dunkelheit von der Straße fernhalten.[210]

So wie das Martini-Weibchen waren auch der Pelzmärtel und der *Knecht Ruprecht* mit einem Sack für die unartigen Kinder versehen. Während der Pelzmärtel in Brandenburg und in Halle am Martinstag bescherte, zeigte er sich in Schwaben und in Baden am Vorabend des 6. Dezember, also zeitgleich mit dem Nikolaus.[211] Der Knecht Ruprecht begleitete in der Oberlausitz *das kleine Christkind,* welches im Advent seinen Umzug hielt, wobei in seinem großen Sack eine Katze zappelte.[212] In manchen Gegenden Deutschlands trat er zu Weihnachten auf.[213]

Andere Schreckgestalten gehörten zur Begleitung des Nikolaus: In Bayern und in angrenzenden Teilen Österreichs hieß der mit einem Sack ausgerüstete Begleiter *Klaubauf*[214]; in Tirol wollte der Klaubauf die bösen Kinder in einem Korb mitnehmen[215]. – In Vorarlberg steckte

---

[210] ERNST CHRISTMANN: Pfälzisches Wörterbuch. Bd. 4, Spalte 1199.

[211] ADOLF WUTTKE: Der deutsche Volksaberglaube der Gegenwart. S. 21.

[212] HANS KLECKER: Sitten und Bräuche im Jahresverlauf in der gebirgigen Oberlausitz. S. 123-124.

[213] Ebd., S. 21.

[214] HANNS BÄCHTOLD-STÄUBLI (Hg.): HANDWÖRTERBUCH DES DEUTSCHEN ABERGLAUBENS. Bd. 4, Spalte 1445-1446.

[215] OTTO FREIHERR VON REINSBERG-DÜRINGSFELD: Das festliche Jahr. S. 430.

angeblich der *Zemmiklas* unartige Kinder in seinen Heusack.[216] – In Kärnten drohte man mit einem Begleiter namens *Bartel,* auch *Spitzbartel* oder *Fressbartel* genannt; der trug auf dem Rücken einen großen Sack für die schlimmen Kinder.[217] – In Niederösterreich hieß der Begleiter *Krampus.* Er steckte in einem schwarzen Fell, hatte Hörner und eine lange Zunge[218], d.h. er trug eine Tier-Maske. In der Neuzeit identifizierte man ihn mit dem Teufel. Infolge dieser Umdeutung sagte man, dass der Krampus die Kinder, die er in seine Buckelkraxe steckt, in die Hölle schleppt. – Doch es geschah noch mehr: In einer Ortschaft, Stilfs im Vintschgau (Südtirol), nahmen zwei Gruppen am Umzug teil: die *Schönen,* denen sich der heilige Nikolaus angeschlossen hatte, und die *Schiechen.* Waren in einem Haus böse Kinder, wurden einige Schieche zugelassen, die steckten jene Kinder in ihren Korb und setzten sie vor dem Haus in der Finsternis ab.[219]

Man könnte die Verbindung des Nikolaus mit den genannten Schreckgestalten aus ihrem zeitgleichen Auftreten im Spätherbst erklären, wäre nicht die Vermutung, dass der Heilige im Brauchtum laut Bohdan Georg Mykytiuk „eine uns nicht bekannte Gestalt des heidnischen Vorstellungskreises ersetzt hat".[220] Wenn das der Stammeszauberer war, hat Nikolaus die Schreckfunktion von jenem geerbt. In Bremen sagten die Kinder noch in den dreißiger Jahren des 20. Jahrhunderts beim *Niklas-Singen* einen Vers auf, in dem der Nikolaus als ein Mann gekennzeichnet wird, der den kleinen Kindern was schenkt, aber die großen in den Sack steckt.[221] Auch in Hessen steckte Niklas oder Neckels angeblich

---

216    Ebd., S. 430.

217    GEORG GRABER: Volksleben in Kärnten. S. 139.

218    PAUL KAUFMANN: Brauchtum in Österreich. S. 21-22.

219    FRIEDRICH HAIDER: Tiroler Brauch im Jahreslauf. S. 385.

220    BOHDAN GEORG MYKYTIUK: Die ukrainischen Andreasbräuche und verwandtes Brauchtum. S. 84.

221    ADOLF SPAMER: Weihnachten in alter und neuer Zeit. S. 63. – Siehe auch: OSWALD ADOLF ERICH: WÖRTERBUCH DER DEUTSCHEN VOLKSKUNDE. S. 600.

die unartigen Kinder in einen Sack.[222] Diese Absicht wurde im Vogelsberg-Gebiet durch einen aus dem Sack heraushängenden Kinderschuh verdeutlicht.[223]

In Amsterdam zogen die *Zwarte Klazen* („Schwarzen Kläuse") mit Kettengerassel und abscheulicher Musik durch die Straßen, klopften auf Türen und Fenster und riefen mit fürchterlicher Stimme in die Häuser hinein: „Sind da böse Kinder?"[224]

Bei dem in Böhmen üblichen Mittwinterbrauch *Baby jdou* (zu Deutsch: „Die Altmütter kommen") wurde die Handlung von den Motiven des Wegführens und des Schwärzens der Mädchen beherrscht. Bei diesem Brauch gingen alte Weiber in Verkleidung, aber auch Männer als Weiber verkleidet von Haus zu Haus und wollten angeblich die Mädchen abholen. Sie trugen ein Töpfchen Wagenschmiere und eine Gansfeder bei sich. Vor dem Haus riefen sie mit Geisterstimme: „Gebt die Mädchen oder Krapfen!" Bei der Übergabe der Krapfen mussten die Mütter aufpassen, damit ihre Hände nicht beschmiert werden; wahrscheinlich wurden ursprünglich die Mädchen nach ihrer Übergabe von den Altmüttern geschwärzt. Im schweizerischen Rheinwald war ehemals am Aschermittwoch tatsächlich ein Berußen der Mädchen üblich. Dort nahm der Brauch zuletzt die Form eines Heischegangs der Knaben an, die mit der Forderung „Ein Ei oder ein Mädchen" auftraten und sich dann mit dem Ei zufriedengaben. Auch im süddeutschen Maskenbrauch wurden Mädchen mit Ruß im Gesicht geschwärzt. Josef Hanika gelangte zu dem Schluss, dass einst in der Mittwinterzeit Masken die Mädchen aus den Häusern holten, sie mit der Totenfarbe bestrichen und in ein „Totenreich" führten.[225]

Was mit den weggeführten Kindern geschehen sollte, blieb im Kommentar zum Nikolaus-Brauch oft unklar. In dem Teil Bayerns, wo

---

[222]    ADOLF WUTTKE: Der deutsche Volksaberglaube der Gegenwart. S. 21.

[223]    Mündlich von Arbeitskollegen.

[224]    KARL MEISEN: Nikolauskult und Nikolausbrauch im Abendlande. S. 447.

[225]    JOSEF HANIKA: Die schwarzen Prinzessinnen. S. 46-47.

der hl. Nikolaus vom *Semper* begleitet wurde, drohten die Erwachsenen, der Semper werde bösen Kindern den Bauch aufschneiden.[226] Auch in einer Sage aus Mähren wird das Schicksal der Kinder konkretisiert: In Kojetein ging in der Luziennacht, d.h.in der Nacht vor dem 13. Dezember, angeblich der Dämon *Žber* um. Er schnitt schlimmen Kindern den Bauch auf, nahm die Eingeweide heraus und legte dafür Werg hinein. Nach einer Woche kehrte er zurück und fuhr den toten Taugenichts in seine Behausung, die irgendwo weit hinter Kojetein gebaut war.[227] Durch dieses Verhalten tritt Žber neben die dämonische *Bercht,* die den mitgenommenen Kindern ebenfalls den Bauch aufschnitt. Abweichend von den verbreiteten Fassungen der Bercht-Sage erzählte man in der Harzer Ortschaft Lautenthal, *Frau Holle* habe früher unartige oder faule Kinder weggeholt, *um sie zu erziehen* (Von Frau Holle[228]). In Tirol erzählte man, dass die Bercht die verschleppten Kinder *ins Feuer werfe* (Frau Berchta[229]).

Unter den weiblichen Schreckgestalten nimmt die Bercht eine beherrschende Stellung ein: Es gibt einen Holzschnitt aus dem 18. Jahrhundert, welcher darstellt, wie die *Butzenbercht* in ihrem Rückenkorb Mädchen wegschleppt.[230] – In Oberösterreich und im Salzburgischen hieß es, Frau Bercht nehme bei ihrem Umzug die Kinder mit, welche das Jahr hindurch nicht gefolgt haben.[231] – Im kärntnischen Mölltal zog am Vorabend des Berchtentages, das ist der 6. Januar, eine Maske namens

---

[226]     KARL MEISEN: Nikolauskult und Nikolausbrauch im Abendlande. S. 423.

[227]     JOSEF HANIKA: „Bercht schlitzt den Bauch auf" – Rest eines Initiationsritus? S. 44.

[228]     Von Frau Holle. In: HANS-JÖRG UTHER (Hg.): Deutscher Sagenschatz. S. 85-86.

[229]     Frau Berchta. In: MARIA AURELIA SCHLEGLMANN (Hg.): Tiroler Legenden, Sagen und Volksbräuche. S. 49-51.

[230]     INGEBORG WEBER-KELLERMANN: Das Weihnachtsfest. S. 20.

[231]     OTTO FREIHERR VON REINSBERG-DÜRINGSFELD: Das festliche Jahr. S. 24.

*Berchtel* in den Häusern herum, fragte nach der Artigkeit der Kinder und sammelte Gaben ein, indem sie sprach: „Kinder oder Speck, derweil geh ich nit weg." Zuweilen traten zwei solcher Berchten auf.[232] – In Südkärnten forderte die *Pechtra* oder *Pechtrababa* „A Wurscht oder an Buabn!"[233] – In der salzburgischen Ortschaft Rauris zeigte sich am 6. Januar eine weibliche Maske mit Vogelgestalt, die *Schnabelpercht*, die in den Häusern nach Schmutz, Kehricht und nicht versponnenem Werg suchen wollte; aus ihrem Buckelkorb ragten zwei zerrissene Schuhe an künstlich ausgestopften Beinen heraus, sodass der Eindruck entstand, es sei jemand kopfüber in den Korb gestülpt worden.[234]

Im gesamten Gebiet, in dem die Bercht als mythische Gestalt bekannt war, lebte auch die Vorstellung, sie schneide Kindern den Bauch auf.[235] Von der Schnabelpercht munkelte man, sie werde, wenn irgendwo nicht alles Spinngut sauber aufgesponnen ist, der betreffenden Magd oder Bäuerin den Bauch aufschneiden und den gefundenen Kehricht oder das Werg hineinstopfen.[236] Josef Hanika, der sich mit dem Motiv beschäftigt hat, zitiert ethnografische Parallelen in Neuguinea, Australien, Westafrika und Melanesien. Bei den Marind-anim auf Neuguinea legte angeblich der riesenhafte Geist Sosom den Novizen anstelle der Gedärme junge Kokosnüsse in den Bauch. Bei den Urabunna in Australien nahm

---

[232]   Ebd., S. 21.

[233]   PAUL KAUFMANN: Brauchtum in Österreich. S. 62.

[234]   BRUNO KERSCHNER: Lebendiger Perchtenbrauch im Salzburgischen. S. 59-61, hier S. 61. – Siehe auch: PAUL KAUFMANN: Brauchtum in Österreich. S. 62-63.

[235]   JOSEF HANIKA: „Bercht schlitzt den Bauch auf" – Rest eines Initiationsritus? S. 39-53, hier S. 46.

[236]   BRUNO KERSCHNER: Lebendiger Perchtenbrauch im Salzburgischen. S. 61.

angeblich der Geist Witurna die Gedärme heraus und legte andere hinein.[237] Dort geschah es zum Wohle der Initianden.

Erstaunlicherweise hat sich die Erinnerung an die wohltuende Wirkung des Verfahrens in einigen Gegenden Böhmens bis in die Neuzeit erhalten, wo der Ritus in Form eines Heischegangs fortlebte: In Miletice bei Velvary sind bis Mitte des 19. Jahrhunderts am Heiligen Abend zwei weibliche Masken aufgetreten, die *Peruchten,* welche an einem Burschen das Aufschneiden des Bauches und das Ersetzen der Gedärme mit Erbsenstroh mimten.[238] – Von den drei Peruchten, die in Přelice zu Barbara, Nikolaus und am Heiligen Abend umgingen, hatte eine Messer und Korb bei sich. – In Hrdle kamen am Heiligen Abend oder am ersten Weihnachtstag zwei Peruchten in die Häuser, eine davon war wie ein Fleischer gekleidet und hielt in der einen Hand ein Messer, in der anderen ein Schaff für den Bauchinhalt.[239] – Abweichend davon erschien die Bercht im südlichen Böhmen laut Reinsberg-Düringsfeld zu Dreikönig mit einem Bohrer in der Hand und drohte denen, die nicht geben wollten, was sie verlangte, den Bauch aufzuschlitzen.[240]

Im Märchen werden die Königstöchter geraubt, weil sie vor der genannten Frist ins Freie getreten sind, um zu spazieren. Die Entführer sind Zauberer – Riesen – Drachen – Trolle – ein Wilder Mann – eine Wilde Frau – ein Bär – ein Wirbelsturm – eine schwarze Wolke – eine Schneewolke – ein Rabe – der Teufel. Sowohl beim Riesen als auch beim Drachen handelt es sich um Masken des Stammeszauberers. Die drei Riesen, hören wir in einer niedersächsischen Überlieferung, schleppten die

---

[237]   JOSEF HANIKA: „Bercht schlitzt den Bauch auf" – Rest eines Initiationsritus? S. 39-53, hier S. 47-48. (Mit Berufung auf OTTO ZERRIES: Das Schwirrholz. S. 74 bzw. 102.)

[238]   JOSEF HANIKA: „Bercht schlitzt den Bauch auf" – Rest eines Initiationsritus? S. 39-53, hier S. 42.

[239]   Ebd., S. 43.

[240]   O. FRH. VON REINSBERG-DÜRINGSFELD: Fest-Kalender aus Böhmen. S. 16-17.

Mädchen zu einer Höhle tief im Wald, in die konnte man nur durch ein Seil gelangen (Muschetier, Grenadier und Pumpedier[241], AT 301 A).

Die Wolken geben uns Rätsel auf. Merkwürdig ist die Mitteilung, dass der Zauberer, der die Prinzessinnen während einer Spazierfahrt überfällt und verschleppt, aus einem Nebel steigt, der plötzlich vom Himmel gefallen ist (Die goldene Kugel[242], italienisch, AT 301 A). Diese Mitteilung leitet zum Märchentypus <u>AT 302 „Das Herz des Unholdes im Ei"</u> über. Auch hier wird eine Königstochter auf rätselhafte Art und Weise entführt: Eine Wolkensäule lässt sich auf dem Markt nieder, hüllt die Prinzessin ein und fliegt mit ihr davon (Der Mann ohne Leib[243], deutsch aus dem Harz). – Eine Staubwolke entführt die Heldin zu einer Insel, dort wird sie von einem Drachen gefangen gehalten (Die dankbaren Tiere[244], deutsch aus Böhmen). – Ein Wirbelsturm reißt die Königstochter mit sich fort und entführt sie auf die Burg des neunköpfigen Drachen (Der himmelhohe Baum[245], ungarisch). – Als die Braut des Erbprinzen eine Spazierfahrt unternimmt, geht eine schwarze Wolke nieder, aus der kommt ein feuriger Drache hervor und schleppt sie fort (Slavejko, der Drachentöter[246], bulgarisch). – Eine Fee, genannt *Düstere Wolke,* trägt das

---

241 Muschetier, Grenadier und Pumpedier (AT 301 A). In: WILHELM BUSCH: Aus alter Zeit. S. 37-44, hier S. 37-38.

242 Die goldene Kugel (AT 301 A). In: WALTER KELLER und LISA RÜDIGER (Hg.): Italienische Märchen. S. 314-320, hier S. 315.

243 Der Mann ohne Leib (AT 302). In: HEINRICH PRÖHLE: Kinder- und Volksmärchen. S. 24-29, hier S. 26.

244 Die dankbaren Tiere (AT 302). In: ULRICH BENZEL (Hg.): Märchen und Sagen der Deutschen aus Böhmen und Mähren. Bd. 1, S. 184-189, hier S. 184.

245 Der himmelhohe Baum (AT 468 + 302). In: ÁGNES KOVÁCS (Hg.): Ungarische Volksmärchen. S. 264-268, hier S. 264.

246 Slavejko, der Drachentöter (AT 302). In: KYRILL HARALAMPIEFF (Hg.): Bulgarische Volksmärchen. S. 130-135, hier S. 130.

Mädchen im Fluge zu seinem Palast (Die Düstere Wolke[247], italienisch aus der Toskana, AT 302).

Auch in einer sizilianischen Variante des Typus AT 894 „Der Kummerstein" wird die Heldin von einer Wolke entführt (Der böse Schulmeister und die wandernde Königstochter[248]).

Auffällig im Kontext der Entführung sind eine griechische Sage und ein mit ihr übereinstimmendes Märchen der in Siebenbürgen lebenden Armenier.

Die Sage berichtet vom Aufenthalt der jungen Göttin Kore in der Unterwelt. (*Kore* bedeutet „Mädchen".) Sie ist merkwürdig, wenn wir in Betracht ziehen, dass die Zöglinge der Buschschule laut Konvention zeitweilig tot waren und sich unter der Erde im Totenland befanden. Die Entführung Kores durch den Gott Hades stimmt frappierend mit einem Schlüsselmotiv des Typus AT 301 „Die drei geraubten Königstöchter" überein. Im Märchen werden die Königstöchter von Riesen oder Drachen oder von einer Wolke oder vom Sturmwind entführt – Kore wird beim Blumenpflücken von Hades geraubt. Die Königstöchter gelangen durch einen Schacht in die Unterwelt – Hades mit Kore durch einen Spalt im Erdboden. Aus Zorn über den Raub ihrer Tochter führt die Göttin Demeter den Herbst ein, in dem die Vegetation verkümmert. Unter den Göttern bricht Streit aus, und nachdem endlich eine gütliche Lösung gefunden worden ist, bleibt Kore für jeweils drei Monate als Königin der Unterwelt bei Hades.[249] Die drei Monate, in der die Pflanzen nicht wachsen und die Bäume keine Früchte tragen, sind die Winterzeit. Vielleicht wurde die Sage den weiblichen Zöglingen erzählt, um ihren Aufenthalt in der Schule mythologisch zu begründen.

---

[247] Die Düstere Wolke (AT 303 + 302). In: RUDOLF SCHENDA (Hg.): Märchen aus der Toskana. S. 131-139, hier S. 133.

[248] Der böse Schulmeister und die wandernde Königstochter (AT 894). In: LAURA GONZENBACH: Sicilianische Märchen. Erster Teil, S. 59-64, hier S. 61.

[249] ROBERT VON RANKE-GRAVES: Griechische Mythologie. S. 77-80.

Im armenischen Märchen findet sich dieselbe Lösung. Hier soll die Tochter der Blumenkönigin die Gattin eines Königssohnes werden, der sie aus der Gefangenschaft eines Drachen befreit hat. Die Blumenkönigin entscheidet wie folgt: „Gerne willige ich in eure Heirat ein, aber nur im Sommer darf meine Tochter bei dir weilen, im Winter aber, wenn alles tot ist und Schnee die Erde bedeckt, muss sie bei mir unter der Erde im Palast wohnen, damit ich nicht einsam und trostlos den Winter zubringen muss!" (Die Tochter der Blumenkönigin[250].)

Merkwürdig genug: Aus der Eutiner Gegend in Schleswig-Holstein stammt ein Text, in dem zwei Königstöchter wie Kore beim Blumenpflücken entführt werden, und zwar von Räubern (Text ohne Titel[251], AT 301 A).

### Motiv Nr. 3: Sonne, Mond und Sterne

Wir kehren zu dem von Wilhelm Busch aufgezeichneten Märchen „Muschetier, Grenadier und Pumpedier" (AT 301 A) zurück. Nachdem die drei Riesen sich mit den geraubten Prinzessinnen in ihre Höhle hinabgelassen haben, schenkt der erste Riese der ersten Königstochter eine goldene Sonne, der zweite schenkt der zweiten Königstochter einen goldenen Mond, der dritte Riese gibt der dritten Königstochter einen goldenen Stern.[252] Vom Erzähler werden die Geschenke als Annäherungsversuche ausgelegt, indessen handelt es sich bei diesem Motiv um die verblasste

---

[250]  Die Tochter der Blumenkönigin (AT 302 C). In: SIGRID FRÜH (Hg.): Märchen von Leben und Tod. S. 105-110, Zitat S. 110. Der Text stammt aus der Sammlung von HEINRICH VON WLISLOCKI: Märchen und Sagen der Bukowinaer und Siebenbürger Armenier (Hamburg, 1891).

[251]  Text ohne Titel (AT 301 A). In: KURT RANKE (Hg): Schleswig-Holsteinische Volksmärchen. Bd. 1, S. 65. – Unter dem Titel „Die Prinzessinnen in der Unterwelt" enthalten in: GUNDULA HUBRICH-MESSOW (Hg.): Sagen und Märchen aus Eutin. S. 51-52.

[252]  Muschetier, Grenadier und Pumpedier (AT 301 A). In: WILHELM BUSCH: Aus alter Zeit. S. 37-44, hier S. 38.

Erinnerung an das Einschneiden der Stammesmarken. Sie geistert durch die Varianten des Typus, mal sind aus den Körpermalen Kleinodien geworden, mal Muster im Taschentuch: Die drei Prinzessinnen haben goldene Kronen, die erste eine Krone mit einer Sonne, die zweite mit Sonne und Mond, die dritte mit Sonne, Mond und Sternen (Peter Bär[253], deutsch aus dem Münsterland, AT 301 B). – Jura kriegt von den Prinzessinnen einen kleinen Mond, eine kleine Sonne und ein Sternlein (Der starke Jura[254], tschechisch, AT 301 B). – Eine Prinzessin gibt Hans zwei Goldstücke, das eine wie eine halbe Sonne, das andere wie ein Halbmond (Der starke Hans[255], dänisch, AT 301 B) – Die Königstöchter schenken dem Sergeanten zum Andenken ein seidenes Taschentuch, worin ein silberner Stern gestickt ist, einen goldenen Apfel und ein Taschentuch, in das sieben demantene Sterne gestickt sind (Der tapfere Sergeant[256], flämisch, AT 301 A). – Die drei Prinzessinnen schenken ihrem Befreier je einen Ring und ein Tüchlein; sowohl auf dem Ring als auch auf dem Tüchlein befinden sich die Sonne, Sonne und Mond bzw. Sonne, Mond und Sterne (Die drei Ringe[257], sorbisch, AT 301 C). – Eine der Prinzessinnen gibt dem Helden eine goldene Uhr, auf der Sonne und Mond abgebildet sind, ihren Ring und ihr Bild (Der Bub mit dem eisernen Spazierstock[258], deutsch aus der Schweiz, AT 301 B).

---

[253]  Peter Bär (AT 650 A + 301 B). In: GOTTFRIED HENSSEN: Volk erzählt. S. 135-141, hier S. 139.

[254]  Der starke Jura (AT 650 A + 301 B). In: OLDŘICH SIROVÁTKA (Hg.): Tschechische Volksmärchen. S. 50-58, hier S. 56.

[255]  Der starke Hans (AT 650 A + 301 B). In: KLARA STROEBE (Hg.): Nordische Volksmärchen. Bd. 1, S. 88-96, hier S. 95.

[256]  Der tapfere Sergeant (AT 301 A). In: A. M. A. COX-LEICK und H. L. COX (Hg.): Märchen der Niederlande. S. 96-106, hier S. 104.

[257]  Die drei Ringe (AT 301 C). In: DAS KIENSCHLOSS. S. 171-184, hier S. 176.

[258]  Der Bueb mit dem isige Spazierstecke (AT 650 A + 301 B). In: OTTO SUTERMEISTER: Kinder- und Hausmärchen aus der Schweiz. S. 16-21, hier S. 19. – Auch enthalten in: ROBERT WILDHABER und LEZA UFFER (Hg.): Schweizer Volksmärchen. S. 13-17, hier S. 16.

Ein Erzähler, der den Sinn der Zeichen nicht erfasste, hat sie in Lampen umfunktioniert, die in den unterirdischen Zimmern der Prinzessinnen hängen (Johannes der Bär[259], deutsch aus dem Harz, AT 301 B).

Ausnahmsweise hat sich der ursprüngliche Sinn in einer armunischen Variante erhalten. Als die jüngste Prinzessin glücklich hinaufgezogen wurde in die Oberwelt, vermerkt der Erzähler: „Das aber war ihr Kennzeichen: die Sonne auf der Stirn und der Mond auf der Brust." (Der Garten mit den goldenen Äpfeln[260], AT 301 C.)

Im rumänischen Märchen (Der Blumenmann[261], AT 502) hat die Kaisertochter eine Sonne auf der Brust und einen Mond auf dem Rücken, der Kaiser sucht nach einem jungen Mann, der dieselben Zeichen aufweist. Das ist der Held des Märchens. Von ihm wird berichtet, dass die gewünschten Zeichen auf seiner Haut gewachsen sind, während er im Wald in der Hütte des Blumenmanns lebte. Von der äußerst schmerhaften Prozedur des Tätowierens (siehe Motiv Nr. 19) wussten die Erzähler offenbar nichts mehr.

Von Fall zu Fall gelten die Körpermale Sonne, Mond und Stern als Ausdruck der Schönheit. In einer ungarischen Variante des Typus AT 402 „Die Katze als Braut" trägt das von der Eidechsenhaut erlöste wunderschöne Mädchen solche Zeichen: auf der Stirn die Sonne, auf den Brüsten den Mond, auf den Knien einen Stern (Johannisbeere[262]). – Beim Märchentypus AT 707 „Die drei goldhaarigen Kinder" heiratet der König ein Mädchen, welches verspricht, ihm Kinder mit diesen Körpermalen zu schenken.

---

[259]     Johannes der Bär (AT 650 A + 301 B). In: HEINRICH PRÖHLE: Märchen für die Jugend. S. 112-122, hier S. 119.

[260]     Der Garten mit den goldenen Äpfeln (AT 301 C + 300). In: MARTIN LÖPELMANN (Hg.): Sagen und Märchen der Rumänen. S. 52-67, hier S. 58.

[261]     Omul de flori (AT 502). In: BOGDAN PETRICEICU HAȘDEU: Omul de flori. S. 100-109, hier S. 102.

[262]     Smorodinka [Ribike] (AT 402). In: M. SULEJMENOV (Hg.): Skaski narodov mira. S. 25-30, hier S. 29.

Auf dem Balkan und im Nahen Osten hat sich die Erinnerung an die einstigen Körpermale in der Umgangssprache erhalten; wenn man sagt, ein Mädchen weise die genannten Zeichen auf, dann bringt man zum Ausdruck, dass es außerordentlich schön ist.[263] In einem rumänischen Alltagsmärchen wird der Liebreiz einer Jungfrau wie folgt veranschaulicht: „Aber dies Mädchen war so schön, wie man noch nie gesehen, mit der Sonne auf dem Rücken, dem Mond auf der Brust und den Sternen in den Augen." (Die Tochter des Schweinehirten[264], AT 612.)

Es könnte sein, dass der Brauch, den Körper mit Narben zu schmücken, in adeligen Familien am längsten gepflegt worden ist. Vom legendären rumänischen Fürsten Mircea der Große hat man erzählt, dass er mit diesen Körpermalen geboren worden sei.[265]

**Motiv Nr. 4: Die Statuen**

In einer italienischen Variante aus Mantua – und meines Wissens nur hier – sind die verschwundenen Königstöchter, als der Held sie findet, in Statuen verwandelt, übrigens zusammen mit vielen Mädchen und Burschen. Sie erwachen zum Leben, als der Held sie mit einem besonderen Öl salbt (Der Zauberbrunnen[266], AT 301 A).

Dieses Motiv – scheintot – verbindet den Märchentypus AT 301 mit AT 303 „Die zwei Brüder" – AT 303 A „Sechs Brüder suchen sieben Schwestern zu Frauen" – AT 311 „Von der Schwester gerettet" – AT 410 „Dornröschen" – „AT 707 „Die drei goldhaarigen Kinder" – AT 709

---

[263]    MARTIN LÖPELMANN: Erläuterungen und Anmerkungen. In: Ders. (Hg.): Sagen und Märchen der Rumänen. S. 128-133, hier S. 130.
[264]    Die Tochter des Schweinehirten (AT 612). In: PAULINE SCHULLERUS: Rumänische Volksmärchen aus dem mittleren Harbachtal. S. 164-166, Zitat S. 164.
[265]    ION TALOȘ: GÂNDIREA MAGICO-RELIGIOASĂ LA ROMÂNI. S. 96. Mircea der Große (oder der Alte) herschte von 1386 bis 1418 über die Walachei.
[266]    Der Zauberbrunnen (AT 301 A). In: FELIX KARLINGER (Hg.): Italienische Volksmärchen. S. 14-18, hier S. 17.

„Schneewittchen" – AT 894 „Der Kummerstein". Die Körperstarre ist ein Hinweis auf die rituelle Erneuerung durch den Austausch von Organen, die von Zauberer und Hexe vorgenommen wurde, während der Initiand betäubt im Gras lag. Damit ergibt sich eine Opposition zum französischen Märchen „Hachko"[267] (AT 301 B), in dem eine andere Form der rituellen Erneuerung vermerkt wird, nämlich durch Zerstückelung und Kochen (siehe Motiv Nr. 20). Das ist rätselhaft.

Mit gleicher Zusammensetzung – Knaben und Mädchen – erscheint die Gruppe der Scheintoten auch in anderen Überlieferungen, und sogar in Texten, die zu verschiedenen Märchentypen gehören. AT 303 „Die zwei Brüder": Der Prinz nimmt die Rute der Hexe, und als er mit ihr die Marmorsteine berührt, verwandeln sie sich in Ritter und Edelfräulein (Die beiden Freunde[268], rätoromanisch). AT 303 A „Sechs Brüder suchen sieben Schwestern zu Frauen": Hier werden Burschen und Mädchen stereotyp gemeinsam versteinert und gemeinsam erlöst. AT 311 „Von der Schwester gerettet": Die jüngste Tochter entdeckt in der verbotenen Kammer nicht bloß ihre toten Schwestern, sondern auch die Körper von anderen Menschen, von Männern und von Frauen (Der Sklave[269], sizilianisch; Die drei Zichoriensammlerinnen[270], italienisch aus Kalabrien).

Der Held des Märchens vom Zauberbrunnen wird von seinen Brüdern in einen Brunnenschacht hinabgelassen, er gelangt in einen Saal, dort stehen die Statuen ringsum an den Wänden. Abweichend vom Schema des Märchens ist in den Abstieg keine Mutprobe eingebaut

---

[267]    Hachko (AT 650 A + 301 B). In: RÉ SOUPAULT (Hg.): Französische Märchen (Diederichs-Verlag). S. 242-250, hier S. 248. – Auch enthalten in: RÉ SOUPAULT (Hg.): Französische Märchen (Fischer-Verlag). S. 91-97, hier S. 95.

[268]    Die beiden Freunde (AT 303). In: URSULA BRUNOLD-BIGLER (Hg.): Die drei Winde. S. 74-76.

[269]    Der Sklave (AT 311). In: RUDOLF SCHENDA und DORIS SENN (Hg.): Märchen aus Sizilien. S. 102-106, hier S. 104-105.

[270]    Die drei Zichoriensammlerinnen (AT 311 + 302). In: ITALO CALVINO: Die Braut, die von Luft lebte. S. 335-340, hier S. 339.

(siehe Motiv Nr. 24), es kommt auch zu keinem Kampf mit den Entführern (siehe Motiv Nr. 26). Die Statuen an den Wänden ringsum sind ein Zugeständnis an hochmittelalterliche Prunksäle.

## Motiv Nr. 5: Im Drachenschloss

Was die Königstöchter nach ihrer Entführung erleben, wird in den Varianten des Typus AT 301 nicht mitgeteilt. Wir begegnen ihnen erst wieder, nachdem der männliche Held in die Unterwelt hinabgestiegen und bis zu den Schlössern der Entführer gewandert ist (die er nach erbittertem Kampf tötet, zuweilen mit Hilfe der Königstöchter). Deshalb fasse ich die Aussagen anderer Märchen zum Ablauf der Jugendweihe für die Mädchen weiter unten in einem Exkurs zusammen.

Mit dem Drachenschloss ist das Große Haus gemeint, wo der Stammeszauberer und Schulleiter seinen Sitz hatte. Die Überlieferung lässt keinen Zweifel daran, dass die Mädchen vom Stammeszauberer defloriert worden sind. Diese Gewissheit ergibt sich aus der Menge der Aussagen, nicht aus den einzelnen Texten. Die späteren Erzähler haben das Zusammenleben des Mädchens mit dem Zauberer, dem Riesen, dem Drachen, dem Vogel usw. in eine wenn auch erzwungene eheliche Gemeinschaft uminterpretiert. Das nächste Vergleichsmoment in der Ethnografie sind die mehrphasigen Deflorations-Zeremonien der Aborigines, bei denen ein Mädchen nach Aufklärung und ritueller Reinigung eines Tages auch „entführt" wurde, und zwar von einer Gruppe von Männern, die zum Totem ihres Bräutigams gehörten.[271]

Wie sich dieses Moment in die Chronologie der Jugendweihe einordnet, ist nicht klar.

AT 301 „Die drei geraubten Königstöchter": Die Prinzessinnen bezeichnen den Menschenfresser oder Drachen, der sie gefangen hält, jeweils als *mein Mann* bzw. *mein Drache* (Die drei Königstöchter[272],

---

[271]     ROBERT CRAAN: Geheimnisvolle Kultur der Traumzeit. S. 186-191.

[272]     Die drei Königstöchter (AT 301 A). In: SIEGFRIED ARMIN NEUMANN (Hg.): Volksmärchen aus dem historischen Vorpommern.

deutsch von der Insel Hiddensee, AT 301 A; Janko der Befreier[273], slowakisch, AT 301 A; Frühlicht, Abendlicht und Mitternacht[274], Märchen ungarischer Zigeuner, AT 301 A; Zoran[275], deutsch aus dem Banater Bergland, AT 301 A; Held Dunca, der Trunkenbold[276], rumänisch aus Siebenbürgen, AT 301 A; Morgenrot von der Oberwelt[277], rumänisch aus der Walachei, AT 301 A; Iwan Sutschenko und Belyj Poljanin[278], russisch, AT 301 A; Morgenrot, Abendrot und Nachtdunkel[279], russisch, AT 301 A; Eichenschreck[280], slowakisch, AT 301 B; Die Königstöchter in der Unterwelt[281], deutsch aus Mecklenburg, AT 301 C; Äpfel der Unsterblichkeit[282], armenisch, AT 301 C).

---

S. 115-122, hier S. 118-119. – Auch enthalten in: ELFRIEDE MOSER-RATH (Hg.): Deutsche Volksmärchen. S. 60-65, hier S. 62-63.

[273] Janko der Befreier (AT 301 A). In: SAMO CZAMBEL: Die goldene Frau. S. 35-45, hier S. 40-41.

[274] Frühlicht, Abendlicht und Mitternacht (AT 301 A). In: DER NAGELKÖNIG. S. 111-123, hier S. 117.

[275] Zoran (AT 301 A). In: ALEXANDER TIETZ: Märchen und Sagen aus dem Banater Bergland. S. 180-187, hier S. 181-183.

[276] Dunca Viteazul, băutoriul ţărei (AT 301 A). In: BOGDAN PETRICEICU HAŞDEU: Omul de Flori. S. 24-33, hier S. 27-29.

[277] Zorilă Mireanu (AT 301 A). In: D. STĂNCESCU: Sur-Vultur. S. 57-67, hier S. 61

[278] Iwan Sutschenko und Belyj Poljanin (AT 301 A). In: ALEXANDER N. AFANASJEW: Russische Volksmärchen. Bd. 1, S. 236-246, hier S. 240-242.

[279] Morgenrot, Abendrot und Nachtdunkel (AT 301 A). In: ALEXANDER N. AFANASJEW: Russische Volksmärchen. Bd. 1, S. 246-252, hier S. 250.

[280] Eichenschreck (AT 650 A + 301 B). In: PAVOL DOBŠINSKÝ: Slowakische Märchen. S. 239-260, hier S. 250, 253, 255.

[281] Die Königstöchter in der Unterwelt (AT 301 C). In: GOTTFRIED HENSSEN: Mecklenburger erzählen. S. 24-26.

[282] Äpfel der Unsterblichkeit (AT 301 C + 300). In: LEON SURMELIAN: Armenische Märchen und Volkserzählungen. S. 39-56, hier S. 45.

Eine russische Variante stellt die Dinge anders dar. Hier ist die Rede von einer Zauberer-Gestalt, dem Wirbelsturm, der vier Frauen gefangen hält und sie reihum besucht (Die drei Reiche – das Kupferne, das Silberne und das Goldene[283], AT 301 A).

AT 461 „Drei Haare vom Barte des Teufels": Der Zauberer lebt mit einer Frau zusammen, die er selbst entführte (Vom Glasberg[284], polnisch; Die zwei goldenen Federn[285], polnisch; Der reiche Peter Krämer[286], norwegisch; Nach dem Kiebitzberg[287], deutsch aus Holstein; Der Vogel Pfau[288], deutsch aus Hessen; Der gefiederte Menschenfresser[289], italienisch aus der Toskana).

Abweichend davon hat in einer schwedischen Fassung der Riese und in einer finnischen der Teufel gleich drei Prinzessinnen geraubt, eine davon wird als seine Frau vorgestellt, aber die anderen zwei befinden sich im gleichen Haus (Der Riese von Torsjö[290], schwedisch; Das dreieckige Haus auf der Meeresinsel[291], finnisch). In einer lettischen Fassung heißt

---

[283]  Die drei Reiche – das Kupferne, das Silberne und das Goldene (AT 301 A). In: ALEXANDER N. AFANASJEW: Märchen aus dem alten Rußland. S. 106-118, hier S. 109-110.

[284]  Vom Glasberg (AT 460 A). In: HELENA KAPEŁUŚ und JULIAN KRZYŻANOWSKY (Hg.): Die Kuhhaut. S. 142-149, hier S. 146.

[285]  Die zwei goldenen Federn (AT 460 A). In: DOROTA und JERZY SIMONIDES (Hg.): Märchen aus der Tatra. S. 114-120, hier S. 117.

[286]  Der reiche Peter Krämer. In: KLARA STROEBE (Hg.): Nordische Volksmärchen. Bd. 2, S. 42-53, hier S. 50.

[287]  Na 'n Kiwitzbarg (AT 930 + 461). In: WILHELM WISSER: Plattdeutsche Volksmärchen. Bd. 1, S. 90-98, hier S. 95-96.

[288]  Der Vogel Pfau (AT 930 + 461). In: CHARLOTTE OBERFELD (Hg.): Märchen des Waldecker Landes. S. 48-51, hier S. 51.

[289]  Der gefiederte Menschenfresser (AT 461). In: ITALO CALVINO (Hg.): Die Braut, die von Luft lebte. S. 161-167, hier S. 166.

[290]  Der Riese von Torsjö (AT 461). In: HEINZ BARÜSKE (Hg.): Skandinavische Märchen. S. 49-53, hier S. 51.

[291]  Das dreieckige Haus auf der Meeresinsel (AT 461). In: ÉVA PAP (Hg.): Der Bärenjunge. S. 75-82, hier S. 79.

es gar, dass die drei Königstöchter sich der Reihe nach zum Herrn des Schlosses, dessen Haare Pfauenfedern sind, ins Bett legen müssen (Ende gut, alles gut[292]).

Der zugrundeliegende Sachverhalt wird durch Texte bestätigt, die zu anderen Märchentypen gehören. AT 302 „Das Herz des Unholdes im Ei": Das entführte Mädchen bzw. die entführte Frau des Helden lebt als Konkubine im Haus der männlichen Zauberer-Gestalt. Nur ausnahmsweise hält der Unhold mehrere Frauen gefangen (Die drei geraubten Königstöchter[293], estnisch). Seine Identität mit der Zauberer-Gestalt aus AT 301 ergibt sich daraus, dass er als alter Mann, Riese, Drache oder eiserner Mann auftritt. Bei AT 303 A „Sechs Brüder suchen sieben Schwestern zu Frauen" nimmt der Unhold den Brüdern das Versprechen ab, auch für ihn eine Braut zu suchen, doch weil sie das Versprechen nicht einhalten, behält er die Braut des jüngsten für sich und lässt die anderen jungen Leute zu Stein werden. AT 311 „Von der Schwester gerettet": In einer Variante aus Mecklenburg zieht ein Zauberer, als Kater maskiert, die Müllerstöchter zu einer Höhle im Wald, dort nimmt er menschliche Gestalt an und fragt jede, ob sie seine Frau sein will (Das Untier und die Müllerstöchter[294]). – In einer russischen Variante legt der Drache eine falsche Spur, die zu seiner Hütte führt, und sagt zu dem verirrten Mädchen: „Jetzt sollst du mein Weib sein." Ihre Schwestern zieht er ebenfalls in sein Bett (Vom Drachen[295]). – In einer italienischen Variante führt der Teufel dreimal ein in die Erde gesunkenes Mädchen ohne weiteres als seine Frau in seinen Palast (Der Teufel und seine Weiber[296]). Beim

---

[292] Ende gut, alles gut (AT 461). In: OJĀRS AMBAINIS (Hg.): Lettische Volksmärchen. S. 125-132, hier S. 129-130.

[293] Die drei geraubten Königstöchter. In: RICHARD VIIDALEPP (Hg.): Estnische Volksmärchen. S. 64-65.

[294] Das Untier und die Müllerstöchter. In: SIEGFRIED NEUMANN (Hg.): Mecklenburgische Volksmärchen. S. 105-107.

[295] Vom Drachen. In: REINHOLD OLESCH (Hg.): Russische Volksmärchen. S. 56-60, Zitat S. 57.

[296] Der Teufel und seine Weiber. In: CHRISTIAN SCHNELLER: Märchen und Sagen aus Wälschtirol. S. 88-90.

Märchentypus <u>AT 312 „Blaubart"</u> ist das Abbild des Stammeszauberers zur Karikatur eines Heiratsschwindlers und Frauenmörders verkommen.

Die rituelle Defloration wird bestätigt durch Märchen, die sich auf die individuelle Jugendweihe beziehen, nachdem die kollektive Form aufgegeben worden war. Ein Mann führt seine Tochter zu einer Hütte im Wald, wo sie mit einem Unbekannten die Nacht verbringt, der offenbar ein Maskenträger ist. In einer ukrainischen Überlieferung tritt der Fremde als Pferdekopf in Erscheinung (Der Pferdekopf[297], AT 480), in einer tschechischen als Bär (Die dankbaren Tiere[298], AT 480), in einer banat-deutschen als Kohlensack (Der Kohlensack[299], AT 480). Die späteren Erzähler haben den Inhalt der Überlieferung nicht verstanden und sie in die Doppelform AT 480 gegossen.

Dass es drei oder vier Drachenschlösser gibt, hängt mit dem Bestreben der späteren Erzähler zusammen, die Spannung zu steigern. Diese Schlösser besitzen unrealistische Eigenschaften: Mal stehen sie auf einem Berg, mal befinden sie sich im Untergrund, weil die Erzähler den Weg verkürzt haben, der von der Initiationshütte zum künstlich aufgeworfenen Hügel führte, zu dessen Gipfel, durch den Schacht, und von der Schachtöffnung auf der anderen Seite des Hügels zwischen den Gärten zum Sitz der Buschschule (siehe Motiv Nr. 24). Oder sie ruhen auf Vogelbeinen, die an ein Merkmal der Initiationshütte erinnern (siehe Motiv Nr. 28). Im rumänischen Märchen „Held Herkules Stutensohn"[300] ist das Schloss von Mauern umgeben, im südslawischen Märchen „Held Hirte

---

[297]    Der Pferdekopf (AT 480). In: ALEXANDER N. AFANASJEW: Russische Volksmärchen. Bd. 1, S. 106-108.

[298]    Die dankbaren Tiere (AT 480). In: JAROMÍR JECH (Hg.): Tschechische Volksmärchen. S. 96-100.

[299]    Der Kohlensack (AT 480). In: ALEXANDER TIETZ: Das Zauberbründl. S. 162-165.

[300]    Voinicul Ierculian, Ficiorul-Iepii (AT 650 A + 301 B). In: DUMITRU LAZĂR (Hg.): Fata din dafin. S. 237-255, hier S. 246.

und das scheckige Kühlein"[301] (AT 301 B) hausen die Diwi in je einer Burg – ein Tribut an die mittelalterlichen Verhältnisse. Nur ausnahmsweise besitzt das Drachenschloss des Märchens Züge, die mit Propps Beschreibung des Gebäudes übereinstimmen. So muss etwa der Held des russischen Märchens vom Wirbelsturm, in dem es vier Schlösser gibt, jeweils die Schlangen vor dem Tor mit einem Trunk Wasser beruhigen, damit sie ihm den Eintritt gestatten (Die drei Reiche – das Kupferne, das Silberne und das Goldene[302]), und diese Schlangen erinnern an die tiergestaltigen Totemfiguren, denen man ein Trankopfer darbrachte.

## Motiv Nr. 6: Handarbeiten

Zuweilen sind die entführten Mädchen, als der Held im Drachenschloss eintrifft, mit Handarbeiten beschäftigt: Sie sticken (Eichenschreck[303], slowakisch, AT 301 B). – Was die eine Kaisertochter macht, ist fein wie Spinngewebe, die zweite stickt, die dritte webt (Der Garten mit den goldenen Äpfeln[304], armunisch, AT 301 C). – Die Mädchen sitzen vor einem Stickrahmen (Der Apfelbaum[305], türkisch, AT 301 C).

Ich kann nicht entscheiden, ob es sich bei diesen Tätigkeiten um Reminiszenzen der handwerklichen Ausbildung in der Buschschule handelt oder um die Fantasieprodukte eines Erzählers, die Anklang fanden.

---

[301]  Held Hirte und das scheckige Kühlein (AT 511 A + 650 A + 301 B). In: FRIEDRICH S: KRAUSS: Sagen und Märchen der Südslawen. Bd. 2, S. 346-362.

[302]  Die drei Reiche – das Kupferne, das Silberne und das Goldene. In: ALEXANDER N. AFANASJEW: Märchen aus dem alten Rußland. S. 106-118, hier S. 108, 109, 110.

[303]  Eichenschreck (AT 650 A + 301 B). In: PAVOL DOBŠINSKÝ: Slowakische Märchen. S. 239-260, hier S. 250, 253, 255.

[304]  Der Garten mit den goldenen Äpfeln (AT 301 C + 300). In: MARTIN LÖPELMANN (Hg.): Sagen und Märchen der Rumänen. S. 52-67, hier S. 57.

[305]  Der Apfelbaum (AT 301 C + 300). In: ADELHEID UZUNOGLU-OCHERBAUER (Hg.): Türkische Märchen. S. 76-91, hier S. 79.

# Erster Exkurs:
## Ergänzungen zur Initiation der Mädchen

Die Märchen von den drei Königstöchtern überspringen den Aufenthalt in der Initiationshütte, wo sich ein wesentlicher Teil des Ritus abspielte. Nur an das Einschneiden der Stammesmarken haben sich blasse Erinnerungen erhalten (siehe Motiv Nr. 3). Was dort mit den Mädchen geschah, geht aus anderen Märchen hervor.

Offenbar hat man sie ebenso brutal misshandelt, wie es mit den Knaben geschah, was in einem späteren Abschnitt der Handlung zur Sprache kommt (siehe die Motive Nr. 17-19). In einem toskanischen Märchen verschleppt die Fee Düstere Wolke Mädchen, hält diese in ihrem Schloss gefangen und saugt ihnen Blut aus den Fingern. Der Held entdeckt in einem weiträumigen Gemach viele Mädchen, die entkräftet auf ihren Betten liegen. Mit ihrer Hilfe bringt er in Erfahrung, wie die Peinigerin überwunden werden kann. Er macht sich auf die Suche nach einem wohlversteckten Ei und schleudert es zuletzt an ihre Stirn (Die Düstere Wolke[306] bzw. Der Vampir[307], AT 302). Dieses Motiv – ein Unhold saugt Blut aus dem Finger des Mädchens – findet sich in mehreren Überlieferungen: Die Grafenkinder[308], deutsch aus Westfalen, AT 451; Die zwölf Ochsen[309], italienisch, AT 451; Das Mädchen und die sieben Jäger[310], arabisch aus Syrien, AT 709).

---

[306] Die Düstere Wolke (AT 303 + 302). In: RUDOLF SCHENDA und DORIS SENN (Hg.): Märchen aus der Toskana. S. 131-139, hier S. 133-134.

[307] Der Vampir (AT 303 + 302). In: HERBERT BOLTZ (Hg.): Toskanische Märchen. S. 39-43, hier S. 40-41.

[308] Die Grafenkinder (AT 451). In: GOTTFRIED HENSSEN: Volksmärchen aus Rheinland und Westfalen. S. 143-151, hier S. 146.

[309] Die zwölf Ochsen (AT 451). In: PAUL HEYSE (Hg.): Die Insel der Glückseligkeit. S. 67-70, hier S. 68.

[310] Das Mädchen und die sieben Brüder (AT 709). In: UWE KUHR (Hg.): Arabische Märchen aus Syrien. S. 237-243, hier S. 243.

Von gefangenen und entkräfteten Mädchen, aber ohne das grausige Detail, hören wir auch an anderer Stelle. In einem sizilianischen Märchen hält ein Riese die Frau des Helden zusammen mit anderen Feen in einem großen Saal gefangen (Vom Joseph, der auszog, sein Glück zu suchen[311], AT 302). In einem griechischen Märchen hält ein Drakos drei Mädchen in einem Gemach gefangen (Der Goldäpfelbaum und die Höllenfahrt[312], Variante aus Tinos, AT 302). Riese und Drakos werden besiegt, indem der Held – wie oben – das von ihm gefundene Ei an ihre Stirn schleudert; die Übereinstimmung mit dem toskanischen Märchen ist unübersehbar. In einem deutschen Märchen aus Schlesien liegt die Schwester des Helden mit dreizehn anderen Mädchen in einem Saal des verwunschenen Schlosses (Bruder und Schwester oder Die finstere Welt[313]). Es handelt sich um eine Fassung des Typus AT 451 „Das Mädchen, das seine Brüder sucht", allerdings mit vertauschten Rollen – hier zieht der Bruder aus, um die verwunschene Schwester zu suchen.

Das „Öffnen" der Sinne für das Leben als Erwachsener steigerte die Qualen. In einer finnischen Variante von AT 710 „Marienkind" will die Hexe das Mädchen für das Betreten der verbotenen Kammer strafen und fragt: „Willst du taub, stumm oder blind sein?" Dann straft sie es mit

---

[311]  Vom Joseph, der auszog, sein Glück zu suchen (AT 936* + 413 + 302). In: LAURA GONZENBACH: Sicilianische Märchen. Erster Teil, S. 28-38, hier S. 35. – Mit etwas verändertem Titel („Von Giuseppe, der auszog") enthalten in: FELIX KARLINGER (Hg.): Das Mädchen im Apfel. S. 167-176, hier S. 174.

[312]  Der Goldäpfelbaum und die Höllenfahrt (AT 301 + 302 + 300). In: J. G. v. HAHN: Anmerkungen. In: Ders.: Griechische und albanesische Märchen. Zweiter Teil, S. 175-320, hier S. 294-296, siehe S. 294.

[313]  Bruder und Schwester oder Die finstere Welt. In: WILL-ERICH PEUCKERT (Hg.): Schlesische Kinder- und Hausmärchen. S. 151-158, hier S. 153. – Unter dem Titel „Bruder und Schwester" enthalten in: PAUL ZAUNERT (Hg.): Deutsche Märchen seit Grimm. Bd. 1, S. 406-410, hier S. 408.

Stummheit („Bekennst du?"[314]). Mit Sicherheit hat das Urbild der Märchenhexe nicht gefragt, und ebenso wenig war vom Wählen die Rede. Tatsächlich wird das Mädchen in einer steirischen Variante der Reihe nach zur Taubheit, Stummheit und Blindheit verhext (Bei der schwarzen Frau[315]).

Wie Propp (mit Bezug auf die Knaben) vermerkt, ging dem „Öffnen" des Mundes Stummheit voraus, dem „Öffnen" der Augen eine künstlich bewirkte Blindheit, der Beschneidung eine Zeit der Enthaltsamkeit.[316] Ich füge hinzu, dass man auch die Ohren „öffnete", und zwar nach einer künstlich bewirkten Taubheit. Für die genannten rituellen Handlungen gibt es unanfechtbare Belege.

Im Falle der Stummheit gibt die Überlieferung auch Einzelheiten wieder. In einer hessischen Variante von AT 710 versetzt die Pflegemutter dem Mädchen einen Schlag auf den Mund (Text ohne Titel[317]), in einer schwäbischen Variante schneidet das schwarze Männlein dem Mädchen die Zunge ab und gibt sie später zurück (Die Tochter des Armen und das schwarze Männlein[318]). Wesentlich genauer ist ein serbokroatisches Märchen, eine Variante von AT 311 „Von der Schwester gerettet": Hier werden die Schwestern durch eine schwarze, unter die Zunge gestoßene Nadel betäubt.[319]

Im Falle der Blindheit geben einige Märchen mit der Struktur von AT 480 „Das gute und das schlechte Mädchen" Auskunft. Vor ihrer

---

[314]    „Bekennst du?" In: AUGUST VON LÖWIS OF MENAR (Hg.): Finnische und estnische Volksmärchen. S. 97-101, Zitat S. 99.

[315]    Bei der schwarzen Frau. In: PAUL ZAUNERT (Hg.): Deutsche Märchen aus dem Donaulande. S. 92-95.

[316]    VLADIMIR PROPP: Die historischen Wurzeln des Zaubermärchens. S. 87.

[317]    Text ohne Titel. In: GRIMM, BRÜDER GRIMM: Kinder- und Hausmärchen. KHM 3. Bd. 3, S. 8.

[318]    Die Tochter des Armen und das schwarze Männlein. In: ERNST MEIER: Deutsche Volksmärchen aus Schwaben. S. 124-128, hier S. 127.

[319]    JOHANNES BOLTE und GEORG POLÍVKA: Anmerkungen zu den Kinder- und Hausmärchen der Brüder Grimm. Bd. 1, S. 402.

Flucht verkleben die Mädchen die Augen der schlafenden Hexe mit Pech und Baumwolle (Iwanuschka[320], russisch; Das Brüderchen[321], russisch; dazu eine weißrussische Fassung bei Federowski[322]). Wenn Propp Recht hat, lässt sich aus diesen Texten schlussfolgern, was die Stammeshexe gemacht hat: Vermutlich bestrich sie die Augen der Initianden mit einer ätzenden Flüssigkeit.[323]

Im Falle der Taubheit müssen wir uns mit indirekten Hinweisen auf das Vorgehen von Zauberer und Hexe begnügen. Mehrere südwestdeutsche Bezeichnungen des Dorftrottels und Kinderschrecks legen nahe, dass die Verblödung, die ja oft eine Folge der Taubheit ist, durch einen derben Stoß hervorgerufen wurde; die Spottnamen *Elpentrötsch, Ilmedredsche, Alberdrütsch, Trilpentritsch* bedeuten so viel wie „der vom Elb Getretene"[324]. Im rumänischen Volksglauben können die Elfen *(iele)* einen Menschen lähmen, verkrüppeln, verrückt machen und verunstalten, eine der Verunstaltungen ist ein verzerrter Mund.[325]

In einem deutschen Märchen aus dem Südbanat heißt es wie folgt: „Da hat die Frau sie auf den Mund und auf die Ohren geschlagen, dass sie weder sprechen noch hören konnte." (Die Sonnenmutter[326], AT 710.)

---

[320]  Ivanuška. In: V. G. BAZANOV und O. B. ALEKSEEVA: Velikorusskie skazki v zapisjach I. A. CHUDJAKOVA. S. 80-82.

[321]  Bratec. In: V. G. BAZANOV und O. B. ALEKSEEVA: Velikorusskie skazki v zapisjach I. A. CHUDJAKOVA. S. 82-84.

[322]  JOHANNES BOLTE und GEORG POLÍVKA: Anmerkungen zu den Kinder- und Hausmärchen der Brüder Grimm. Bd. 1, S. 220.

[323]  VLADIMIR PROPP: Die historischen Wurzeln des Zaubermärchens. S. 86-87.

[324]  OSWALD ADOLF ERICH: WÖRTERBUCH DER DEUTSCHEN VOLKSKUNDE. S. 172.

[325]  OVIDIU BÎRLEA: MICĂ ENCICLOPEDIE A POVEŞTILOR ROMÂNEŞTI. S. 197.

[326]  Die Sonnenmutter (AT 710). In: ELFRIEDE MOSER-RATH (Hg.): Deutsche Volksmärchen. S. 212-217, hier S. 214. Moser-Rath hat den Text übernommen aus: ALEXANDER TIETZ: Sagen und Märchen aus den Banater Bergen. Bukarest: Jugendverlag, 1956. Das Märchen ist

Um den Körper der Initiandinnen zu erneuern, haben die Schulleiter sie bei manchen Stämmen rituell zerstückelt und gekocht. Die mündliche Überlieferung hat dieses Verfahren in zahlreichen Szenen konserviert, allerdings handeln die meisten von einem männlichen Helden. Ein slowakisches und ein polnisches Märchen aber schildern Qualnächte für ein Mädchen: Unholde reißen ihm das Fleisch von den Knochen (Die Rosenknospe[327], AT 400) bzw. schleppen es zu einem Kessel mit kochendem Wasser (Die Krähe[328], AT 400). – In einem spanischen Märchen soll der Held einen Ring aus dem Meer holen, was seine Kräfte übersteigt, da kommt ihm die Tochter des Zauberers zu Hilfe. Er soll sie töten und ihren Körper in Stücke schneiden, dann die Stücke zusammen in ein Tuch legen und ins Meer werfen. Als er es tut, bleibt ein Stückchen Fleisch am Tuch hängen und fällt zu Boden. Nach einer Weile beginnt das Wasser zu schäumen, und gleich darauf kommt Luise mit dem Ring heraus, an der linken Hand fehlt ihr der kleine Finger (Der Zauberer Palermo[329], AT 313). Wie man sieht, haben die späteren Erzähler das Motiv uminterpretiert; verglichen mit der entsetzlichen Ausführlichkeit der Schamanen-Geschichten ist die Darstellung des Vorgangs auf eine Episode zusammengeschrumpft.

Bei anderen Stämmen haben die Initiationsleiter rituell Organe der Initianden ausgetauscht. An dieses Moment erinnern Motive der Märchentypen AT 303, 303 A, 311, 410, 707, 709, 894 (siehe Motiv Nr. 2 und Motiv Nr. 4).

---

auch im Hauptwerk von Tietz enthalten, im Lesebuch „Wo in den Tälern die Schlote rauchen" (1967), doch wurde der oben zitierte Satz entfernt.

[327] Die Rosenknospe (AT 425 C + 400 mit vertauschten Rollen). In: BOŽENA NĚMCOVÁ: Der König der Zeit. S. 29-33, hier S. 33.

[328] Die Krähe (AT 400 mit vertauschten Rollen). In: K. W. WOYCICKI: Volkssagen und Märchen aus Polen. S. 82-83.

[329] Der Zauberer Palermo. In: HARRI MEIER und FELIX KARLINGER (Hg.): Spanische Märchen. S. 50-62, hier S. 56.

Nur in einem mir bekannten Märchen hat sich die Erinnerung an die rituelle Erneuerung des Körpers durch symbolisches Verbrennen erhalten – im ukrainischen Märchen „Der Och"[330] (AT 325).

Laut Propp sollten die Martern einen Zustand hervorrufen, den der Initiand als Tod betrachtete, er sollte glauben, dass er gestorben sei.[331] Diese Aussage, wie gewöhnlich auf Knaben gemünzt, wird durch einen auf den Fünften Kontinent bezogenen Kommentar ergänzt, den ich in einem völkerkundlichen Sachbuch fand: „Die Isolation [der Zöglinge] von der gewohnten Umgebung bei gleichzeitiger Konfrontation mit einer ihnen bisher unbekannten geheimnisvollen geistigen Welt, strenge Speisetabus, die sie am ständigen Hungern hielten, der Schmerz ihrer Wunden steigerten und lenkten die seelischen Spannungen der Pubertät in einen Zustand der Entrücktheit von der Wirklichkeit des profanen Lebens, der die Initianden die Unterweisungen über die mythischen Ahnen als Offenbarungen derer selbst empfinden ließ."[332] Beim Volk der Dagara im afrikanischen Land Burkina Faso (vormals Obervolta) war es ähnlich. Die Gruppe der Initianden hielt sich an einer abgelegenen Stelle im Wald auf. Von den Lehrern erhielten die Knaben keine Nahrung, sie mussten sich mit Waldfrüchten und erbeuteten Kleintieren begnügen. Sie durften nicht miteinander sprechen. Die esoterischen Mitteilungen der Lehrer, Hunger, Redeverbot und stundenlanges Stillsitzen, Trommelmusik und Feuerzauber, das hilflose Verweilen in einer Art Grab, wobei der Neophyt bis zum Hals mit Erde bedeckt war, bewirkten zusammen mit den verabreichten Drogen das Auftreten von Visionen und Halluzinationen. Vermeintlich erlebten die Initianden Ausflüge in andere Welten und

---

[330]   Der Och (AT 325). In: P. V. LINTUR (Hg.): Ukrainische Volksmärchen. S. 134-145, hier S. 136. – Unter dem Titel „Och" enthalten in: REINHOLD OLESCH (Hg.): Russische Volksmärchen. S. 31-39, hier S. 33.

[331]   VLADIMIR PROPP: Die historischen Wurzeln des Zaubermärchens. S. 105-106.

[332]   VÖLKERKUNDE FÜR JEDERMANN. S. 323.

Begegnungen mit fantastischen Gestalten.[333] Auf diese Weise wurde die Jugendweihe noch in den siebziger Jahren des 20. Jahrhunderts abgehalten. Durch die Begrenzung auf psychische Erlebnisse unterschied sie sich wesentlich vom Poro-Busch der Kpelle.[334]

An die Begegnung mit dem Tier-Ahnen, der die Initiandin verschlang, erinnern mehrere Motive. Rotkäppchen wird von einem Wolf verschlungen (AT 333), die „weiße Braut" aus AT 403 von einem Wal. Das Schloss auf Vogelbeinen, in dem die Märchenprinzessin lebt, erinnert laut Propp an ein Hüttchen, welches den mythischen Ahn darstellte.[335]

Die Begegnung mit dem Tier-Ahnen fand ihre Ergänzung im rituellen kannibalischen Mahl[336], wir dürfen von einer doppelten Kommunion sprechen. Die Erinnerung an den Verzehr von Menschenfleisch hat sich beim Märchentypus <u>AT 311 „Von der Schwester gerettet"</u> sowie beim Märchentypus <u>AT 333 „Rotkäppchen"</u> erhalten. Bei AT 311 bietet der Unhold jeder Frau, die er ins Haus bringt, Menschenfleisch an, um ihren Gehorsam zu prüfen. Die Heldin weigert sich oder greift zu einem

---

[333]  MALIDOMA PATRICE SOMÉ: Vom Geist Afrikas. S. 255-397. Der Autor berichtet nur, wie viel der Ältestenrat ihm erlaubt hat. Den Kern der Einweihungserfahrungen, den geheimsten Teil, musste er verschweigen.

[334]  Das Ergebnis seiner Initiation beschreibt Malidoma Patrice Somé wie folgt: „Ich verstand jetzt, welcher Zusammenhang zwischen meinem individuellen Lebensziel und dem Willen meiner Vorfahren bestand. Ich begriff die geheiligte Beziehung zwischen kleinen Kindern und alten Menschen, zwischen Vätern und erwachsenen Söhnen, zwischen Müttern und Töchtern. Ich erkannte vor allem auch, weshalb mein Volk eine solche Achtung vor dem Alter besitzt und warum eine solide, intakte Gemeinschaft für den einzelnen notwendig ist, wenn dieser seine Identität aufrechterhalten und seinem Leben Sinn und Ziel geben will." Ebd., S. 10.

[335]  VLADIMIR PROPP: Die historischen Wurzeln des Zaubermärchens. S. 71-75.

[336]  Ebd., S. 286.

Trick, aus Propp'scher Sicht eine Umwertung des Ritus, aber in zwei Varianten zwingt sie sich zum Essen (Der Hundskopf[337], griechisch; Vom Drachen[338], russisch). – Es gibt eine französische Variante mit einem Knaben als Helden (Die sprechende Hand[339]). – Ein weiterer Beleg findet sich im griechischen Märchen „Filek Zelebi"[340] (AT 425 E). – In fünf französischen wie auch in einer italienischen Fassung von AT 333 isst das Mädchen Fleisch, welches als Fleisch der Großmutter bezeichnet wird, und trinkt es Blut, welches als Blut der Großmutter bezeichnet wird.[341]

Im Alten Europa kann die kombinierte Wirkung von Ekel, Hunger, Angst, Schmerz und Rauchvergiftung dazu bestimmt gewesen sein, die Zöglinge physisch und psychisch zu schwächen, ihre Sinne zu umnebeln, damit sie die inszenierte Begegnung mit dem Tier-Ahnen und den Abstieg in die Unterwelt für real halten. Es fällt auf, dass der künstliche Hügel, durch den ein Schacht in die vermeintliche Unterwelt führte, in der Überlieferung als Berg dargestellt wird und dass die Kröten und Ringelnattern im Schacht als gefährliche Tiere erscheinen.

---

[337] Der Hundskopf. In: J. G. v. HAHN: Griechische und albanesische Märchen. Erster Teil, S. 156-161, hier S. 159. – Auch enthalten in: JOHANN GEORG VON HAHN: Griechische Märchen. S. 114-119, hier S. 117. – Enthalten ferner in: GEORGIOS SARANTIS-ARIDAS (Hg.): Griechische Märchen. S. 25-30, hier S. 29.

[338] Vom Drachen. In: REINHOLD OLESCH (Hg.): Russische Volksmärchen. S. 56-60, hier S. 59.

[339] Die sprechende Hand. In: RÉ SOUPAULT (Hg.): Französische Märchen (Diederichs-Verlag). S. 138-145.

[340] Filek Zelebi (AT 311 + 425 E). In: J. G. v. HAHN: Griechische und albanesische Märchen. Zweiter Teil, S. 67-70, hier S. 67-68. – Auch enthalten in: JOHANN GEORG VON HAHN: Griechische Märchen. S. 373-376, hier S. 374. – Enthalten ferner in: GEORGIOS SARANTIS-ARIDAS (Hg.): Griechische Märchen. S. 46-49, hier S. 46-47.

[341] MARIANNE RUMPF: Rotkäppchen. S. 20-22 (Nr. 7, 8, 9, 10, 13, 15).

Nach dem Abstieg in die Unterwelt schwärzten sich die Initianden, um zu veranschaulichen, dass sie sich im Lande der Toten aufhalten, und setzten eine Tier-Maske oder eine Pflanzen-Maske auf, entsprechend ihrem Totem. In den Varianten des Typus AT 301 haben diese Momente keine Spuren hinterlassen. Darin unterscheidet sich AT 301 von AT 400, 402, 407, 408, 409 A.

Sowohl das Schwärzen als auch das Tragen einer Tier-Maske werden bestätigt durch Sagen über die hilfreichen Zwerge des Typus Heinzelmännchen bzw. über die Saligen Fräulein und vergleichbare Gestalten. Solche Sagen sind im frühen Mittelalter entstanden, als die archaische Jugendweihe in Mitteleuropa durch die Verbreitung des Christentums ausgemerzt wurde.

Die Sagen halten die Phase des schrittweisen Verzichts auf die Schwärzung fest, in der man schon einige Körperteile „sehen" konnte. Jedesmal, wenn es beim Schrott in Schrambach recht eilig war, erschien unaufgefordert eine Menge von Saligen. Doch waren von ihnen nur die Hände sichtbar. Überall, wo Not am Mann war, ob im Haus oder auf dem Feld, griffen jene Hände zu, zarte, aber flinke Frauenhände. Gab es einmal besonders schwere Arbeit zu verrichten, tauchten zusätzlich zwei kräftige, muskulöse Arme auf, die den zarten Fingern hilfreich zur Seite standen (Die Seligen in Schrambach[342], deutsch aus Tirol).

Die Erinnerungen an die Tier-Maske sind verblasst. Angeblich verbargen die Zwerge ihre Füße. Dann, nachdem irgendwelche Tunichtgute Asche gestreut haben, stellt man fest, dass sie Geißenfüße oder Entenfüße haben. Die Trittspuren der *Nachtfräulein,* die vom Urschelberg aus nach Pfullingen in die *Karz* kamen, glichen denen von Entenfüßen (Die Pfullinger führen die Nachtfräulein hinters Licht[343], deutsch aus Schwaben). Das *Seemännlein* vom Glaswaldsee, das auf dem Seebenhof im Wolftal aushalf, war so groß wie ein Kind und genauso beschaffen wie die sogenannten Meerweiblein – halb Mensch, halb Fisch

---

[342]   Die Seligen in Schrambach. In: HANS FINK: Eisacktaler Sagen, Bräuche und Ausdrücke. S. 212-213.

[343]   Die Pfullinger führen die Nachtfräulein hinters Licht. In: MARTIN FINK (Hg.): Pfullinger Sagen. S. 43.

(Seemännlein[344], aus dem Schwarzwald). Genauso die zwei *Meerweiblein,* die die Spinnstuben von Walddürn im Odenwäldischen Bauland besuchten (Der Marsbrunnen und die Meerweiblein[345]). Von diesen verstümmelten und deshalb rätselhaften Überlieferungen unterscheidet sich eine Sage aus dem oberen Rheintal: „Auf dem Kaistenberg und der Kinzhalde vom Dorfe Frick an bis zur Stadt Laufenburg haben in den Höhlen des Juras und in den Felslöchern des Rheinufers *Erdmännchen* gehaust. Da schwärmten und schwirrten sie in der Wildnis herum wie Feld- oder Perlhühner, und wie diese in der Kindersprache *Biberli* heißen, so nannte man die Zwerge *Erdbiberli.* Wenn sie aber unter die Leute gehen wollten, so legten sie ihre Vogelgestalt vorher ab, sonst hätten sie nicht in Haus und Feld so gewandt mit wirtschaften können, wie sie im Dorfe Öschgen taten oder beim Bauern auf der Kinzhalde, dem sie jährlich beim Kornschnitt halfen." (Das Kloster der Erdbiberli[346], deutsch aus der Schweiz.)

In der Märchenliteratur ist der Verlust eines Fingers ein häufiges Motiv.[347] In manchen Fällen soll ein abgehackter Finger als Beweis für den Tod des Helden bzw. der Heldin dienen. Das ist der Fall bei AT 502 „Der wilde Mann" und bei AT 709 „Schneewittchen". In einer rumänischen Variante von AT 709 ist eine durch ihre Schönheit berühmte Frau, *Weltenschöne* genannt, neidisch auf ihre aufblühende Tochter, deshalb befiehlt sie zwei Knechten, die Tochter im Wald zu töten, und verlangt als Beweis den kleinen Finger sowie das Herz. Gottvater, der eben mit Sankt Peter auf Erden wandelt, verhindert den Mord; auf sein Geheiß nehmen die Knechte das Herz von einem Hund, aber einen Finger muss

---

[344]   Seemännlein. In: BERNHARD BAADER: Volkssagen aus dem Lande Baden und den angrenzenden Gegenden. S. 87-88. – Auch enthalten in: GUNDULA HUBRICH-MESSOW (Hg.): Sagen und Märchen aus dem Schwarzwald. S. 48.

[345]   Der Marsbrunnen und die Meerweiblein. In: AUGUST SCHNEZLER (Hg.): Badisches Sagenbuch. Bd. 2, S. 627.

[346]   Das Kloster der Erdbiberli. In: ARNOLD BÜCHLI (Hg.): Schweizer Sagen. Erster Band, S. 66-67. [Auszeichnungen von H. F.]

[347]   VLADIMIR PROPP: Die historischen Wurzeln des Zaubermärchens. S. 108-110.

das Mädchen opfern, Gottvater selbst schneidet ihn ab (Wer ist die schönste Frau der Welt?[348]). In anderen Fällen kommt der Finger auf eine aus unserer Sicht fantastische Art und Weise abhanden: er wird als Leitersprosse gebraucht oder als Schlüssel für den Glasberg oder als Atzung für den Riesenvogel, der mit dem Helden zur Oberwelt fliegt. In wieder anderen Fällen verliert die Heldin den kleinen Finger nebenbei, durch einen unglücklichen Zufall (siehe weiter unten).

Bei den Naturvölkern wurden den Verwandten diverse fiktive Beweise für den vermeintlichen Tod des Initianden gezeigt: blutige Kleider, eine blutige Waffe, innere Organe von Tieren wie auch der abgehackte kleine Finger. Die Narbe an der Hand diente als Zeichen der durchlaufenen Initiation.[349] Nehmen wir uns etwas Zeit für diesen Zusammenhang, der im Faktenberg von Propps Abhandlung verschwindet.

Im zitierten spanischen Märchen „Der Zauberer Palermo"[350] (AT 313) hilft das Mädchen Luise dem Helden, einen Ring aus dem Meer zu holen, wobei es zerstückelt werden muss. Der Held soll die Stücke in ein Tuch legen und ins Meer werfen, dabei bleibt ein Stückchen Fleisch am Tuch hängen und fällt zu Boden. Als Luise mit dem Ring aus dem Wasser taucht, fehlt ihr an der linken Hand der kleine Finger.

Ähnlich im französischen Märchen „Das schwarze Gebirge"[351] (AT 313). Hier soll der Held den Hahn von einem Turm holen, aber es ist keine Leiter vorhanden. Da rät die weiße Jungfrau, Henri soll einen Topf mit Wasser zum Kochen bringen – ihren Körper in kleine Stücke schneiden – die Stücke in den Topf werfen. Wenn die Stücke gargekocht sind, soll er das Fleisch von den Knochen lösen. Indem er die Knochen einen nach dem anderen auf die Mauer legt, wird er den Turm besteigen

---

[348]     Cine-i mai frumoasă-n lume?     In: MARIA IONIȚĂ: Drumul urieșilor. S. 180-184, hier S. 180.

[349]     VLADIMIR PROPP: Die historischen Wurzeln des Zaubermärchens. S. 110-111.

[350]     Der Zauberer Palermo (AT 313). In: HARRI MEIER und FELIX KARLINGER (Hg.): Spanische Märchen. S. 50-62, hier S. 56.

[351]     Das schwarze Gebirge (AT 313). In: MARLIES HÖRGER (Hg.): Der Verschleierte. S. 70-77, hier S. 76-77.

und den Hahn nehmen können. Nach dem Absteigen soll er die Knochen zurück in den Topf werfen, das Wasser zum Sieden bringen, und sie wird so sein wie zuvor. Doch als Henri mit dem Hahn unten angelangt ist, bemerkt er, dass ein Knöchelchen fehlt, und zwar eine kleine Zehe. Nachdem er das Wasser zum Sieden gebracht hat, steht die weiße Jungfrau wieder vor ihm, strahlender und schöner als zuvor, nur dass eine Zehe fehlt.

Wie man sieht, haben die späteren Erzähler das Moment der rituellen Erneuerung des Körpers, dessen Sinn sie nicht mehr verstanden, an einer willkürlich gewählten Stelle in die Handlung eingebaut. Die Umstände – Turm und Hahn – sind anachronistisch. Man erkennt es gut, wenn man mit einer Episode aus dem schottischen Märchen „Die Vogelschlacht"[352] (AT 313) vergleicht: Hier soll der Held die Eier aus einem Elsternnest auf einem Fichtenstamm nehmen, dabei sind es vom Boden bis zum ersten Ast 500 Fuß. Die Tochter des Riesen bricht ihre Finger einen nach dem anderen ab und steckt sie in den Stamm, so entsteht eine Treppe, über die der Prinz bis zur Spitze des Baumes gelangt. Beim Herabklettern vergisst er, den kleinen Finger von der linken Hand des Mädchens ganz oben am Stamm wieder herauszunehmen.

Man könnte den Verlust der Zehe im französischen Märchen als den Ausrutscher eines Erzählers betrachten, wenn nicht zwei bayrische Schrazel-Sagen mit Bezug auf Rötz vermuten ließen, dass es diesen Unterschied – hier abgeschnittener Finger, hier abgeschnittene Zehe – tatsächlich gegeben hat. In der einen Sage treten die Schrazeln oder Zwerge als fleißige Helfer, in der anderen als Diebe in Erscheinung. Ihnen gemeinsam ist, dass jemand Mehl streut, um zu erfahren, wie die Füße der Schrazeln beschaffen sind, und siehe da, die Fährte zeigt Kinderfüße,

---

[352]  Die Vogelschlacht (AT 222 + 537 + 313). In: HANNAH AITKEN und RUTH MICHAELIS-JENA (Hg.): Schottische Volksmärchen. S. 5-17, hier S. 11. – Unter dem Titel „Der Prinz und die Tochter des Riesen" enthalten in: FREDERIK HETMANN (Hg.): Keltische Märchen. S. 99-110, hier S. 104.

denen *je eine Zehe* fehlt (Bayerische Brotsagen[353]; Zwergendiebe im Wirtshauskeller[354]). Wenn an einem Fuß eine Zehe fehlt, kann es sich um eine beliebige Verletzung handeln. Doch wenn an beiden Füßen dieselbe Zehe fehlte, war das ein sicheres Zeichen für die erfolgte Initiation. Das Mehlstreuen freilich wurde von späteren Erzählern erfunden.

In den Balladen, die zum Repertoire der rumänischen Mädchen-Spinnstube gehörten, war das Abschneiden des kleinen Fingers ein Detail auf dem Leidensweg der Heldin.[355]

### Motiv Nr. 7: Die Bekanntmachung

Nach erfolgloser Suche lässt der König bekanntmachen, dass er dem, der seine Töchter findet und zurückbringt, eine zur Frau gibt und das halbe Reich überlässt. Alsbald fassen drei Burschen sich ein Herz und treten vor den König, mal sind es Handwerker, mal Soldaten, mal Jäger. Sie ziehen los und machen sich in einem Wald auf die Suche, wo sie sich in einem Häuschen einrichten. Manchmal steht das Häuschen schon fertig da wie in einem deutschen Text aus Pommern (Das Männchen Sonderbar[356], AT 301 B), manchmal wird es von den Gefährten errichtet wie in einem rumänischen Märchen aus Siebenbürgen (Der Sohn des Schafs[357], AT 301 B). Abwechselnd begeben sich zwei auf die Jagd, während der dritte daheimbleibt, um zu kochen. Dann findet der Zusammenstoß mit dem Quälgeist Ellenbart statt.

---

[353]     AUGUST SIEGHARDT: Bayerische Brotsagen. In: HEIDI CAROLINE EBERTSHÄUSER (Hg.): Das bairische Leben. S. 232-237, hier S. 235-236.

[354]     Zwergendiebe im Wirtshauskeller. In: WALTER NACHTI-GALL und DIETMAR WERNER: Hirtenzauber. S. 258.

[355]     MONICA BRĂTULESCU: Ceata feminină. S. 47-51.

[356]     Das Männchen Sonderbar (AT 650 A + 301 B). In: ULRICH JAHN: Volksmärchen aus Pommern und Rügen. S. 120-128, hier S. 122.

[357]     Fiuţul oii (AT 650 A + 301 B). In: ION POP RETEGANUL: Poveşti ardeleneşti. S. 125-131, hier S. 128.

Das Häuschen entspricht der Initiationshütte. Die verbreitete Formel „Zwei gingen auf die Jagd, einer blieb daheim, um zu kochen" bezieht sich wahrscheinlich auf die mühselige, von den späteren Erzählern missverstandene Selbstversorgung der Initianden.

Zuweilen gelangen die Gefährten nicht zu einem Häuschen, sondern zu einem Schloss, welches dem Großen Haus entspricht – ein Beispiel für Verwechslungen durch spätere Erzähler. Die drei Jägerburschen entdecken in einer Stube einen Tisch mit dampfenden Speisen, obwohl das Schloss menschenleer ist (Das Erdmännchen[358], deutsch aus Westfalen, AT 301 A). Diese rätselhafte, irreführende Mitteilung hängt mit der Schwärzung der Initianden nach ihrem vermeintlichen Abstieg in die Unterwelt zusammen; nun waren sie konventionell unsichtbar, denn ein Lebender konnte einen Toten nicht sehen. Wenn die geschwärzten Initianden Besucher des Großen Hauses bedienten, deckte sich der Tisch augenscheinlich von selbst.

Durch das Motiv der gezielten Suche unterscheidet sich der Untertypus AT 301 A „Die Suche nach den verschwundenen Prinzessinnen" vom Untertypus AT 301 B „Die außerordentlichen Gesellen" und vom Untertypus AT 301 C „Der Apfelbaum des Königs". Bei AT 301 B begegnet der Bärensohn unerwartet den Entführern, nachdem er in die Unterwelt hinabgestiegen ist, um den flüchtigen Ellenbart zu fangen. Im Falle von AT 301 C erfährt der in die Unterwelt vorgedrungene Prinz, dass der Drache, den er verfolgt, nicht nur die Äpfel vom Lieblingsbaum seines Vaters gestohlen, sondern auch Mädchen geraubt hat.

Selbstverständlich ist der König samt der Bekanntmachung sowie der anschließenden Suche eine Erfindung der späteren Erzähler. Die Urbilder der Burschen, die nach den Königstöchtern suchen, waren die herangewachsenen Knaben, die man bei manchen Stämmen – so auch in unserem Fall – zur gleichen Zeit wie die Mädchen zur Initiationsstätte geleitete. Damit galten sie offiziell als gestorben. Allerdings wussten die Mütter Bescheid, dass sie noch leben, denn sie mussten ihnen Essen zu einer bestimmten Stelle tragen, das war im Alten Europa vermutlich so

---

[358]  Dat Erdmänneken (AT 301 A). In: GRIMM, BRÜDER GRIMM: Kinder- und Hausmärchen. KHM 91. Bd. 2, S. 39-44, hier S. 40.

wie in Afrika und in Neuguinea. In einem deutschen Märchen aus Mähren hat sich die Erinnerung erhalten, dass die Initianden von der Bevölkerung Nahrungsmittel bekamen, es heißt „Die Geschichte von den 12 goldenen Gänsen"[359] (AT 400): In dem gläsernen Berg, der sich neben dem Dorf befindet, leben zwölf verzauberte Mädchen. Man liefert ihnen allmonatlich Nahrungsmittel, und zwar werden diese in einer Kiste hinaufgezogen. Durch die Sagen über hilfreiche Zwerge des Typus Heinzelmännchen und über Salige Fräulein wird die Versorgung durch die Bevölkerung bestätigt.

In den Varianten von AT 301 B wird der Aufenthalt in der Initiationshütte so ausführlich dargestellt wie sonst nirgends in der Märchenliteratur. Deshalb gehen wir nun zu diesem Untertypus über.

## Motiv Nr. 8: Die Abstammung des Starken Hans

In der europäischen Folklore ist der Starke Hans eine bekannte Gestalt. Die Erzählforscher haben die Geschichten über ihn zum Märchentypus AT 650 A zusammengefasst. Die „Enzyklopädie des Märchens", die keinen geschichtlichen Hintergrund voraussetzt, definiert den Typus als Schwankmärchen[360], doch bei näherer Betrachtung stellen wir fest, dass es sich um ein Konglomerat von mehr oder weniger entstellten Ahnensagen handelt. Für diesen Befund ist die Herkunft des Helden auschlaggebend. Oft wird der Held – wie in den Ahnensagen der Naturvölker – als Sohn eines Tiers oder als Spross einer Pflanze oder als Abkömmling einer Naturkraft vorgestellt.

Das Tier ist eine Bärin – eine Kuh – eine Stute – ein Schaf – eine Gans – ein Fisch. In einem russischen Märchen erwächst der Held aus

---

[359] Die Geschichte von den 12 goldenen Gänsen (AT 400). In: MARIE KOSCH: Deutsche Volksmärchen aus Mähren. S. 20-24.
[360] ENZYKLOPÄDIE DES MÄRCHENS. Bd. 12, Spalten 1179-1185.

einem Kiefernklotz (Die Recken Kieferle, Biegle, Bergle und Bärtle[361], AT 301 B), in einem ungarischen aus einer Bohne (Bohnenjanko[362], AT 301 B). In einem anderen russischen Märchen wird die Königstochter von einem Windstoß schwanger (Iwan Windsohn[363], AT 301 B). Diese Aufstellung fasst Motive aus der ältesten Schicht der Überlieferung zusammen, die von der Jagd als Subsistenzgrundlage und vom Matriarchat als soziale Organisation geprägt war. Den ursprünglichen Text haben die Erzähler aus mehreren Gründen nach und nach umgemodelt. Die wichtigsten Eingriffe hängen mit der Einsicht zusammen, dass ein Kind nicht von einer Frau allein gezeugt wird, sondern durch die Verbindung von Mann und Frau – dann mit der Verdrängung der matriarchalischen durch patriarchalische Verhältnisse – schließlich mit der Entfremdung der Dorfgemeinschaften von der Wildnis nach Jahrtausenden Viehzucht und Ackerbau.

Ursprünglich war der mythische Tier-Ahne immer weiblich. Ein naheliegendes Beispiel für diese Auffassung sind die Chanten (oder Ostjaken) in der westsibirischen Taiga. Bei ihnen leitete die Phratrie *Por* ihre Herkunft von einer Bärin ab, die Phratrie *Mos* von einer Frosch-Frau; sie befolgten die Exogamie-Regel bis ins 20. Jahrhundert.[364] Erst nach dem Übergang von matriarchalischen zu patriarchalischen Verhältnissen und dem damit zusammenhängenden Bewusstseinswandel musste die Bärin als Mutter des Helden weichen, der nunmehr als Sohn eines Bären vorgestellt wurde. In allen mir vorliegenden Fassungen hat der Bärensohn schon zwei Eltern, nämlich eine Bärin zur Mutter und einen

---

[361]    Die Recken Kieferle, Biegle, Bergle und Bärtle (AT 650 A + 301 B). In: ALEXANDER N. AFANASJEW: Russische Volksmärchen. Bd. 1, S. 252-255, hier S. 252.

[362]    Bohnenjanko (AT 312 D + 650 A + 301 B). In: ÁGNES KOVÁCS (Hg.): Der grüne Recke. S. 53-65, hier S. 56.

[363]    Ivan Vetrovič (AT 650 A + 301 B + 302). In: N. E. ONČUKOV: Severnye skazki. Bd. 1, S. 347-351, hier S. 347.

[364]    SOJA SOKOLOWA. Das Land Jugorien. S. 51 und 117 bzw. S. 130 und 182.

menschlichen Vater oder, viel häufiger, einen Bären zum Vater und eine menschliche Mutter.

Selbstverständlich war die mythische Ahnfrau immer ein wildes Tier, nicht ein Haustier, genauer: die Wildform einer Art, nicht die gezähmte Form. Also der weibliche Auerochse, nicht die Kuh vom Hausrind, eine Wölfin, nicht eine Hündin. Wenn der spätere Held von einer Frau geboren, aber von einem wilden Tier gesäugt bzw. aufgezogen wird, handelt es sich schon um die Abschwächung der ursprünglichen Aussage. Man kann die Abschwächung durch die Entfremdung der Menschen von der Wildnis erklären. Die Ziehmutter ist eine Bärin – eine Löwin – eine Kuh – eine Wölfin – eine Eselin – ein Schaf. Wir erinnern uns, dass Siegfried nach dem Tod seiner Mutter von einer Hinde gesäugt worden ist.

Aufschlussreich für die Abkehr von der Urzeugung ist die Verbindung des Urhebers mit einer Menschenfrau zum Zweck der Geburt. So ist es in der Geschichte von den Zwillingen, die aus einem Fisch entstehen, von dem ihre Mutter gegessen hat (AT 303 „Die zwei Brüder"). Im norwegischen Märchen „Murmel Gänseei"[365] (AT 650 A) schlüpft der Held aus einem Gänseei, das fünf kinderlose Frauen abwechselnd bebrüteten. In anderen Texten wird die Schwangerschaft vom Genuss eines Apfels oder einer Erbse ausgelöst, auch vom Genuss eines (historisch nicht authentischen) Pfefferkorns. Auf derselben Linie liegt die Ersetzung des Tiers als Zeugungspartner durch einen Menschen. In einem finnischen Märchen ist an die Stelle der Bärin eine Waldfrau getreten, in einem französischen wurde der Bär durch einen Räuber ersetzt, in einem deutschen aus der Schweiz durch einen Räuberhauptmann.

Schließlich verlegten die Erzähler die Genese des Helden in den häuslichen Bereich: Er wird als ein Kind von Mann und Frau geboren oder doch von Menschen geschaffen, nämlich aus Holz geschnitzt – aus Lehm geformt – aus Teig geformt – aus Eisen geschmiedet.

Zwar stellen die Überlieferungen, die uns erreichten, den Starken Hans nicht als Stammesgründer vor. Doch in seiner Biografie gibt es

---

[365]   Murmel Gänseei (AT 650 A). In: KLARA STROEBE (Hg.): Nordische Volksmärchen. Bd. 2, S. 211-222.

Elemente, die ihn für diese Würde qualifizieren: seine Abstammung – dass er verborgene Dinge erkennt und zaubern kann – sein Gerechtigkeitssinn – seine Heldentaten – dass ihn die Zwillinge zum „ältesten Bruder", d.h. zum Anführer wählen (Iwan Sutschenko und Belyj Poljanin[366], russisch, AT 301 A) – dass er nach seiner Rückkehr aus der Unterwelt die jüngste Prinzessin heiratet und den Thron übernimmt. Diese Elemente und die Ausführungen Propps zum Kristallisationskern der Märchen (siehe die Motive Nr. 11-17) lassen es plausibel scheinen, dass man sein Urbild einst als Stammesgründer verehrte.

Die Sagen vom Starken Hans (AT 650 A) berühren sich mit der Sage von Jung-Siegfried (AT 650 C). Der eine ist der Sohn eines Bären, der andere wird von einer Hinde gesäugt. Beide sind kraftstrotzend und ungebärdig, beide verbringen eine Lehrzeit in einer Schmiede, beide schmieden sich dort eine Waffe.

### Motiv Nr. 9: Der Starke Hans als Knecht

Ursprünglich waren die Geschichten vom Starken Hans Mythen der Wildbeuter. Als man sie aufzeichnete, wurden sie so erzählt, als hätten sie sich im Mittelalter zugetragen, als es schon Bauernhöfe mit vielen Knechten gab. Die schwankhaften Elemente wurzeln z.T. in den Spannungen zwischen den Großbauern und ihrem Gesinde. Natürlich ist auch die Episode bei den Soldaten, in der Kanonen vorkommen, ein spätes Motiv. Als die Erzählforscher die Geschichten vom Starken Hans zum Schwank erklärten, haben sie sich von den Kraftproben und Streichen des Helden betören lassen.

### Motiv Nr. 10: Der Starke Hans in der Schmiede

Ein Anhaltspunkt für das Alter der Geschichten vom Starken Hans ist dessen Waffe: die Keule, der Stecken, die Stange. Als Kampfwaffe

---

[366]    Iwan Sutschenko und Belyj Poljanin (AT 301 A). In: ALEXANDER N. AFANASJEW: Russische Volksmärchen. Bd. 1, S. 236-246, hier S. 237.

wurde die Keule in der Späten Bronzezeit (etwa 1200 bis 800 v.Chr.) durch das Schwert verdrängt, also stammen diese Geschichten aus einem früheren Abschnitt der Vorgeschichte. Selbstverständlich war die Keule nicht aus Eisen, sondern aus Bronze. Die Erzähler der Siegfried-Sage haben die Keule durch ein Schwert ersetzt.

Die Verschmelzung der zwei Überlieferungen – AT 650 A und AT 301 – dürfte auf dem Gebiet eines Stammes erfolgt sein, der auf die Kunst der Metallverarbeitung stolz war, denn dieses Motiv, der Aufenthalt des Helden in der Schmiede, kommt in allen Geschichten vom Starken Hans vor, unabhängig von seiner Abstammung, die sich von Sippe zu Sippe anders anhörte. Er lässt sich eine Keule anfertigen oder schmiedet sich selbst eine Keule.

## Motive Nr. 11-17: Die außerordentlichen Gesellen

Für die Historiker ist es von größtem Interesse, dass der Starke Hans sich auf seiner Wanderung mit Gestalten verbündet, die Spezialisten der Späten Bronzezeit darstellen.

Hinweise auf das Wirtschaftsleben in den Dörfern der Späten Bronzezeit ergeben sich einerseits aus den Namen und Handlungen der „außerordentlichen Gesellen" in den BärensohnMärchen (AT 650 A + 301 B), andererseits aus den „schweren Aufgaben" für den Helden, die als Motive bei vier Märchentypen vorkommen: AT 313 „Der dem Teufel versprochene Königssohn" – AT 403 „Die weiße und die schwarze Braut" – AT 425 A „Amor und Psyche" – AT 560 „Der Zauberring". Der Zuständigkeitsbereich der „außerordentlichen Gesellen" stimmt überein mit der Natur der „schweren Aufgaben": einen Wald roden, Buckelwiesen einebnen, einen Sumpf entwässern, usw. Man weiß nicht viel über die vorgriechische Bevölkerung des Balkans, die *Pelasger,* aber das, was die antiken Quellen über sie berichten, deckt sich mit den Mitteilungen der Märchen: Sie trieben Ackerbau und Viehzucht, rodeten Wälder, ebneten Felsen, trockneten Sümpfe aus … (Abgesehen davon legten die

Pelasger in fruchtbaren Talebenen Städte mit festen Burgen an, die meist den Namen *Larissa* führten.)[367]

Nebenbei stellt sich die Frage, warum die Erzähler den Starken Hans mit den Spezialisten zusammenführten. Die Antwort finden wir bei Propp, sie verweist auf die Buschschule:

„Die Übereinstimmung der Komposition von Mythen und Märchen mit der Abfolge von Ereignissen, die bei der Initiation [in der Buschschule] stattfanden, lässt vermuten, dass dasselbe erzählt wurde, was mit dem Jüngling geschah, aber man erzählte das nicht von ihm, sondern von einem Ahn, einem Gründer der Sippe und Stifter der Bräuche, welcher, auf wunderbare Weise geboren, ins Reich der Bären, Wölfe u.a. kam und von dort das Feuer, magische Tänze, (dieselben, die die Jünglinge lernen) usw. mitbrachte. […] Dem Initianden enthüllte sich hier der Sinn derjenigen Handlungen, die an ihm vollzogen wurden. Die Erzählungen setzten ihn mit dem gleich, von dem erzählt wurde: sie bildeten einen Teil des Kultes und waren tabuisiert. Die auf diese Erzählungen bezogenen Verbote dienen als zusätzliche Erwägung, die für die Annahme spricht, dass irgendetwas erzählt wurde, was einen direkten Bezug zum Ritus hatte."[368]

Nach dem Verschwinden der Buschschule aus der sozialen Wirklichkeit, als das Tabu seine Kraft einbüßte, war die Mythe vom Stammesgründer ein Kristallisationskern für die Erinnerungen, aus denen sich die Märchen von der Buschschule bildeten.

Der Starke Hans und seine Weggefährten richten sich im Wald in einem Häuschen ein – sie begegnen Gestalten, die den Leitern der Buschschule entsprechen – der Starke Hans steigt in die Unterwelt hinab – nach der Rückkehr aus dem Wald sollen die angeblichen Befreier der Königstöchter Belege vorweisen – die Fabel schließt mit einer Heirat. Allerdings haben die Erzähler, um den Stammesvater ins rechte Licht zu setzen, die Spezialisten verunglimpft. Seine riesenhaften Weggefährten werden von einem alten Mann oder von einer alten Frau oder (viel öfter) vom Zwerg

---

[367]    Quelle: WIKIPEDIA.

[368]    VLADIMIR PROPP: Die historischen Wurzeln des Zaubermärchens. S. 454-455.

Ellenbart gemartert – sie schrecken vor dem Abstieg in die Unterwelt zurück – sie verraten ihren Kreuzbruder, indem sie den Strick fallen lassen, mit dem er aus der Unterwelt gezogen werden soll – sie zwingen die befreiten Königstöchter, sie als ihre Retter auszugeben. Dem uneingeweihten Publikum erscheinen die Weggefährten des Starken Hans als Randfiguren, deren Funktion darin besteht, das Ansehen des Helden zu begründen. Erst aus einer Zusammenschau der Märchen geht die wahre Natur der Weggefährten hervor.

Bei gemeinsamen Vorhaben der Dorfgemeinschaft fiel den Spezialisten die Rolle des Vorarbeiters zu. Es ist mehr als wahrscheinlich, dass sie als Hilfslehrer wirkten, sooft die Leiter der Buschschule die Initianden zu den Arbeiten heranzogen. Dieser Schluss ergibt sich, wenn wir die Fertigkeiten der Spezialisten mit den „schweren Aufgaben" für den Märchenhelden vergleichen: Die Helfer des Helden vollbringen genau das, was die Kunst der Spezialisten ausmacht. Es ist denkbar, dass in den Varianten von AT 301 B einmal von der Arbeit der Knaben an der Seite der Männer die Rede war, aber dann schoben sich Aussagen über die Vorarbeiter in den Vordergrund und behaupteten sich dank ihrer fantastischen Elemente bis zuletzt. Es fand ein komplexer Prozess der Umdeutung statt; schließlich wurden die Vorarbeiter zu Weggefährten des Starken Hans stilisiert und verdrängten die ursprünglichen Begleiter.

Wir können sieben Spezialisten unterscheiden. Im Märchen werden sie als Riesen vorgestellt. Vielleicht geschieht das, um die Tüchtigkeit des Starken Hans zu betonen, der sie im Ringkampf besiegt. Vielleicht aber steckt ein Körnchen Wahrheit in der Bezeichnung, denn die Vorarbeiter waren mit Sicherheit ausgesuchte Leute: Erstens mussten sie zeigen, wie es gemacht wird, zweitens mussten sie für Ordnung sorgen.

**Motiv Nr. 11: Der Fachmann für Steine**

Man nennt ihn u.a. *Felsenschläger, Steinbrecher, Steinspalter, Steinsammler, Steinreiber, Steinkneter* und *Trübewasser*. Er sammelte und bearbeitete Steine, die sich für die Herstellung von Werkzeugen und Waffen eigneten. Von Trübewasser wird Folgendes erzählt: Er steht mit dem linken Fuß auf dem einen Berg, mit dem rechten auf dem anderen, und wenn er die Beine schlenkert, wird das Wasser trübe (Lindenhölzchen[369], rumänisch aus der Walachei, AT 301 B). Sein Name deutet auf eine intensive handwerkliche Tätigkeit hin, das Schlenkern der Beine auf ein Gerät. Was für ein Gerät könnte das sein? Beim Herstellen einer Steinaxt wird der ausgesuchte Stein durch Abschlagen zu einem Rohling geformt, der Rohling zugeschliffen. Das fortgeschrittenste Verfahren, um ein Loch für den Axtstiel zu bohren, ist die *Hohlbohrung* oder *Zapfenbohrung:* mit hohlem Holz wie Holunder oder hohlen Halmen wie Schilf oder mit Hohlknochen (die mit Sand als Schmirgel gefüllt sein können) und mit schnell rotierender Bohrhilfe. Die eigentliche Bohrarbeit erfolgt durch den Quarzsand, der um den Bohrer angehäuft wird. Und jetzt aufgepasst: *Zum Antrieb des Bohrstabs dient u.a. ein Bogen. Man verwendet u.a. ein Bohrgestell, wobei der waagerechte Querbalken durch sein Gewicht ständig auf den Bohrschaft drückt.*[370]

## Motiv Nr. 12: Der Fachmann für Holz

Er war in erster Linie für das Roden zuständig, worauf u.a. folgende Namen verweisen: *Eichenfäller, Kiefernfäller, Steineichenfäller, Eichenausraufer, Fichtenausreißer, Tannenausreißer, Pinienrupfer, Baumspalter.* Die Vielfalt der Namen beweist die Popularität der Überlieferung. Wahrscheinlich war der Mann zugleich damit für Baumschulen zuständig, die gerade Stämme für den Hausbau wie auch für den Bau von Bohlenwegen und Brücken lieferten. Die Archäologen halten es für möglich, dass schon vor 7.000 Jahren im Kontext der Vinča-Kultur Fachleute auf den Umgang mit Holz spezialisiert waren. Sie fanden nämlich lange und astlose Baumstämme, die aus einer gezielten Zucht, aus einem

---

[369]   Tei-legănat (AT 301 B + 321). In: OVIDIU BÎRLEA (Hg.): Antologie de proză populară epică. Bd. 1, S. 240-257, hier S. 242-243. Deutsche Kurzfassung Bd. 3, S. 387-388.

[370]   EMIL HOFFMANN: LEXIKON DER STEINZEIT. Siehe die Artikel „Bohrtechnik" und „Bohrantriebe", S. 58-59.

künstlich angelegten Wald für Bauholz stammen könnten.[371] Und siehe da, in einem russischen Märchen sorgt *Baumriese* dafür, dass die Eichbäume alle *zu gleicher Höhe* wachsen. Ist ein Baum zu hoch, so drückt er ihn in die Erde zurück, ist er zu klein, so zieht er ihn in die Höhe (Bärchen und die drei Helden Schnauzbart, Bergriese und Baumriese[372], AT 650 A + 301 B). Die Information scheint stichhaltig zu sein, nur die von den Erzählern ausgeheckte Methode ist fantastisch.

Unser Fachmann beaufsichtigte ferner das Anpflanzen von Dornenhecken zum Schutz der Dörfer. Manche Namen, unter denen er auftritt, halten spezifische Verrichtungen fest: *Baumdreher, Eichendreher, Tannendreher, Fichtendreher, Eichenbieger, Bäumekrummbieger, Holzkrummmacher, Biegdasholz, Beugebaum, Biegle, Wiedendreher*[373]. In einer rumänischen Erzählung wird der Vorgang erstaunlich genau dargestellt: „Und wie Drăgan Cenușă [Aschen-Drăgan] so durch den Wald ging, fand er, soviel er auch schaute, keinen geraden Baum und Stock. Ohne Zweifel, er sah: dies war ein gebogener verkrüppelter Baum, der andere stark gebogen, beide aufeinandergelegt, verkrümmt auf alle Arten. ‚Wer ist es denn, der alle diese Bäume und all dies Holz verbiegt und es nicht in Frieden gerade wachsen lässt?' Er geht weiter, und siehe, er trifft Strîmbălemne [Bäumekrummbieger]. Dieser fasste den Baum an der Krone und verbog ihn nach der Seite und nach dieser Seite, legte die

---

[371] CONRAD KUNZE: Von der Höhle in die Lehmhütte. In: ALLGEMEINE DEUTSCHE ZEITUNG FÜR RUMÄNIEN. Bukarest, Ausgabe vom 12. September 2007, S. 3. (Ein Bericht über die Grabungen 1999-2007 in Uivar an der Bega im Westen Rumäniens.)

[372] Bärchen und die drei Helden Schnauzbart, Bergriese und Baumriese (AT 650 A + 301 B). In: A. N. AFANASJEV: Iwan – Johannes. S. 142-148, hier S. 143-144.

[373] *Wieden* heißen die über dem Feuer schmiegsam gemachten Zweige, die beim Dachdecken, Zäunen und bei der Verbindung von Wagen- und Pflugteilen Verwendung fanden. Siehe: KARL HAIDING: Anmerkungen zu den einzelnen Märchen. In: Ders.: Österreichs Märchenschatz. S. 419-468, hier S. 422.

Bäume nebeneinander und wand einen um den anderen, damit sie so weiterwachsen." (Drăgan Cenuşă [374], AT 301 B.)

## Motiv Nr. 13: Der Fachmann für Erdarbeiten

Er ist mit Namen wie *Bergeversetzer, Bergkicker* und *Steinschmeißer* in die Überlieferung eingegangen. Ein aufschlussreicher Name, der in einem andalusischen Märchen erhalten blieb, lautet *Gebirgeplattmacher* (Juan der Bär [375], AT 301 B). In einem russischen Märchen wird ausdrücklich gesagt, dass der Mann Berge einebnet *(rovnjajat gory)* (Iwan Windsohn [376], AT 301 B). Er führte das Kommando beim Einebnen von Buckelwiesen und beim Wegebau. In drei Fällen ist ausdrücklich vom Wegebau die Rede: Weil es *Bergmann* nicht gefällt, ständig bergauf und bergab zu laufen, tritt er mit den Füßen gegen einen Berg, sodass die Hälfte davon in das [nächste] Loch fällt, dann ist es eben. Sein Kommentar: „Da kann man fein Straßen bauen." (Der starke Jänneschen [377], deutsch aus der Eifel, AT 301 B). – Von *Bergriese* hören wird, dass er jeweils einen Berg in ein Tal wirft und dadurch ebene Wege schafft (Bärchen und die drei Helden Schnauzbart, Bergriese und Baumriese [378], russisch, AT 301 B). In einem ukrainischen Märchen sagt *Bergdrücker:* „Ich

---

[374]    Drăgan Cenuşă (AT 300 A + 513 A + 300 + 301 B). In: FELIX KARLINGER und OVIDIU BÎRLEA (Hg.): Rumänische Volksmärchen. S. 107-134, hier S. 119.

[375]    Juan der Bär (AT 650 A + 301 B). In: FREDERIK HETMANN (Hg.): Märchen aus Andalusien. S. 17-21, siehe S. 18.

[376]    Ivan Vetrovič (AT 650 A + 301 B + 302). In: N. E. ONČUKOV: Severnye skazki. Bd. 1, S. 347-351, hier S. 348.

[377]    Der starke Jänneschen (AT 650 A + 301 B). In: MATTHIAS ZENDER: Volksmärchen und Schwänke aus der Westeifel. S. 5-11, hier S. 7.

[378]    Bärchen und die drei Helden Schnauzbart, Bergriese und Baumriese (AT 650 A + 301 B). In: A. N. AFANASJEV: Iwan – Johannes. S. 142-148, hier S. 143.

drücke die Berge auseinander, damit ein Weg wird." (Kullererbse[379], AT 301 B.) Ähnlich in einer Überlieferung aus Pommern: Hier reißt *Berg-schieber* einen Berg auseinander, wenn jemand hindurch gehen will, und ist jener hindurch gegangen, schiebt er die beiden Hälften wieder zusammen (Das Männchen Sonderbar[380], AT 301 B).

## Motiv Nr. 14:
## Der Fachmann für Brücken und Wehre

Sein Name suggeriert, dass die Brücken und Wehre aus Ruten geflochten worden sind. Die noch nicht verflochtenen Ruten spreizen sich wie Bart-haare, aus diesem Bild haben die Erzähler einen Spitznamen abgeleitet. *Schnauzbartl* steigt in den Strom, und wie er mittendrin ist, bläst er seinen Schnauzbart auf, sodass sich die beiden Hälften links und rechts wie Brü-cken über das Wasser legen, während er selber wie ein starker Pfeiler in der Mitte steht (Hans Bärenknab[381], deutsch aus der Steiermark, AT 301 B). – Recke *Bärtle* lässt seinen Schnurrbart quer über den Fluss hängen, und auf dem Schnurrbart laufen Menschen, galoppieren Reiter, rollen schwerbeladene Fuhrwerke wie auf einer Brücke (Die Recken Kieferle, Biegle, Bergle und Bärtle[382], russisch, AT 301 B).

---

[379] Kullererbse (AT 312 D + 650 A + 301 B). In: P. V. LINTUR (Hg.): Ukrainische Volksmärchen. S. 179-189, hier S. 184.

[380] Das Männchen Sonderbar (AT 650 A + 301 B). In: ULRICH JAHN: Volksmärchen aus Pommern und Rügen. S. 120-128, hier S. 121.

[381] Hans Bärenknab (AT 650 A + 301 B). In: VIKTOR VON GE-RAMB (Hg.): Kinder- und Hausmärchen aus der Steiermark. S. 61-66, hier S. 64.

[382] Die Recken Kieferle, Biegle, Bergle und Bärtle (AT 650 A + 301 B). In: ALEXANDER N. AFANASJEW: Russische Volksmärchen. Bd. 1, S. 252-255, hier S. 253.

## Motiv Nr. 15: Der Fachmann für Dammbauten
## und das Umleiten von Wasserläufen

Er heißt *Flüsselenker* oder *Flüsseaustrockner*. Die zwei Namen knüpfen am selben Vorgang an, denn wenn ein Wasserlauf gestaut und umgeleitet wird, dann trocknet das frühere Flussbett aus. Mit dem Namen *Flüsselenker (Muda Rios)* kommt der Kerl in einem aus Spanien stammenden mexikanischen und in einem finnischen Märchen vor (Der Bärenhans[383], AT 301 B; Der mannhafte Mikko[384], AT 301 B). *Muda Rios* bedeutet wörtlich übersetzt – „Der die Flüsse verlegt". Im finnischen Text heißt es, dass der Kerl mit seinen Händen zwei Flüsse zusammenleitet. Als *Flüsseaustrockner* tritt er in einem portugiesischen Märchen auf (Sohn einer Eselin[385], AT 301 B).

## Motiv Nr. 16: Der Fachmann für Bewässerung

Er ist mit dem Flüsselenker vergleichbar. „Wenn ich meinen Knüppel ins Wasser lege", sagt *Wasserantreiber* in einem lettischen Märchen, „schwindet das Wasser sofort, sodass man mit trockenen Füßen hinübergehen kann." (Der Starke[386], AT 301 B.) Es könnte sein, dass die Erzähler den Vorgang des Stauens mit einem einfachen Wehr, einer sogenannten *Stellfalle,* vulgarisiert haben und dass mit dem Knüppel eben dieses Wehr gemeint ist. Dagegen ist der Name *Wasserantreiber* möglicherweise ein Antonym zu *Flüsseaustrockner* und bezieht sich auf den spektakulären Vorgang, wenn der Hydrotechniker gestautes Wasser in einen zeitweilig

---

[383] Der Bärenhans (AT 650 A + 301 B). In: HARRI MEIER (Hg.): Spanische und portugiesische Märchen. S. 299-311, hier S. 302.

[384] Der mannhafte Mikko (AT 650 A + 301 B). In: ROBERT KLEIN (Hg.): Das weiße, das schwarze und das feuerrote Meer. S. 37-50, hier S. 43.

[385] Sohn einer Eselin (AT [650 A] + 301 B). In: HARRI MEIER und DIETER WOLL (Hg.): Portugiesische Märchen. S. 152-155, hier S. 153.

[386] Der Starke (AT 650 A + 301 B + 300 A). In: OJĀRS AMBAINIS (Hg.): Lettische Volksmärchen. S. 136-142, hier S. 137.

trocken liegenden Kanal einströmen ließ. Die Beschreibung und der Name meinen zwei verschiedene Momente in der Tätigkeit eines Mannes, den man mit der umsichtigen Bewässerung betraut hat – mal staut er das Wasser, mal lässt er es fließen.

In einer von Friedrich Panzer zitierten bulgarischen Fassung trinkt der Kerl einen See leer und spuckt ihn wieder aus.[387] So mag es für den naiven Betrachter ausgesehen haben, wenn der Fachmann mit dem Wehr hantierte: Zog er das Wehr in die Höhe, floss das angestaute Wasser von der Bergseite her in eine schlundartige Öffnung. Auf der Talseite schoss es aus dieser Öffnung hervor, wie es beim Wasserspeier geschieht. Aus einem rumänischen Märchen, das in der Dobrudscha aufgezeichnet wurde, erfahren wir einen dazu passenden Namen: *Wasserschlürfer (Soarbe-Apă)* (Die Geschichte von Erbsenklein[388], AT 301 B).

## Motiv Nr. 17: Der Fachmann für Metallarbeiten

Manchmal wird er einfach als Schmied vorgestellt, in anderen Varianten aber hat er einen Spitznamen und gibt sich durch sein Verhalten zu erkennen. *Eisenkneter* presst mit den bloßen Händen Eisen zusammen, als wäre es Quark (Eichenschreck[389], slowakisch, AT 301 B); er knetet das Eisen, wie ein anderer Teig knetet (Sohn der weißen Stute[390], ungarisch, AT 301 B). – *Zerkocher* höhlt einen Eichenbaum zu einer Brotmulde aus und kocht darin kaltes Eisen weich (Held Hirte und das scheckige

---

[387] FRIEDRICH PANZER: Beowulf. In: Studien zur germanischen Sagengeschichte. Bd. 1, S. 1-245, hier S. 69.

[388] Povestea lui Măzărică (AT 312 D + 301 B + 300). In: BOGDAN PETRICEICU HAȘDEU: Omul de Flori. S. 116-123, hier S. 119-120.

[389] Eichenschreck (AT 650 A + 301 B). In: PAVOL DOBŠINSKÝ: Slowakische Märchen. S. 239-260, hier S. 240-241.

[390] Sohn der weißen Stute (AT 650 A + 301 B). In: LÁSZLÓ ARANY: Ungarische Volksmärchen. S. 93-101, hier S. 94.

Kühlein[391], südslawisch aus der Herzegowina, AT 301 B). – *Eisenknüpfer* schlägt Knoten in eine dicke eiserne Stange und löst sie wieder auf (Peter Bär[392], deutsch aus Hannover, AT 301 B). Selbstverständlich ist das Eisen in europäischen Märchen, die aus der Späten Bronzezeit stammen, anachronistisch.

### Motive Nr. 18-19: Die Quälgeister

Im Wald, so geht aus den Märchen hervor, hausten die Zöglinge zunächst in einer provisorischen Unterkunft, die in der Völkerkunde *Initiationshütte* heißt. Dort brach die Hölle über sie herein, denn die zwei Schulleiter und ihre Gehilfen begannen sie systematisch zu martern: Man verekelte ihnen die Speisen und ließ sie hungern. – Die Zöglinge wurden geprügelt – an den Haaren gezogen – verbrüht – gefesselt – in ein Loch gesperrt – in den Rauch gehängt. Alle hier genannten Martern kommen beim Märchentypus AT 301 vor, allerdings haben sie sich auf zahlreiche Varianten verteilt. Ein Gehilfe der Schulleiter tritt in der Überlieferung als *Zwerg Ellenbart* auf.

Auch mit dem Anbringen der Stammesmarken waren große Schmerzen verbunden. Diese Prozedur wird in der Mitteilung zusammengefasst, dass der Quälgeist seinem Opfer einen Streifen Haut aus dem Rücken schneidet; vom Sinn des Vorgangs hatten die späteren Erzähler offenbar keinen Begriff.

In diesen Abschnitt der Jugendweihe fiel das rituelle kannibalische Mahl, ein Moment, das in der Struktur von AT 301 keine Spuren hinterlassen hat. Ferner die Begegnung mit dem Tier-Ahnen, der in der Struktur von AT 301 durch den Riesenvogel vertreten ist (siehe Motiv Nr. 34). Das rituelle kannibalische Mahl und die Begegnung mit dem Tier-Ahnen, der

---

[391] Held Hirte und das scheckige Kühlein (AT 511 A + 650 A + 301 B). In: FRIEDRICH S. KRAUSS (Hg.): Sagen und Märchen der Südslaven. Bd. 2, S. 346-362, hier S. 354-355.

[392] Peter Bär (AT 650 A + 301 B). In: CARL und THEODOR COLSHORN: Märchen und Sagen aus Hannover. S. 18-30, hier S. 20.

den Initianden symbolisch verschlang, besiegelten die Aufnahme in den Stamm.

Schließlich fand in diesem Abschnitt der Jugendweihe die rituelle Umwandlung des Initianden in einen Erwachsenen statt. Sein Körper wurde zerstückelt, gekocht und wieder zusammengesetzt, anschließend öffneten Zauberer und Hexe seine Sinne für das Leben als Erwachsener. Sowohl vom Moment des *zeitweiligen Todes* als auch von der Prozedur des „Öffnens" der Sinne hat sich nur in je einer mir bekannten Variante ein Echo erhalten.

### Motiv Nr. 18: Hunger und Schrecken

Der Gefährte, der den Kochdienst übernommen hat, wird immer verprügelt, aber dabei bleibt es nicht, zu den Schlägen treten andere Misshandlungen: Das alte Weib zerkratzt dem Koch das Gesicht (Der starke Hans[393], deutsch aus der Schweiz, AT 301 B). – Die Baba-Jaga schleift den Koch an den Haaren hin und her (Die Recken Kieferle, Biegle, Bergle und Bärtle[394], russisch, AT 301 B). – Das Männlein zerkratzt dem Koch das Gesicht (Der Knabe mit dem eisernen Spazierstock[395], deutsch aus der Schweiz, AT 301 B). – Ellenbart wirft den Koch zu Boden, reißt das siedende Fleisch aus dem Topf und zerlegt es auf dessen bloßer Brust,

---

[393] Der starke Hans (AT 650 A + 301 B). In: OTTO SUTERMEIS-TER: Kinder- und Hausmärchen aus der Schweiz. S. 37-41, hier S. 39.
[394] Die Recken Kieferle, Biegle, Bergle und Bärtle (AT 650 A + 301 B). In: ALEXANDER N. AFANASJEW: Russische Volksmärchen. Bd. 1, S. 252-255, hier S. 253-254.
[395] Der Bueb mit dem isige Spazierstecke (AT 650 A + 301 B). In: OTTO SUTERMEISTER: Kinder- und Hausmärchen aus der Schweiz. S. 16-21, hier S. 18. – Auch enthalten in: ROBERT WILDHABER und LEZA UFFER (Hg.): Schweizer Volksmärchen. S. 13-17, hier S. 14-15.

sodass die heiße Fleischbrühe in die durch Messerschnitte verwundete Brust dringt (Petru Firitschell[396], rumänisch aus dem Banat, AT 301 B).

Atemnot: Der alte Mann würgt den Koch und hängt ihn in den Kamin (Bärensohn[397], polnisch, AT 301 B). – Der alte Mann hängt den verprügelten Koch an den Haaren über dem Herdfeuer auf (Der Bursche auf der anderen Welt[398], serbokroatisch, AT 301 B). – Ellenbart würgt den Koch (Der starke Jochen[399], deutsch aus dem Bergischen Land, AT 301 B; Die Prinzessinnen in der Unterwelt[400], deutsch aus Westfalen, AT 301 A). – Er steckt den Kopf des Kochs in die Aschentonne (Text ohne Titel[401], deutsch aus Schleswig-Holstein, AT 301 B).

Ohnmacht: Der Riese steckt den Koch in einen Kerker (Text ohne Titel[402], deutsch aus Schleswig-Holstein, AT 301 B). – Das alte Weib verdrischt den Koch mit einem Stock jämmerlich, öffnet eine Falltür, wirft ihn hinunter und schließt die Falltür wieder zu (Der starke Hans[403], dänisch, AT 301 B). – Die Waldfrau steckt Kopf und Hände des Kochs unter den Balken, mit dem man die Tür zuriegelt, sodass er sich nicht

---

[396]   Petru Firitschell (AT 301 B + 321 + 303). In: ARTHUR und ALBERT SCHOTT: Rumänische Volkserzählungen aus dem Banat. S. 65-75, hier S. 66-67.

[397]   Bärensohn (AT 650 A + 301 B). In: OLDŘICH SIROVÁTKA: Polnische Märchen. S. 105-115, hier S. 109-110.

[398]   Der Bursche auf der anderen Welt (AT 650 A + 301 B). In: JOSEPH SCHÜTZ (Hg.): Die Glücksuhr. S. 84-94, hier S. 87-88.

[399]   Der starke Jochen (AT 650 A + 301 B). In: GOTTFRIED HENSSEN: Bergische Märchen und Sagen. S. 25-34, hier S. 27.

[400]   Die Prinzessinnen in der Unterwelt (AT 301 A). In: GOTTFRIED HENSSEN: Volksmärchen aus Rheinland und Westfalen. S. 37-47, hier S. 38-39.

[401]   Text ohne Titel (AT 301 B). In: KURT RANKE (Hg.): Schleswig-Holsteinische Volksmärchen. Bd. 1, S. 76-80.

[402]   Text ohne Titel (AT 650 A + 301 B). In: KURT RANKE (Hg.): Schleswig-Holsteinische Volksmärchen. Bd. 1, S. 92-93.

[403]   Der starke Hans (AT 650 A + 301 B). In: KLARA STROEBE (Hg.): Nordische Volksmärchen. Bd. 1, S. 88-96, hier S. 92-93.

mehr rühren kann (Der mannhafte Mikko[404], finnisch, AT 301 B). – Ellenbart klemmt den Koch mit vier Astgabeln an die Erde, bis er selbst alles aufgegessen hat (Der Säugling der Stute[405], AT 301 B). – Er flicht den Koch zwischen die Sprossen einer Leiter (Text ohne Titel[406], deutsch aus Schleswig-Holstein, AT 301 B).

Zusätzlich wird, wie schon einige Zitate belegen, den Initianden das Essen vorenthalten oder die Speise verekelt: Die Alte verprügelt den Koch und nimmt ihm das Fleisch (Der Taugenichts[407], sizilianisch, AT 301 B). – Der Quälgeist verunreinigt das Essen, dazu hat Panzer folgende Methoden notiert: Das Männlein wirft Asche in die Suppe, Steinchen oder Pferdemist in den Kessel – es spuckt in die Pfanne – wie der Koch die Suppe ausschöpfen will, schwimmt eine Menschenhand darin.[408]

Der echte Ellenbart war ein Maskenträger, die Märchenfigur ist das Abbild einer Maske. Zuweilen kommt sie auf einem Hasen angeritten (Ćoso auf dem Hasen[409], serbokroatisch, AT 301 B; Der alte Ellenbart[410],

---

[404]    Der mannhafte Mikko (AT 650 A + 301 B). In: ROBERT KLEIN (Hg.): Das weiße, das schwarze und das feuerrote Meer. S. 37-50, hier S. 44-45.

[405]    Der Säugling der Stute (AT 650 A + 301 B + 321). In: WALTHER AICHELE und MARTIN BLOCK (Hg.): Zigeunermärchen. S. 223-229, hier S. 224-225.

[406]    Text ohne Titel (AT 301 B). In: KURT RANKE (Hg.): Schleswig-Holsteinische Volksmärchen. Bd. 1, S. 71-72.

[407]    Der Taugenichts (AT 1060 + 1088 + 1037 + 301 B). In: RUDOLF SCHENDA und DORIS SENN (Hg.): Märchen aus Sizilien. S. 208-219, hier S. 213-214.

[408]    FRIEDRICH PANZER: Beowulf. In: Studien zur germanischen Sagengeschichte. Bd. 1, S. 1-245, hier S. 82.

[409]    Ćoso auf dem Hasen (AT 312 D + 301 B). In: MAJA BOŠKO-VIĆ-STULLI (Hg.): Kroatische Volksmärchen. S. 32-41, hier S. 38.

[410]    Der alte Ellenbart (AT 511 A + 301 B). In: URSULA ENDERLE (Hg.): Märchen der Völker Jugoslawiens. S. 363-377, hier S. 370.

serbokroatisch, AT 301 B; Petru Firitschell[411], rumänisch aus dem Banat, AT 301 B; Die Kupferstadt, die Silberstadt und die Goldstadt[412], Zigeunermärchen aus Schweden, AT 301 A). Die Besonderheit, auf einem Hasen zu reiten, erlaubt uns, die Maske als einen Waldgeist zu interpretieren, als eine lokale Spielart vom „Herrn der Tiere". Bei den Völkern Sibiriens hatte der „Herr der Tiere" neben der Tiergestalt, die älter war, auch die Gestalt eines weißhaarigen Greises, der auf einem Tier durch die Taiga reitet.[413]

Dem Bärensohn (alias Starken Hans) gelingt es, Ellenbart zu überwinden und dingfest zu machen, doch der Quälgeist kann sich befreien. Auf seinen Spuren gelangen die Gefährten zum Eingang des Schachts, der in die Unterwelt führt.

## Motiv Nr. 19: Ein Streifen Haut

Mit einer Szene wird allem Anschein nach das Tätowieren der Initianden geschildert. Die Baba-Jaga prügelt den Gefährten, der den Kochdienst übernommen hat, mit einem eisernen Schlegel, bis er unter das Bänklein rollt, dann schneidet sie ihm einen Riemen aus dem Rücken, isst alles auf und entfernt sich (Bärchen und die drei Helden Schnauzbart, Bergriese und Baumriese[414], russisch, AT 301 B). – Ellenbart schneidet den Gefährten des Helden einen Streifen Haut aus dem Rücken (Iwan

---

[411]    Petru Firitschell (AT 301 B + 321 + 303). In: ARTHUR und ALBERT SCHOTT: Rumänische Volkserzählungen aus dem Banat. S. 65-75, hier S. 66-67.

[412]    Die Kupferstadt, die Silberstadt und die Goldstadt (AT 301 A). In: CARL HERMAN TILLHAGEN: Taikon erzählt. S. 129-157, hier S. 129-132.

[413]    HANS FINDEISEN: Schamanentum, dargestellt am Beispiel der Besessenheitspriester nordeurasiatischer Völker. S. 20.

[414]    Bärchen und die drei Helden Schnauzbart, Bergriese und Baumriese (AT 650 A + 301 B). In: A. N. AFANASJEV: Iwan – Johannes. S. 142-148, hier S. 144-145.

Sutschenko und Belyj Poljanin[415], russisch, AT 301 A; Von einem Däumling[416], litauisch, AT 301 B; Kullererbse[417], ukrainisch, AT 301 B). Im russischen Text wird sogar vermerkt, dass der Quälgeist die Helden mit Spreu einreibt – es könnte sein, dass man dadurch die Narbenbildung beeinflusste (siehe weiter unten die Informationen von Westermann und Junge). Mit Sicherheit wussten die späteren Erzähler nicht, wovon sie sprechen. Der Historiker begreift den zugrundeliegenden Vorgang nur, wenn er den Inhalt der Initiationsmärchen mit spezifischen Berichten aus der Ethnografie vergleicht.

Den Zöglingen des Poro-Bundes wurden gleich nach dem Eintritt in die Schule die Bundesmarken eingeritzt, von den Männern als *Töten* oder *Fressen* des Zöglings umschrieben (weil man es mit dem Verschlingen durch ein Tier in Verbindung brachte, dessen Zähne Spuren hinterlassen). „Bei den Kpelle auf Dobele's Island besteht die Marke in einem langen geraden Strich den Rücken hinunter mit grätenartigen Ausschnitten nach beiden Seiten; manchmal verteilt sich die Linie unten auf die beiden Hinterbacken. Die Narben sind nicht bei allen Stämmen gleich [...], so dass die Eingeborenen an den Marken eines Mannes erkennen, woher er stammt oder wo er den Poro-Busch besucht hat. Das Einschneiden der Marken soll schmerzhaft sein, und die Knaben sehen ihm mit Bangen entgegen, zumal da sie die bildlichen Benennungen des Aktes nicht verstehen, sondern wörtlich nehmen. Der Patient wird auf den Bauch gelegt, nötigenfalls von zwei Männern festgehalten, mit einem Messer und mit einem ahlenförmigen Instrument werden die Wunden geritzt von einem *zo* [Gehilfen des Großmeisters], ein zweiter tropft eine Flüssigkeit hinein, die die Wunde offen hält und Narbenbildung sichert.

---

[415]    Iwan Sutschenko und Belyj Poljanin (AT 301 A). In: ALEXANDER N. AFANASJEW: Russische Volksmärchen. Bd. 1, S. 236-246, hier S. 238-239.

[416]    Von einem Däumling (AT 650 A + 301 B). In: M. BOEHM und F. SPECHT (Hg.): Lettisch-litauische Märchen. S. 233-239, hier S. 234-235.

[417]    Kullererbse (AT 312 D + 650 A + 301 B). In: P. V. LINTUR (Hg.): Ukrainische Volksmärchen. S. 179-189, hier S. 185-186.

Angeblich dauert es oft Monate, bis die Wunden ausgeheilt sind, und nicht selten gehen Knaben dabei zugrunde, was bei der unsachgemäßen Behandlung und der wenig sorgfältigen Lebensweise im Busch verständlich ist."[418]

Im Falle der Mädchen bestanden die Bundesmarken bei den Kpelle auf Dobele's Island aus drei senkrechten Narben auf jeder Hinterbacke.[419] Bei den Mende erfolgte die Tätowierung der Mädchen auf der Vorderseite von der Nabelgegend gegen die Brust hinauf in Gestalt sich kreuzender Schnitte.[420]

Werner Junge vermerkt zur selben Prozedur: „In die frischen Wunden wird hierauf, um möglichst breite und wulstige Narben zu erzielen, ein Saft aus Blättern und Pfeffer hineingerieben."[421]

### Motiv Nr. 20: Zerstückelt und gekocht

Eine französische Variante aus den Pyrenäen fällt dadurch aus dem Rahmen, dass der Greis, der sich beim Koch einstellt, diesen in Stücke schneidet und in den Topf wirft. Doch der Held, der von einem Wilden Mann gezeugt wurde, verfügt über Zauberkräfte: Sorgfältig fügt er Stück an Stück, dann macht er einen gewissen Hokuspokus, und schon wird der Tote wieder lebendig (Hachko[422], AT 301 B).

Über den Ritus des Zerstückelns wissen wir aus den Visionen der sibirischen Schamanen-Kandidaten Bescheid. Einst bildeten die Schamanen die geistige Führungsschicht der sibirischen Völker. Wer sich zum Amt des Schamanen hingezogen fühlte, musste mehrere Visionen erleben, was man als Bestätigung durch die Schamanen-Geister

---

[418]  DIEDRICH WESTERMANN: Die Kpelle. S. 244-245.

[419]  Ebd., S. 257.

[420]  Ebd., S. 257, Fn. 1.

[421]  WERNER JUNGE: Bolahun. S. 122.

[422]  Hachko (AT 650 A + 301 B). In: RÉ SOUPAULT (Hg.): Französische Märchen (Diederichs-Verlag). S. 242-250, hier S. 248. – Auch enthalten in: RÉ SOUPAULT (Hg.): Französische Märchen (Fischer-Verlag). S. 91-97, hier S. 95.

interpretierte. Auffälligerweise wiederholen sich viele Einzelheiten der Gesichte, woraus die Forschung den Schluss gezogen hat, dass die Visionen von gleichlautenden Überlieferungen bestimmt wurden – von Überlieferungen, die sich auf die ehemals praktizierte kollektive Jugendweihe gründeten. „Es fragt sich", schreibt Wladimir Propp, „weshalb alle Schamanen die gleichen Halluzinationen erleben und warum die Bilder dieser Erscheinungen manchmal bis in Kleinigkeiten (das Kochen im Kessel u.ä.) einerseits mit dem übereinstimmen, was in Amerika, Afrika, Polynesien und Australien als Ritus vollzogen wird, und andererseits dem Material entsprechen, welches uns das Märchen bietet." Die Antwort auf diese rhetorische Frage gab Hans Findeisen, als er die Initiation des Schamanen als eine durch die Tradition erzwungene *Selbstinitiation* bezeichnete. Findeisen schreibt: „An die Stelle der sonst einen realen Zwang ausübenden Angehörigen der Klasse der erwachsenen Männer treten bei der schamanischen Selbstinitiation reine Phantasieprodukte, nämlich die Vorfahrengeister der Schamanen oder die Geister der verschiedensten Übel und Krankheiten, die den Schamanenkandidaten erst zerstückeln und ihn dann wieder zusammensetzen."[423]

In den Visionen wird beim Zerstückeln zunächst der Kopf abgeschnitten und auf ein Wandbrett oder auf den obersten Balken der Jurte gelegt oder auf eine Stange gespießt, sodass er die rituelle Handlung verfolgen kann. Die Gelenke werden auseinandergerissen, das Fleisch wird von den Knochen gekratzt und roh oder gekocht verzehrt. Zuletzt stecken die Geister alle Knochen wieder zusammen, setzen den Kopf an seine ursprüngliche Stelle und bekleiden die Knochen mit neuem Fleisch, welches von Verwandten des Kandidaten oder von Tieren stammt.[424] Herz, Lungen und Gedärme werden aus dem Körper genommen, gesäubert und zurück an ihren Platz gelegt.

---

[423]    HANS FINDEISEN: Die „Schamanenkrankheit" als Initiation. In: Ders: ABHANDLUNGEN UND AUFSÄTZE AUS DEM INSTITUT FÜR MENSCHEN- UND MENSCHEITSKUNDE. Nr. 45. Augsburg 1957. S. 1-37 (103-139), Zitat S. 29 (131).

[424]    Ebd., hier S. 7-13 (109-115). – Siehe auch: HANS FINDEISEN: Schamanentum. S. 53-54.

Fast genauso geschieht es im Märchen, nur wird der Vorgang zum Unterschied von der schauerlichen Ausführlichkeit der Vision im Telegrammstil wiedergegeben. Die Übereinstimmung der Schamanenträume mit Aussagen von Initiationsmärchen beweist eindeutig, dass es sich um Reminiszenzen desselben Vorgangs handelt. Am häufigsten ist das Motiv beim Märchentypus AT 400 „Der Mann auf der Suche nach seiner verschwundenen Gattin" anzutreffen. Spuren dieses Ritus finden sich auch an anderen Stellen, ein Beweis für den gemeinsamen Hintergrund. In einer russischen Variante des Märchentypus AT 361 „Der Bärenhäuter" nimmt sich der Teufel den Helden vor, als dessen Vertrag mit ihm abgelaufen ist. Er hackt den Soldaten in Stücke, wirft diese in einen Kessel und bringt den Kessel zum Kochen. Als die Stücke gar sind, nimmt er sie heraus und setzt sie wieder zusammen: Knöchelchen zu Knöchelchen, Gelenk zu Gelenk, Äderchen zu Äderchen. Darauf besprengt er den Helden mit dem Wasser des Todes und dem Wasser des Lebens – und der Soldat steht auf als ein so prächtiger Bursche, „wie man es nicht im Märchen erzählen und nicht mit der Feder beschreiben kann" (Waschdichnicht[425]).

## Motiv Nr. 21: Das „Öffnen" des Mundes

Einmalig ist auch das Motiv, welches an das rituelle „Öffnen" der Sinne für das Leben als Erwachsener erinnert. In einer deutschen Fassung aus dem Harz berührt eine alte Frau der Reihe nach die zwölf Begleiter des Helden, in diesem Fall zwölf Riesen, als diese den Kochdienst versehen, sodass sie erstarren – sie können sich weder rühren noch sprechen (Johannes der Bär[426], AT 301 B). Dem Helden gelingt es, die Hexe zu überlisten, da hängt sie mit den Fingern in einem Holzklotz, und er prügelt so lange mit seiner Eisenstange auf sie ein, bis sie die Zwölf wieder lebendig macht.

---

[425]   Waschdichnicht (AT 361). In: ALEXANDER N. AFANASJEW: Russische Volksmärchen. Bd. 2, S. 654-657, hier S. 656.
[426]   Johannes der Bär (AT 650 A + 301 B). In: HEINRICH PRÖHLE: Märchen für die Jugend. S. 112-122, hier S. 117.

In einer serbokroatischen Variante des Märchentypus AT 303 „Die zwei Brüder" findet sich eine vergleichbare Szene. Während sonst nur vermerkt wird, dass der Schwiegersohn des Königs zu Stein wird, als ihn die Hexe mit ihrer Rute berührt, führt sie ihn hier zu einem Hof, in dem stotternde und versteinerte Menschen stehen (Die drei Aale[427]).

## Zweiter Exkurs:
## Ergänzungen zur Initiation der Knaben

So wie die Mädchen wurden die Knaben symbolisch vom Tier-Ahnen verschlungen und nahmen an einem kannibalischen Mahl teil. Nach dem Abstieg in die Unterwelt schwärzten sie sich, um zu veranschaulichen, dass sie im Land der Toten weilen, und setzten aus dem schon genannten Grund eine Maske auf (im Falle der männlichen Helden sind nur Tier-Masken bezeugt). Doch im Falle des Märchentypus AT 301 haben die späteren Erzähler auf die entsprechenden Motive verzichtet.

Wie die Begegnung mit dem Tier-Ahnen abgelaufen ist, wissen wir nicht. Bei den Jabim am Hüon-Golf von Neuguinea wurden die Novizen in die Beschneidungshütte hineingetragen, der man die Form eines Ungeheuers gegeben hatte, und zwar durch den „Rachen". Noch ausdrücklicher gestalteten die Kai die Zeremonie: Sie erbauten am Eingang der Balum-Gestalt ein Gerüst, auf dem stand ein Mann, und wenn sich der Zug der Novizen nahte, machte er bei jedem von ihnen die Gebärde des Verschluckens.[428] – Bei den Kwakiutl im nordwestlichen Amerika befand sich im Klubhaus ein verborgenes Zimmer, an dessen Vorderseite ein Rabe abgebildet war. Wenn der Rabe den Schnabel öffnete, wurde der Initiand hineingeworfen. Dort brachte man ihm das Tanzen bei. Nach einiger Zeit

---

[427]    Die drei Aale (AT 303). In: JOSEPH SCHÜTZ (Hg.): Volksmärchen aus Jugoslawien. S. 223-227, hier S. 225. – Auch enthalten in: Ders. (Hg.): Jugoslawische Märchen. S. 125-128, hier S. 127.
[428]    HANS NEVERMANN: Masken und Geheimbünde in Melanesien. S. 24.

wurde er ausgespien.[429] – Bei den Buszi in Liberia wurden die Initianden von Teufelstänzern mit wilder Trommelmusik aus dem Dorf abgeholt. Einer von ihnen, der Buschteufel, trug eine gewaltige schwarze Holzmaske mit einem krokodilähnlichen großen Maul. Der Buschteufel mimte ein Verschlingen der Initianden, indem er sie mit dem Maul berührte; von seinen Bissen stammten angeblich die Tätowierungsnarben, die die Knaben später im Busch erhielten.[430]

Nach dieser Zeremonie galt der Initiand als tot. Vor der Rückkehr ins Dorf, berichtet Nevermann, beschmierte man die Initianden mit Kalkbrei, *der ihnen die Totenfarbe verlieh,* dieser Brei wurde nach ihrer Ankunft im Dorf abgewaschen.[431]

Auffällig ist die Mitteilung Nevermanns, dass die Knaben während der drei bis fünf Monate, die sie in der Beschneidungshütte verbrachten (im Balum-Haus), *sich nicht waschen durften.* Dabei denken wird gleich an „des Teufels rußigen Bruder"[432] (AT 361), der sich nicht waschen darf, aber auch nicht kämmen, nicht schnippen, keine Nägel und Haare abschneiden und kein Wasser aus den Augen wischen. Vielleicht erinnert diese Aufzählung an die Übungen zur Selbstbeherrschung. In der finnischen Variante „Rotz-Risto"[433] darf der Held sich weder schneuzen, wenn der Rotz rinnt, noch austreten.

In der europäischen Folklore hat die Begegnung mit dem Tier-Ahnen eine Umwertung erfahren. In unseren Märchen droht dem Helden der Tod, und bei seiner Errettung wird das Abbild des Tier-Ahnen

---


[429]    VLADIMIR PROPP: Die historischen Wurzeln des Zaubermärchens. S. 175-176. (Mit Berufung auf FRANZ BOAS: The social organization and the secret societies of the Kwakiutl Indians. 1897, S. 404.)

[430]    WERNER JUNGE: Bolahun. S. 120-121.

[431]    HANS NEVERMANN: Masken und Geheimkulte in Melanesien. S. 26.

[432]    Des Teufels rußiger Bruder (AT 361). In: GRIMM, BRÜDER GRIMM: Kinder und Hausmärchen. KHM 100. Bd. 2, S. 83-86.

[433]    Rotz-Risto (AT 361): In: PIRKKO-LIISA RAUSMAA und INGRID SCHELLBACH-KOPRA (Hg.): Finnische Volksmärchen. S. 108-112, hier S. 108.

umgebracht. <u>AT 300 A „Der Kampf an der Brücke"</u>: In einer rumänischen Fassung jagt die Drachenmutter in Gestalt einer Sau hinter dem Helden her, um ihn zu verschlingen; sie wird vom Weltenschmied überlistet, der ein eisernes Ebenbild des Helden, glühend gemacht, in ihren Rachen schiebt (Greuceanu[434]). In einer litauischen Fassung wirft der Schmied der Drachenmutter glühende Brocken Eisen in den Rachen, die angeblich Glieder des Helden sind (Das zweiköpfige Ross[435]). <u>AT 333 „Rotkäppchen"</u>: Der Wolf hat das Mädchen in böser Absicht verschlungen und wird nach dessen Befreiung getötet. <u>AT 403 „Die weiße und die schwarze Braut"</u> und <u>AT 450 „Brüderchen und Schwesterchen"</u>: Ein Mädchen wird von einem großen Fisch, Hai oder Wal geschluckt. Im sizilianischen Märchen „Von Sabedda und ihrem Brüderchen"[436] (AT 450) wird der Fisch gefangen, und man lässt ihm warmes Öl einlaufen, bis er Sabedda ausspeit. – Im rumänischen Märchen „Das Mädchen mit dem Hirschbruder"[437] (AT 450) wird der Wal mit Netzen gefangen und aufgeschlitzt. – Es gibt ein ukrainisches Märchen mit einem männlichen Helden, der ein ähnliches Schicksal erleidet: Der Bursche Iwan wird von einem Wal verschluckt und verbringt mehr als ein Jahr in dessen Bauch, bis Jäger das Ungetüm erschießen und zerteilen (Iwan Hatnichtsan und sein Bruder,[438] AT 590 A).

Mythen mit einem vergleichbaren Motiv – ein Mann wird verschluckt und tötet den Verschlinger – wurden in der Torres-Straße, auf

---

[434]    Greuceanu. In: PETRE ISPIRESCU: Legende sau basmele românilor. S. 203-213, hier S. 210.

[435]    Das zweiköpfige Ross. In: BRONISLAVA KERBELYTÉ (Hg.): Litauische Volksmärchen. S. 33-39, hier S. 38-39.

[436]    Von Sabedda und ihrem Brüderchen (AT 450). In: LAURA GONZENBACH: Sicilianische Märchen. Erster Teil, S. 315-319.

[437]    Fata cu frate cerb (AT 450). In: B. P. HAȘDEU: Literatură populară. S. 238-241.

[438]    Iwan Hatnichtsan und sein Bruder (AT 554 + 519 + 590 A). In: WIE IWAN DIE SONNE BESUCHTE. S. 154-174, hier S. 155-156. – Auch enthalten in: DAS FLIEGENDE SCHIFF. S. 269-286, hier S. 269-270.

Hawaii, an der Nordwestküste Amerikas und im Feuerland aufgezeichnet. Propp definiert diese Motive als Stufen der Entwicklung, die zum Kampf mit dem Märchendrachen führt. Er bringt eine Fülle von Beispielen für den materiellen Gewinn wie auch für den kulturellen Fortschritt, die sich in der Überlieferung mit dem Sieg über den Drachen verbinden.[439] Der Märchendrache hat sich, man darf es nicht vergessen, aus dem Abbild des Tier-Ahnen entwickelt, der dem Initianden besondere Fähigkeiten verlieh.

Als Wahrzeichen für den Aufenthalt im Lande der Toten gehören Schwärzung und Tier-Maske zusammen. Doch im Falle von AT 301 kommt weder die Schwärzung des Helden vor noch seine Verzauberung in ein Tier (zum Unterschied von AT 325 , 425 A, 425 C, 432, 433, 440, 441, 450, 451.) Mithin fehlt auch das Motiv des Tierbräutigams. Die folgenden Belege für die Koppelung der zwei Motive stammen aus Varianten von anderen Märchentypen. Nachdem die Igelhaut des Burschen verbrannt worden ist, liegt er im Bett wie ein Mensch gestaltet, aber kohlschwarz (Hans mein Igel[440], deutsch aus Hessen, AT 441). – Die Verzauberte erscheint abwechselnd als Kröte und als schwarze Frau; als der Held sie abholt, um sie dem Vater vorzuführen, ist ihr Gesicht schon weiß, und sie gibt ihm die Krötenhaut zum Verbrennen (Die Frau, die glücklich macht[441], deutsch aus Schlesien, AT 402).

## Motiv Nr. 22: Feen

In manchen rumänischen Varianten von AT 301 fehlt die Entführung der Königstöchter. In dem Haus oder Schloss, in dem die Gefährten sich niedergelassen haben, treten weibliche Gestalten auf, als *Mädchen* oder als *Feen* vorgestellt, die für sie Mahlzeiten zubereiten und das Zimmer

---

[439]    VLADIMIR PROPP: Die historischen Wurzeln des Zaubermärchens. S. 285-306.

[440]    Hans mein Igel (AT 441). In: GRIMM, BRÜDER GRIMM: Kinder- und Hausmärchen. KHM 108. Bd. 2, S. 118-123, hier S. 123.

[441]    Die Frau, die glücklich macht. In: WILL-ERICH PEUCKERT: Schlesische Kinder- und Hausmärchen. S. 28-33.

reinigen (Petru, der Sohn der Kuh[442], rumänisch aus Siebenbürgen, AT 301 B; Peter Kuhsohn[443], rumänisch aus der Walachei, AT 301 B; Prinz Stutensohn[444], rumänisch aus der Moldau, AT 301 B; Die Geschichte von Erbsenklein[445], rumänisch aus der Dobrudscha, AT 301 B; Goldkorn und die Wiesenfee[446], rumänisch aus Bessarabien, AT 301 B). Das Motiv kommt auch in einer fernöstlichen Variante vor, die aus Europa entlang der Karawanenstraßen in die Mongolei gelangte (Das schwarze Pferd[447], AT 301 B). Mal steigen die Feen aus der Zimmerdecke, mal fliegen sie als Tauben an. Die Gefährten vermählen sich mit ihnen.

Wen diese Gestalten darstellen, ist ungewiss. Vielleicht sind sie Abbilder der Helferinnen, die sich um die von den Martern geschwächten Initianden kümmerten und später den praktischen Teil der sexuellen Aufklärung übernahmen. In der Variante aus der Dobrudscha werden sie als Dienerinnen von Ellenbart vorgestellt. In der mongolischen Variante saugt eine Hexe den Frauen Blut aus, d.h. die Erzähler haben sie mit den Initiandinnen in einen Topf geworfen.

---

[442]    Petru, der Sohn der Kuh (AT 650 A + 511 A + 301 B).    In: FRANZ OBERT: Rumänische Märchen und Sagen aus Siebenbürgen. S. 448-450.

[443]    Petru fiul vacii (AT 650 A + 301 B). In: B. P. HAŞDEU: Literatură populară. S. 228-234, hier S. 230.

[444]    Prinz Stutensohn (AT 650 A + 301 B + ---). In: ION CREANGĂ: Prinz Stutensohn. S. 87-105, hier S. 92.

[445]    Povestea lui Măzărică (AT 312 D + 301 B + 300). In: BOGDAN PETRICEICU HAŞDEU: Omul de flori. S. 116-123, hier S. 120.

[446]    Grăunţaş-de-Aur şi Mândra-Câmpului (AT 409* + 650 A + 301 B). In: GRIGORE BOTEZATU: Făt-Frumos şi Soarele. S. 97-120, hier S. 105.

[447]    Das schwarze Pferd (AT 650 A + 301 B). In: ERIKA TAUBE (Hg.): Volksmärchen der Mongolen. S. 93-98, hier S. 95-96.

## Motiv Nr. 23: Der Tunnel zur Unterwelt

Es liegt nahe, die Anlage, durch die der Zögling vermeintlich in die Unterwelt gelangte, als *Tunnel* zu bezeichnen. Dieser Tunnel kommt bei zwanzig Märchentypen unter verschiedenen Namen vor, die ihn mehr oder weniger treffend kennzeichnen: u.a. *Brunnen, Sod, Schacht, Loch, Treppe, Grube, Abgrund, Schlucht, Graben, Höhle, Gewölbe*. Am merkwürdigsten ist die Bezeichnung *Nabel der Erde (buricul pămîntului)*, die man in etlichen rumänischen Märchen findet, weil im alten Griechenland das Wort *Nabel (omphalos)* eine geläufige Bezeichnung der Hadeseingänge war und weil der Ort, an dem Persephone angeblich in die Unterwelt verschleppt wurde, *Nabel Siziliens (Umbilicus Siciliae)* heißt[448].

Man kann die Häufigkeit des Motivs damit erklären, dass der Tunnel die Fantasie des Märchenpublikums stark beschäftigte; infolgedessen ist er zum märchenspezifischen Symbol der Initiationsstätte geworden. Die afrikanische Entsprechung für unseren Tunnel ist ein Graben. Bei den Ibo in Ost-Nigeria war ein starker Baumstamm über den ansonsten offenen Graben gelegt.[449] Bei den Buschong oder Bakuba im südlichen Kongo-Becken (im Distrikt Kasai) gab es laut Jensen einen offenen Graben, durch den die Knaben liefen, und einen bedeckten Graben, quasi einen Tunnel, durch den nur ein alter Mann kroch, wobei er einen Kampf simulierte.[450] Jan Vansina, der 1953 selbst am Ritus in einem „königlichen Dorf" teilnahm, gibt eine von Jensen abweichende Beschreibung und weiß nur von einem offenen Graben, der aber einen Tunnel darstellte, deshalb hießen die Initianden *Tunnel-Volk*.[451]

Das Märchen kennt zwei Formen des Tunnels: (1) Ein Schacht führt in die Tiefe und trifft rechtwinklig auf einen Stollen, durch den man

---


[448]    HANS PETER DUERR: Sedna oder Die Liebe zum Leben. S. 159.

[449]    HERBERT KAUFMANN: Der Teufel tanzt im Ju-Ju-Busch. S. 104-108.

[450]    AD. E. JENSEN: Beschneidung und Reifezeremonien bei Naturvölkern. S. 30.

[451]    J. VANSINA: Initiation Rituals of the Bushong. S. 139, 141-142.

ins Freie gelangt. Diese Form kommt beim Märchentypus AT 301 vor. (2) Schacht und Stollen bilden keinen rechten Winkel, sondern sind durch eine Stiege verbunden, sodass der Tunnel einem Kellerhals gleicht. Im rumänischen Märchen „Petru, der Sohn der Kuh"[452] (AT 301 B) wird die Anlage tatsächlich *Kellerhals der Erde (gârliciul pământului)* genannt.

Wenn von einem Brunnen die Rede ist, wird zuweilen als Kuriosum vermerkt, dass in diesem Brunnen kein Wasser steht (Das Erdmännchen[453], deutsch aus Westfalen, AT 301 A; Von einem muthigen Königssohn, der viele Abenteuer erlebte[454], sizilianisch, AT 301 A; Muhammed, der Sohn der Witwe[455], arabisch aus Tunesien, AT 301 B; Goldhaar[456], slowakisch, AT 710). Eine schleswig-holsteinische Variante hält fest, dass man im Sod kein Wasser sehen kann, *aber von seitwärts ganz unten der Tag hereinscheint* (Text ohne Titel[457]) – wahrhaftig sensationell! Denn damit ist die Existenz eines Stollens belegt. – Im siebenbürgisch-

---

[452]    Petru, der Sohn der Kuh (AT 650 A + 511 A + 301 B).    In: FRANZ OBERT: Rumänische Märchen und Sagen aus Siebenbürgen. S. 448-450, hier S. 449. Obert hat die rumänische Bezeichnung in den deutschen Text eingefügt, und zwar mit gemischter Schreibung: *Girlitschu pământului.*

[453]    Dat Erdmänneken (AT 301 A). In: GRIMM, BRÜDER GRIMM: Kinder- und Hausmärchen. KHM 91. Bd. 2, S. 39-44, hier S. 41.

[454]    Von einem muthigen Königssohn, der viele Abenteuer erlebte (AT 301 A). In: LAURA GONZENBACH: Sicilianische Märchen. Zweiter Teil, S. 21-33, hier S. 24.

[455]    Muhammed, der Sohn der Witwe (AT 650 A + 301 B). In: WILFRIED M. BONSACK (Hg.): Der schwangere Kupferkessel. S. 7-25, hier S. 14.

[456]    Goldhaar (AT 710). In: PAVOL DOBŠINSKÝ: Slowakische Märchen. S. 295-301, hier S. 298. In diesem Fall haben die Erzähler den Tunnel umgedeutet und an eine spätere Stelle der Handlung verschoben.

[457]    Text ohne Titel (AT 301 B). In: KURT RANKE (Hg.): Schleswig-Holsteinische Volksmärchen. Bd. 1, S. 89-92, hier S. 91.

sächsischen Märchen „Der starke Hans"[458] (301 B) entdeckt der Held am Grunde des Lochs einen langen dunklen Gang und folgt diesem; endlich wird es hell. Er sieht einen großen Palast und begibt sich dorthin. – Im rumänischen Märchen „Held Herkules Stutensohn"[459] (AT 301 B) entdeckt der Held am Grunde der Grube eine Ausschachtung in Form einer Höhle und erblickt nach wenigen Schritten den Ausgang in die andere Welt. Von dort führt ein Weg zu den Drachenschlössern.

In manchen Überlieferungen hat sich die Erinnerung an eine Stiege erhalten: Der Soldat gelangt auf den Gipfel des Berges, dort entdeckt er ein großes Loch und eine Treppe, die in den Berg hineinführt (Die verschwundenen Prinzessinnen[460], schwedisch, AT 301 A). – Zum unterirdischen Wohnsitz des Drakos, der die Äpfel des Königs gestohlen hat, gelangt man über eine Treppe (Der Goldäpfelbaum und die Höllenfahrt[461], Variante aus Tinos, griechisch, AT 301 C).

Klare Aussagen finden sich ferner in Märchen, die zu anderen Typen gehören: Der Unteroffizier und die sechs mit ihm desertierten Soldaten hangeln sich an dem aus Weidenrinde geflochtenen Strick in die Tiefe bis zu einem Treppenabsatz, von dort steigen sie über die Treppe weiter in den Berg hinein bis zu einer Tür (Ziburtius[462], deutsch aus Holstein, AT 400). – Der Dummling bemerkt, dass seine Feder neben einer Falltür zu Boden gefallen ist. Er hebt diese in die Höhe, entdeckt eine Treppe,

---

[458] Der starke Hans (AT 511 + 301 B). In: JOSEF HALTRICH: Sächsische Volksmärchen aus Siebenbürgen. S. 81-87, hier S. 84.

[459] Voinicul Ierculean, Ficiorul-Iepii (AT 650 A + 301 B). In: DUMITRU LAZĂR (Hg.): Fata din dafin. S. 237-255, hier S. 245. Das Märchen wurde in der Ortschaft Slatina Timişului aufgezeichnet, die an der Grenze zwischen dem Banat und Oltenien liegt.

[460] Die verschwundenen Prinzessinnen (AT 301 A). In: WALDEMAR LIUNGMAN (Hg.): Weißbär am See. S. 47-51, hier S. 48.

[461] Der Goldäpfelbaum und die Höllenfahrt (AT 301 C + 302 + 300). In: J. G. v. HAHN: Anmerkungen. In: Ders.: Griechische und albanesische Märchen. S. 175-320, hier S. 294-296.

[462] Ziburtius (AT 400). In: WILHELM WISSER: Plattdeutsche Volksmärchen. Neue Folge [Bd. 2], S. 104-110, hier S. 105.

steigt hinab und gelangt zu den in Kröten verzauberten Mädchen (Die drei Federn[463], deutsch aus Hessen, AT 402). – In dem Misthaufen, in dem sein Pfeil steckengeblieben ist, findet der Königssohn eine Marmorplatte. Unter der Platte entdeckt er eine Treppe und gelangt in ein Gewölbe, in dem die verwunschenen Mädchen sitzen (Die Äffin[464], griechisch, AT 402). – Vor dem Kräutersammler tut sich die Erde auf, und vierzig Stufen werden sichtbar (Der goldgrüne Adler[465], griechisch, AT 425 B). – Als der Sohn des Schweinehirten auf dem Berg herumsucht, findet er eine Öffnung, die ins Bergesinnere führt und mit Brettern überdeckt ist; er schiebt diese beiseite, erblickt eine Stiege und kommt so tiefer hinab (Der Fedemteufel“[466], deutsch aus dem Burgenland, AT 461). – Als der spannenlange Alte den Königssohn mitnimmt zu seinem Schloss, hebt er einen Stein auf, unter dem eine Treppe in die Erde hinabführt (Der Pilzkönig“[467], estnisch, AT 502).

Die Tunnelform mit Stiege ist stereotyp beim Märchentypus AT 936* „Der Edelsteinberg“.

Obwohl die Anhöhe, durch die der Tunnel führte, in der Überlieferung häufig als *Berg* bezeichnet wird, war sie doch eher ein Hügel mit bescheidenen Ausmaßen. Den Auftrag, sie zu errichten, erlässt der König des Märchens, in dem wir den Oberhäuptling erkennen. Diesbezüglich lässt sich eine Übereinstimmung mit den Gepflogenheiten der Kpelle im Hinterland von Liberia feststellen, wo der Oberhäuptling oder König

---

[463] Die drei Federn (AT 402). In: GRIMM, BRÜDER GRIMM: Kinder- und Hausmärchen. KHM 63. Bd. 1, S. 343-346, hier S. 343.

[464] Die Äffin (AT 402). In: J. G. v. HAHN: Griechische und albanesische Märchen. Zweiter Teil, S. 31-33, hier S. 31. – Auch enthalten in: JOHANN GEORG VON HAHN: Griechische Märchen. S. 333-335, hier S. 333.

[465] Der goldgrüne Adler (AT 425 B). In: GEORGIOS A. MEGAS (Hg.): Griechische Volksmärchen. S. 196-204, hier S. 197.

[466] Der Fedemteufel (AT 302 + 461). In: KARL HAIDING (Hg.): Österreichs Märchenschatz. S. 329-336, hier S. 331.

[467] Der Pilzkönig (AT 502 + 300). In: RICHARD VIIDALEPP (Hg.): Estnische Volksmärchen. S. 159-169, hier S. 161.

jeweils den Auftrag erteilte, einen Platz für das Buschlager der Knaben bzw. der Mädchen einzurichten.[468] In einem friesischen Märchen lässt der König einen Glasberg machen und verkündet, wer über diesen laufen könne, ohne zu fallen, der soll seine Tochter zur Frau haben (Oll Rinkrank[469], AT ---). Der Erzähler macht uns weis, dass die Königstochter mit dem Bewerber läuft, um ihn zu stützen; dabei fällt sie in ein Loch, welches offenbar dem Tunnel entspricht, und bleibt verschwunden. – In einem estnischen Märchen errichtet ein Weiser im Auftrag des Königs einen Glasberg und stellt den Sarg mit der scheintoten Königstochter auf dessen Spitze; die Königstochter erwacht nach sieben Jahren, als ein Bursche zu Pferd die Spitze erreicht (Die Prinzessin auf dem gläsernen Berg[470], AT 530).

In den zwei hier zitierten Überlieferungen spiegelt sich der Verfall des Männerbundes wider, der ursprünglich eine demokratische Einrichtung war: Der König gibt den Befehl zur Errichtung des Glasbergs, als seine Tochter das für die Jugendweihe entsprechende Alter erreicht hat – also musste sich die Gemeinschaft nach dem Oberhäuptling richten. Genauso im rumänischen Märchen „Das Glückskind und Inia Dinia"[471] (AT 400): Auf Befehl des Kaisers wird ein Kloster gebaut, in das seine Tochter mit zwölf gleich alten Mädchen einzieht. Parallelen zu dieser Eigenmächtigkeit finden sich in Afrika und in Melanesien

## Motiv Nr. 24: Der Abstieg

Im Schacht hangelten sich Knaben und Mädchen an einem aus Lindenbast geflochtenen Seil in die Tiefe, sie mussten sich einzeln und allein zurechtfinden. Wenn es heißt, dass die drei Riesen sich *zusammen* mit

---

[468] DIEDRICH WESTERMANN: Die Kpelle. S. 241 bzw. 242.

[469] Oll Rinkrank (AT ---). In: GRIMM, BRÜDER GRIMM: Kinder- und Hausmärchen. KHM 196. Bd. 2, S. 413-415.

[470] Die Prinzessin auf dem gläsernen Berg (AT 530). In: ALEXANDER BAER (Hg.): Der gläserne Berg. S. 35-41.

[471] Trişti-Copil şi Inia Dinia. In: IOAN ŞERB (Hg.): Tinereţe fără bătrîneţe şi viaţă fără de moarte. S. 335-347, hier S. 335.

den geraubten Prinzessinnen in die Erde hinablassen (Muschetier, Grenadier und Pumpedier[472], deutsch aus Niedersachsen), handelt es sich um eine Entstellung. Genauso, wenn wir hören, dass der Held bei der Suche von seinen Gefährten *in einem Korb sitzend* hinabgelassen wird. Im holsteinischen Märchen „Ziburtius"[473], welches zum Typus AT 400 gehört, aber dieses Motiv einschließt, hat sich die Erinnerung an das Hinabklettern am Strick erhalten.

Von den Schulleitern war der Abstieg als Mutprobe konzipiert. Ihre Helfer sorgten für stickigen Rauch und erzeugten unheimliche Geräusche, sie gossen Wasser in den Tunnel, warfen Kröten, Ringelnattern und Ratten hinein. Wegen ihres Schwächezustands hielten die Initianden diese harmlosen Geschöpfe für gefährlich. Ihre Beklemmung ist aus den Märchen herauszuhören.

Für den Erzähler boten solche Umstände eine Gelegenheit, den Helden zu idealisieren: Der Held schleicht sich an den Kröten und Schlangen vorbei, die ihm als riesige, gräuliche Untiere erscheinen (Morgenrot von der Oberwelt[474], rumänisch aus der Walachei, AT 301 A; Lindenhölzchen[475], rumänisch aus der Walachei, AT 301 B). – Er verliert den Mut nicht, als Schlangen auf ihn losfahren und Ratten auf seine Schultern springen (Der heilende Vogel[476], deutsch aus dem Burgenland, AT 461).

Anders die Begleiter.

---

[472]　Muschetier, Grenadier und Pumpedier (AT 301 A). In: WILHELM BUSCH: Aus alter Zeit. S. 37-44, hier S. 38.

[473]　Ziburtius (AT 400). In: WILHELM WISSER: Plattdeutsche Volksmärchen. Neue Folge [Bd. 2], S. 104-110, hier S. 105.

[474]　Zorilă Mireanu (AT 301 A). In: D. STĂNCESCU: Sur-Vultur. S. 57-67, hier S. 60-61.

[475]　Tei-Legănat (AT 301 B + 321). In: OVIDIU BÎRLEA (Hg.): Antologie de proză epică populară. Bd. 1, S. 240-257, hier S. 246. Deutsche Kurzfassung Bd. 3, S. 387-388.

[476]　Der heilende Vogel (AT 551 + 461). In: KARL HAIDING (Hg.): Österreichs Märchenschatz. S. 33-37, hier S. 35.

Die zwei Generäle erschrecken vor dem aus der Tiefe vernehmbaren Donner und Getöse (Die Geschichte von Bensurdatu[477], sizilianisch, AT 301 A). – Brichdenstein und Biegdasholz erschrecken vor Gebrüll und Gepfeife (Prinz Stutensohn[478], rumänisch aus der Moldau, AT 301 B). – Die drei Prinzen erschrecken vor Wind, Wasser und Feuer (Von Armaiinu[479], sizilianisch, AT 301 A). – Eisenkneter weicht zurück, weil Frösche auf ihn zukommen und das Zischen von Schlangen zu hören ist, Bergschreck flüchtet vor einem stinkenden, heißen Wind (Eichenschreck[480], slowakisch, AT 301 B). – Bäumeverbieger erschrickt vor der Kälte, vor dem Rauschen des Wassers, dem Zischen der Schlangen und dem Quaken der Kröten (Goldkorn und Wiesenfee[481], rumänisch aus Bessarabien, AT 301 B). – Kiefernfäller und Bergeversetzer ziehen sich vor Mücken, Bienen und Wespen zurück (Die Geschichte vom Eisernen Stecken[482], portugiesisch, AT 301 B).

In der mecklenburgischen Erzählung „Der Drachentöter" [483] (AT 301 A) erschrecken die Gefährten des Helden vor ein paar Löwen, welche die Zähne blecken. Wenn es keine ethnografische Parallele gäbe, könnten wir diese Löwen als reine Fantasie abtun, aber bei den

---


[477] Die Geschichte von Bensurdatu (AT 301 A). In: LAURA GONZENBACH: Sicilianische Märchen. Zweiter Teil, S. 33-39, hier S. 36.

[478] Prinz Stutensohn (AT 650 A + 301 B + ---). In: ION CREANGĂ: Prinz Stutensohn. S. 87-105, hier S. 98.

[479] Von Armaiinu (AT 301 A). In: LAURA GONZENBACH: Sicilianische Märchen. Zweiter Teil, S. 7-13, hier S. 10-11.

[480] Eichenschreck (AT 650 A + 301 B). In: PAVOL DOBŠINSKÝ: Slowakische Märchen. S. 239-260, hier S. 249-250.

[481] Grăunţaş-de-Aur şi Mândra-Câmpului (AT 409 B* + 301 B). In: GRIGORE BOTEZATU: Făt-Frumos şi Soarele. S. 97-120, hier S. 110.

[482] Die Geschichte vom Eisernen Stecken (AT 650 A + 301 B). In: HARRI MEIER und DIETER WOLL (Hg.): Portugiesische Märchen. S. 93-100, hier S. 96-97.

[483] Der Drachentöter (AT 303 + 301 A). In: GOTTFRIED HENSSEN (Hg.): Mecklenburger erzählen. S. 21-24, hier S. 22.

Buschongo (oder Bakuba) im Kongobecken ist den Initianden in dem langen Graben, durch den sie laufen mussten, an einer Stelle ein als Leopard maskierter Mann entgegengetreten.[484]

Anstelle der Löwen erscheint in einem anderen mecklenburgischen Text ein gräulich brummender Bär (Die neue Welt[485], AT 301 A).

Wie es den Mädchen erging, erfahren wir aus Varianten des Märchentypus AT 425 A „Amor und Psyche". Für die Heldin erweist sich die Wanderung durch den Tunnel als schreckliche Prüfung: In der holsteinischen Variante „Der weiße Wolf"[486] verstellen ihr im gläsernen Berg Ottern und Schlangen den Weg. – In der sizilianischen Variante „Vom Re Porco"[487] wandert sie vier Jahre, vier Monate und vier Tage unter der Erde. – In der Nenzen-Variante „Der Quappfisch und die Prinzessin Marja"[488] versuchen Schreiende, Weinende, Singende und Lachende die Heldin abzulenken und aufzuhalten, in ihre Füße und in ihren Kopf pressen sich spitze Eisenzacken; völlig erschöpft und blutend erreicht sie den Ausstieg.

Mit dem Tunnel der europäischen Überlieferung vergleichbar ist der unterirdische Gang, den *Gilgamesch,* der König von Uruk, auf der Reise ins Jenseits passiert. Er sagt zu den Wächtern: „Wie lang er [der Weg] auch sein mag und wie düster, wie groß die Pein und die Gefahren, wie sengend die Hitze und wie beißend die Kälte, ich bin willens, ihn zu gehen!" Die Wächter sind abstoßende Geschöpfe, halb Mensch und halb

---

[484]    AD. E. JENSEN: Beschneidung und Reifezeremonien bei Naturvölkern. S. 30. Die Buschongo leben im Südwesten der Demokratischen Republik Kongo (vormals *Zaire*), zwischen den Flüssen Sankuru, Lulua und Kasai.

[485]    Dei nie Welt (AT 301 A + 562). In: GOTTFRIED HENSSEN (Hg.): Mecklenburger erzählen. S. 26-32, hier S. 28.

[486]    De wit Wulf (AT 425 A). In: WILHELM WISSER: Plattdeutsche Volksmärchen. Bd. 1, S. 266-274, hier S. 271.

[487]    Vom Re Porco (AT 425 A). In: LAURA GONZENBACH: Sicilianische Märchen. Erster Teil, S. 285-293, hier S. 289.

[488]    Der Quappfisch und die Prinzessin Marja (AT 425 A). In: E. POMERANZEWA (Hg.): Die Herrin des Feuers. S. 87-99, hier S. 94-95.

Skorpion (Die Abenteuer des Gilgamesch[489]). Weil der Skorpion ein Tier ist, welches ebenso wie Kröte, Ratte, Otter und Schlange in Erdlöchern lebt, nehme ich an, dass die Zöglinge durch echte oder nachgemachte Skorpione erschreckt worden sind, was die Überlieferung nicht genau wiedergibt, ich halte die Skorpion-Menschen für eine Entstellung. Merkwürdig finde ich, dass Gilgamesch im unterirdischen Gang eine Treppe emporsteigt und zuletzt in einen wunderbaren Garten gelangt.

Zu den Lücken, die im historischen Vergleich zutage treten, gesellen sich Schwankungen der Aussage und Verwechslungen.

Der Einstieg befand sich auf der Kuppe eines kleinen Hügels. Von dort führte ein Schacht in die Tiefe, ein im rechten Winkel abzweigender Stollen ins Freie, dann gelangte der Initiand zum Großen Haus, dem Schloss des Märchens. Der Weg begann bei der Hütte, in der die Initianden während der Aufnahmeriten gehaust hatten, und endete beim Großen Haus. So ist es oft auch im Märchen, doch genausooft erscheint mal ein verkürztes, mal ein verdrehtes Wegschema: Der Tunnel beginnt auf einem Gipfel und mündet direkt im Schloss, dieses befindet sich im Berg. – Das Schloss steht auf einem Berg, der Schacht fehlt. – Es gibt keinen Berg, der Abstieg beginnt zu ebener Erde, aber zwischen Schachtausgang und Schloss liegt noch ein Stück Weg. – Der Abstieg beginnt zu ebener Erde und mündet direkt im Schloss. – Der Abstieg beginnt in dem Häuschen, welches ein Abbild der Hütte ist. – Der Abstieg beginnt im Schloss.

In einem sorbischen Märchen befindet sich das Schloss in einem Berg, und darunter befinden sich drei weitere Schlösser (Die verschlafene Frau und ihr starker Sohn[490], AT 301 B). – In einem vom Zigeunerhäuptling Taikon erzählten Märchen gelangt der Held in drei Städte, die

---

489 Die Abenteuer des Gilgamesch. In: THEODOR H. GASTER: Die ältesten Geschichten der Welt. S. 23-41, Zitat S. 36.
490 Die verschlafene Frau und ihr starker Sohn (AT 650 A + 301 B). In: PAUL NEDO (Hg.): Sorbische Volksmärchen. S. 109-112, hier S. 111.

zweite liegt unter der ersten, die dritte noch tiefer (Die Kupferstadt, die Silberstadt und die Goldstadt[491], AT 301 A).

Ausnahmsweise lassen sich in einer Variante vom Balkan alle drei Gefährten in die Unterwelt hinab (Held Hirte und das scheckige Kühlein[492], südslawisch aus der Herzegowina, AT 301 B). Vielleicht handelt es sich um eine von der Idealisierung des Helden nicht betroffene Überlieferung. Auch in einer holsteinischen Variante des Typus AT 400 „Der Mann auf der Suche nach seiner verschwundenen Gattin" klettern alle sieben desertierten Soldaten in die Tiefe (Ziburtius[493]).

## Motiv Nr. 25: Die Gärten

Das Große Haus war von gepflegten Gärten umgeben. Dieses Bild hat sich unseren Ahnen eingeprägt, sodass es in der Überlieferung fest verankert ist.

Im Falle des Märchentypus AT 301 „Die drei geraubten Königstöchter" erblickt der Held die Gärten, als er den Schacht verlässt, der in die Unterwelt führt: Als Mikes den Schachtgrund erreicht, erblickt er einen schönen Park, in dem ein prächtiges Schloss steht (Der unerschrockene Mikes[494], tschechisch, AT 301 B). – Unten angekommen sieht Janko die wunderschönsten Blumen und herrliche Wege, goldene und silberne Brunnen, plötzlich erblickt er ein prächtiges Schloss (Janko, der

---

[491]    Die Kupferstadt, die Silberstadt und die Goldstadt (AT 301 A). In: CARL HERMAN TILLHAGEN (Hg.): Taikon erzählt. S. 129-157, hier S. 133-137.

[492]    Held Hirte und das scheckige Kühlein (AT 511 A + 650 A + 301 B). In: FRIEDRICH S. KRAUSS: Sagen und Märchen der Südslawen. Bd. 2, S. 346-362.

[493]    Ziburtius (AT 400). In: WILHELM WISSER: Plattdeutsche Volksmärchen. Neue Folge [Bd. 2], S. 104-110, hier S. 105.

[494]    Der unerschrockene Mikes (AT 650 A + 301 B). In: BOŽENA NĚMCOVÁ: Das goldene Spinnrad. S. 100-119, hier S. 112.

Befreier[495], slowakisch, AT 301 A). – Am Grunde des Drachenbrunnens entdeckt Lindenholz eine schönere Sonne, einen glänzenderen Mond und Gärten, die herrlicher sind als das Paradies (Lindenholz[496], rumänisch, AT 301 B). – In der Unterwelt findet Held Herkules Stutensohn ein Schloss inmitten einer Lichtung mit Obstbäumen und Blumen (Held Herkules Stutensohn[497], rumänisch, AT 301 B). – Der Seminarist gelangt in einen Garten, in dem blühen Blumen von jeder Art und wachsen alle Bäume, die es auf Erden gibt (Die Geschichte von dem Seminaristen, der die Königstochter erlöste[498], sizilianisch, AT 301 A). – Sobald der jüngste Prinz den Grund des Brunnens erreicht hat, sieht er einen Garten und in dessen Mitte ein riesiges Gebäude, so groß wie eine Stadt (Der Apfelbaum[499], türkisch, AT 301 C).

AT 313 „Der dem Teufel versprochene Königssohn": Nachdem der Prinz die undurchdringliche Hecke überwunden hat, erblickt er auf dem Berg einen Garten voll mit wunderbar duftenden Blumen und mit Bäumen, die sich unter der Last der Früchte biegen (Der Grünbart oder das Märchen vom Prinzen, der seinen Kopf verspielte[500], französisch). – Auf dem Glasberg gelangt der Hirtenjunge in einen schönen Garten, in dessen Mitte das Haus des Zauberers steht (Der Hirtenjunge und die

---

[495]  Janko der Befreier (AT 301 A). In: SAMO CZAMBEL: Die goldene Frau. S. 35-45, hier S. 40.

[496]  Tei-Legănat (AT 650 A + 301 B). In: IOAN ŞERB (Hg.): Tinereţe fără bătrîneţe şi viaţă fără de moarte. S. 325-334, hier S. 329.

[497]  Voinicul Ierculean, Ficiorul-Iepii (AT 650 A + 301 B). In: DUMITRU LAZĂR (Hg.): Fata din dafin. S. 237-255, hier S. 246.

[498]  Die Geschichte von dem Seminaristen, der die Königstochter erlöste (AT 301 A). In: LAURA GONZENBACH: Sicilianische Märchen. Zweiter Teil, S. 40-49, hier S. 41.

[499]  Der Apfelbaum (AT 301 C + 300). In: ADELHEID UZUNOGLU-OCHERBAUER (Hg.): Türkische Märchen. S. 76-91, hier S. 79.

[500]  Barbover Zelenaja Boroda, ili Skazka o prince, kotoryj proigral svoju golovu (AT 413 + 313). In: A. NALEPINA (Hg.): Franzuskie skaski. S. 76-82, hier S. 78.

Tochter des Zauberers[501], slowenisch). <u>AT 314 „Goldener“</u>: Der Wassermann nimmt den Prinzen auf den Rücken und steigt mit ihm hinunter auf den Grund des Meeres, wo er einen wunderschönen Garten mit Bäumen und Blumen hat, mittendrin liegt ein großes Schloss (Der Prinz und der Wassermann[502], dänisch). <u>AT 400 „Der Mann auf der Suche nach seiner verschwundenen Gattin“</u>: Das Schloss der zu einer Schlange verzauberten Prinzessin befindet sich inmitten eines herrlichen Gartens voll der prächtigsten Blumen und Bäume (Die eisernen Stiefel[503], aus dem Odenwald).

Dieses Motiv scheint uralt. Als Gilgamesch den unterirdischen Gang verlässt, befindet er sich inmitten eines Zaubergartens, an dessen Bäumen Edelsteine hängen (Die Abenteuer des Gilgamesch[504]).

Was in den Gärten gedieh, hat Harald Haarmann aufgezählt, indem er sich auf Untersuchungen der griechischen Sprache stützte. In ihrem Wortschatz finden sich Bezeichnungen für Nutzpflanzen, Früchte und spezifische Tätigkeiten, die aus vorgriechischer Zeit stammen. Solche Bezeichnungen sind: *adraphaxus* für Spinat, *kaparis* für Kaper, *kardamon* für Kresse, *kichora* für Zichorie, *komarov* für Erdbeere, *konile* für Quendel, *marathron* für Fenchel, *origanon* für Oregano, *rapus* für Rübe, *raphanos* für Rettich, *petro-selinon* für Petersilie[505], *erebinthos* für

---

[501]  Der Hirtenjunge und die Tochter des Zauberers (AT 413 + 313). In: ELSE BYHAN (Hg.): Wunderbaum und goldener Vogel. S. 71-79, hier S. 75.

[502]  Der Prinz und der Wassermann (AT 314). In: HEINZ BARÜSKE (Hg.): Dänische Märchen. S. 187-190, hier S. 188.

[503]  Die eisernen Stiefel (AT 400). In: JOHANN WILHELM WOLF (Hg.): Deutsche Hausmärchen. S. 198-216, hier S. 207. – Auch enthalten in: JOHANN WILHELM WOLF: Verschollene Märchen. S. 149-161, hier S. 155. – Enthalten ferner in: PAUL ZAUNERT (Hg.): Deutsche Märchen seit Grimm. Bd. 1, S. 376-389, hier S. 383.

[504]  Die Abenteuer des Gilgamesch. In: THEODOR H. GASTER: Die ältesten Geschichten der Welt. S. 23-41, hier S. 36.

[505]  HARALD HAARMANN: Das Rätsel der Donauzivilisation. S. 63.

Kichererbse, *kolokunthe* für Kürbis, *pissos* für Bohne[506]. Der Flachs, eine blütentragende Pflanze, kommt in den Märchen von der Buschschule vor.

In einem serbokroatischen Märchen muss der Held Kanäle säubern. „Los jetzt", befiehlt der Teufelszar, „leg die Kanäle trocken, dass kein Wasser und kein Schlamm drinbleibt. Am Abend soll nur noch Staub da sein, sonst bringe ich dich um." (Der Junge und der Teufelszar[507], AT ---.) Zwar passt ein Bewässerungskanal nicht in die klassische Atmosphäre der Grimm'schen Märchen, doch fügt er sich in die bronzezeitliche Landwirtschaft. Die mykenischen Griechen waren Meister der Wasserkunst. Im anatolischen Hochland mussten die hethitischen Bauern wegen der spärlichen Regenfälle oft künstlich bewässern, und wer das Wasser eines Nachbarn stahl, indem er es in seinen Graben umleitete, beging ein schweres Verbrechen.[508]

Im Falle der Blumen liegt es nahe, in erster Linie an die Blüten von Erbse, Saubohne, Flaschenkürbis, Erdbeere, Mohn und Flachs zu denken, auch an blühende Kirsch- und Apfelbäume. Zierpflanzen können wir uns in den Gärten der bronzezeitlichen Bauern eigentlich nicht vorstellen. Deshalb sei hier vermerkt, was Hugo Adolf Bernatzik 1933 in Neuguinea am Oberlauf des Purari-Flusses beobachtet hat. Er besuchte damals einen noch unbekannten Papua-Stamm, der in der Steinzeit lebte.

„Das Dorf Sigoyabu war von Gärten umgeben, wie sie mich schon vom Flugzeug aus durch ihre kunstvolle Anlage in Erstaunen gesetzt hatten. Die Gartenwirtschaft dieses Papuastammes ist bedeutend höher entwickelt als die der Melanesier, und es scheint, dass nur diese intensive Bodenbewirtschaftung eine so dichte Besiedlung des Landes ermöglicht hat. Auf den mit Zäunen eingefassten, fürsorglich angelegten Beeten wachsen die verschiedensten Nutzpflanzen. Mehrere Arten Zuckerrohr, Hülsenfrüchte, Jam, Taro, Betelnüsse und Papaya und noch manches andere, dessen Name mir unbekannt blieb. So sah ich viele

---

[506]    Ebd., S. 70.

[507]    Der Junge und der Teufelszar (AT 413 + 313). In: URSULA ENDERLE (Hg.): Märchen der Völker Jugoslawiens. S. 147-151, hier S. 150.

[508]    JIM HICKS: Die ersten Reiche. S. 93.

zwiebelartige Pflanzen und spinatartiges Gemüse. Am seltsamsten aber berührten mich die vielen Zierblumen, die überall angepflanzt waren und der ganzen Anlage das Gepräge eines europäischen Bauerngartens verliehen."[509]

## Motiv Nr. 26: Die Befreiung

Der Kampf mit den Entführern ist eine Folge der Umwertung des Ritus. Weil in Wirklichkeit kein Kampf stattgefunden hat, kann es uns gleichgültig sein, ob die Kontrahenten im Märchen mit Keulen fechten (die bis in die Späte Bronzezeit üblich waren) oder mit Schwertern (die in der Späten Bronzezeit aufgekommen sind).

Rätselhaft bleibt das Stärkewasser, welches den Helden dazu befähigt, das Schwert des Unholds zu handhaben. An anderer Stelle hören wir von zwei Krügen – der eine mit stärkendem, der andere mit schwächendem Wasser. Auf Anraten der Königstochter vertauscht der Held die Krüge, dadurch wird der Unhold überlistet.

## Motiv Nr. 27: Tanzende Frauen

Allem Anschein nach stand das Große Haus sowohl den Männern als auch den Frauen zur Verfügung und war bei Festen der Mittelpunkt. Marko Kuhsohn begegnet, während er den Quälgeist Ellenbart verfolgt, erst tanzenden alten Weibern, dann tanzenden Frauen, dann tanzenden Mädchen (Der alte Ellenbart[510], serbokroatisch, AT 301 B). – Bevor der junge Hirt die drei verschleppten Prinzessinnen findet, gelangt er zu einem Schloss mit tanzwütigen Feen (Die Zauberziege[511], ungarisch, AT 301 A). – Hans trifft in der Unterwelt drei Reigen von Jünglingen und

---

[509]    HUGO ADOLF BERNATZIK: Südsee. S. 141.

[510]    Der alte Ellenbart (AT 511 A + 301 B). In: URSULA ENDERLE (Hg.): Märchen der Völker Jugoslawiens. S. 363-377, hier S. 371-372.

[511]    Die Zauberziege (AT 301 A). In: ELEK BENEDEK: Der Vogel mit den goldenen Federn. S. 254-262, hier S. 254, 259.

Mädchen (Text ohne Titel[512], bosnisch). – Hans begegnet in einer Stube zwölf tanzenden Damen, die Ellenbart als ihren Herrn bezeichnen und sich vor ihm fürchten, weil er ihnen das Tanzen unter Strafe verboten hat (Text ohne Titel[513], deutsch aus Schleswig-Holstein, AT 301 B).

## Motiv Nr. 28: Ein Schloss auf Vogelbeinen

Nur ausnahmsweise wird vermerkt, dass die Drachenschlösser auf Vogelbeinen stehen. Im slowakischen Märchen „Eichenschreck"[514] (AT 301 B) sind es Elsternbeine; im rumänischen Märchen „Der zauberkräftige Ion aus Lehm"[515] (AT 301 B) steht ein Drachengehöft auf einem Hühnerbein, das andere auf einem Gänsebein, das dritte auf einem Truthahnbein. Das als fantastisch und ausgefallen anmutende architektonische Merkmal lenkt unsere Aufmerksamkeit auf einen Kernritus, nämlich die Begegnung mit dem Tier-Ahnen.

Propp hat die Vogelbeine mit dem Aussehen der Initiationshütte erklärt, die ursprünglich wie ein Tier gestaltet war, wobei die Tür den Rachen oder den Schnabel darstellte. Während des Ritus kroch oder sprang der Initiand durch den Eingang, es sah so aus, als ob das Tier ihn verschlinge. Im Laufe der Zeit verlor die Hütte allmählich ihre Tierform. Laut Propp dürften die Vogelbeine Überbleibsel der tiergestaltigen Säulen sein, die einst derartige Bauten trugen.[516]

---

[512] FRIEDRICH PANZER: Beowulf. In: Studien zur germanischen Sagengeschichte. Bd. 1, S. 1-245, hier S. 122.

[513] Text ohne Titel (AT 650 A + 301 B). In: KURT RANKE (Hg.): Schleswig-Holsteinische Volksmärchen. Bd. 1, S. 76-80, hier S. 79.

[514] Eichenschreck (AT 650 A + 301 B). In: PAVOL DOBŠINSKÝ: Slowakische Märchen. S. 239-260, hier S. 250, 253, 255.

[515] Ion Năzdrăvanul din lut (AT 650 A + 301 B + 321). In: ION POP RETEGANUL: Povești ardelenești. S. 308-318, hier S. 313-314.

[516] VLADIMIR PROPP: Die historischen Wurzeln des Zaubermärchens. S. 72-75.

In einem finnischen Märchen sitzen die drei Königstöchter, als der Held sie findet, in einem Käfig (Die drei verschwundenen Königstöchter[517], AT 301 A).

## Motiv Nr. 29:
## Ein Haus ohne Türen und Fenster

Der von seinen Gefährten verratene Ion aus Lehm will mit Ellenbart abrechnen, und dessen Vetter Eisenkneter weist ihm den Weg. Ellenbart wohnt in einem Haus ohne Türen und Fenster, er betritt und verlässt es durch den Rauchfang (Der zauberkräftige Ion aus Lehm[518], rumänisch aus Siebenbürgen, AT 301 B). Damit wird hier eine im Wesentlichen zutreffende Beschreibung des Großen Hauses gegeben, welches zu ebener Erde keinen Eingang hatte – man betrat es durch eine Luke, zu der ein gekerbter Pfahl oder eine Leiter hinaufführte.

## Motiv Nr. 30: Geschenke der Königstöchter

Nach ihrer Befreiung überreichen die Königstöchter dem Helden Geschenke:
- einen Ring (Janko der Befreier[519], slowakisch, AT 301 A);
- Kleider, Fingerreifen und Halsgeschmeide, die sie in ihrer Gefangenschaft beim Zwergenkönig getragen (Text ohne Titel[520], kassubische Variante aus Pommern, AT 301 A);

---

[517] Die drei verschwundenen Königstöchter (AT 301 A). In: PIRKKO-LIISA RAUSMAA und INGRID SCHELLBACH-KOPRA (Hg.): Finnische Volksmärchen. S. 52-57, hier S. 53-54.
[518] Ion Năzdrăvanul din lut (AT 650 A + 301 B + 321). In: ION POP RETEGANUL: Poveşti ardeleneşti. S. 308-318, hier S. 315.
[519] Janko der Befreier (AT 301 A). In: SAMO CZAMBEL: Die goldene Frau. S. 35-45, hier S. 42.
[520] Text ohne Titel (AT 301 A). In: ULRICH JAHN: Quellennachweise und Varianten aus Pommern und Rügen. In: Ders.: Volksmärchen aus Pommern und Rügen. S. 353-382, hier S. 362-364.

- je einen Ring (Iwan Sutschenko und Belyj Poljanin[521], russisch, AT 301 A);
- ein seidenes Kleid bzw. eine goldene Taschenuhr (Die Königstöchter in der Unterwelt[522], deutsch aus Mecklenburg, AT 301 B);
- ein Kleid, ein Tuch und einen Ring, Schuhe und Pantoffel (Text ohne Titel[523], deutsch aus Pommern, von Zigeunern erzählt, AT 301 B);
- einen Ring (Von einem Däumling[524], litauisch, AT 301 B);
- einen Goldring und ein seidenes Halstuch (Juan Oso[525], spanisch aus Mexiko, AT 301 B);
- drei Haselnüsse mit Gewändern (Der Apfelbaum des Königs[526], griechisch, AT 301 C).

Was könnte damit gemeint sein? Weil in Wirklichkeit keine Befreiung stattgefunden hat, gab es auch keinen Anlass für Geschenke. Vermutlich wurden diese Gegenstände ursprünglich in einem anderen Kontext genannt und von den späteren Erzählern umgedeutet. Wahrscheinlich handelt es sich um die Probestücke, die von den Initianden nach der

---

[521] Iwan Sutschenko und Belyj Poljanin (AT 301 A). In: ALEXANDER N. AFANASJEW: Russische Volksmärchen. Bd. 1, S. 236-246, hier S. 241, 242, 243.

[522] Die Königstöchter in der Unterwelt (AT 312 D + 301 B). In: SIEGFRIED NEUMANN (Hg.): Mecklenburgische Volksmärchen. S. 84-88, hier S. 86-87.

[523] Text ohne Titel (AT 650 A + 301 B). In: ULRICH JAHN: Quellennachweise und Varianten aus Pommern und Rügen. In: Ders.: Volksmärchen aus Pommern und Rügen. S. 353-382, hier S. 364-365.

[524] Von einem Däumling (AT 650 A + 301 B). In: M. BOEHM und F. SPECHT (Hg.): Lettisch-litauische Märchen. S. 233-239, hier S. 237.

[525] Juan Oso (AT 650 A + 301 B). In: FELIX KARLINGER und MARIA ANTONIA ESPADINHA (Hg.): Märchen aus Mexiko. S. 83-94, hier S. 88.

[526] Der Apfelbaum des Königs (AT 301 C + 300). In: GEORGIOS A. MEGAS (Hg.): Griechische Volksmärchen. S. 90-97, hier S. 92.

Rückkehr ins Dorf als Beweise für ihre handwerkliche Geschicklichkeit vorgezeigt worden sind. Es fällt auf, dass die Geschenke mit Probestücken übereinstimmen, die der Vater des Helden beim Märchentypus AT 402 „Die Katze als Braut" als Belege für die handwerkliche Geschicklichkeit der künftigen Schwiegertöchter fordert: einen Ring – eine Kette – ein Tuch – ein seidenes Tüchlein – Schuhe.

In manchen Fällen spielt das Geschenk im Vorfeld der Hochzeit eine Rolle, indem der Held sich mit ihm als der wahre Befreier ausweist.

## Motiv Nr. 31: Tüchlein und Ei

Nach ihrer Befreiung verwandeln die Prinzessinnen die Drachenschlösser in Äpfel oder in Eier und stecken diese ein oder überreichen sie dem Helden. Manchmal nimmt der Held selbst die Umwandlung vor.

Die jüngste Zarentochter gibt Iwan Morgenrot ein Tüchlein – wenn man das dreimal von links nach rechts schwenkt, rollt sich Kaschtschejs goldenes Schloss zu einem Ei zusammen. Iwan steckt Ei und Tüchlein in die Tasche. Mit dem silbernen und mit dem kupfernen Schloss verfährt er genauso. In der Oberwelt geht Iwan aufs freie Feld, legt das goldene Ei auf die Erde, schwenkt das Tüchlein dreimal von rechts nach links, und schon steht das goldene Schloss vor ihm. Er geht hinein und holt sich die von der Zarentochter verlangten Schnabelschuhe (Iwan Morgenrot[527], belorussisch, AT 301 A). – Die älteste Königstochter schwenkt ihr rotes Tüchlein, und der goldene Palast verwandelt sich in ein Ei. Sie steckt es in die Tasche und nimmt es mit. Genauso ihre Schwestern (Morgenrot, Abendrot und Nachtdunkel[528], russisch, AT 301 A). – Die Prinzessinnen verwandeln ihre Schlösser mit Zaubergerten in Äpfel. Die jüngste Prinzessin sagt zu Eichenschreck, er soll ihr den Apfel erst zurückgeben, wenn er dafür ihre Hand bekommt. Nach seiner

---

[527]    Iwan Morgenrot (AT 301 A + 302 + 321). In: DIE RÄUBER-NACHTIGALL. S. 174-186, hier S. 180 bzw. 186.

[528]    Morgenrot, Abendrot und Nachtdunkel (AT 301 A). In: ALE-XANDER N. AFANASJEW: Russische Volksmärchen. Bd. 1, S. 246-252, hier S. 251.

Rückkehr in die Oberwelt berührt Eichenschreck den kupfernen, den silbernen und den goldenen Apfel mit den Zaubergerten, worauf sie sich in Schlösser zurückverwandeln, und holt aus ihnen die von den Prinzessinnen geforderten Kleider (Eichenschreck[529], slowakisch, AT 301 B). – Der zauberkräftige Ion aus Lehm schlägt mit seinem Säbel auf jedes der drei Drachenschlösser, da verwandeln sich diese in Äpfel (Der zauberkräftige Ion aus Lehm[530], rumänisch aus Siebenbürgen, AT 301 B). – Die Königstöchter verwandeln ihre Schlösser in Eier und nehmen sie mit (Morgendämmerung[531], ungarisch, AT 301 A). – Vor dem Rückweg zaubern alle drei Zarentöchter ihre Schätze in ein Ei (Iwan Sutschenko und Belyj Poljanin[532], russisch, AT 301 A).

Um den zugrundeliegenden Brauch zu erklären, muss ich weit ausholen.

Im Vorfeld der Hochzeit des Märchenhelden spielen auffällig oft zwei Gegenstände eine wesentliche Rolle – das gilt für Varianten der Märchentypen AT 301, 311, 313, 314, 402, 468, 502, 530 u.a. Der eine Gegenstand wird als *Apfel, Ball, Ei, Knäuel, Nuss* oder *Orange* bezeichnet, deshalb müssen wir uns das Urbild als ein kugelförmiges Gebilde von der Größe einer Männerfaust vorstellen. Der andere Gegenstand wird übereinstimmend als *Tüchlein* bezeichnet. Für sich genommen bleiben die Motive rätselhaft. Ihr Sinn erschließt sich aus der Zusammenschau wie auch aus der Analogie zu einem Hochzeitsbrauch der Ohendo im Kongobecken. Dort war es noch im späten 20. Jahrhundert üblich, dass die Verlobten am Tag der Eheschließung den Besuch der Buschschule nachweisen, indem sie den Mitgliedern der zwei Sippen ihre Zeugnisse

---

[529]  Eichenschreck (AT 650 A + 301 B). In: PAVOL DOBŠINSKÝ: Slowakische Märchen. S. 239-260, hier S. 253, 255, 257.

[530]  Ion Năzdrăvanul din lut (AT 650 A + 301 B + 321). In: ION POP RETEGANUL: Poveşti ardeleneşti. S. 308-318, hier S. 314.

[531]  Hajnal (AT 301 A). In: ELEK BENEDEK: Benedek Elek összes meséi. Bd. 3, S. 177-180, hier S. 179.

[532]  Iwan Sutschenko und Belyj Poljanian (AT 301 A). In: ALEXANDER N. AFANASJEW: Russische Volksmärchen. Bd. 1, S. 236-246, hier S. 243.

zeigen, nämlich ein mit Symbolen beschriebenes Brettchen und – wenn es der Fall war – ein für mutiges Verhalten verliehenes Tüchlein. Die Erklärung für die Übereinstimmungen mit dem afrikanischen Brauch muss noch gefunden werden. Sicher ist nur, dass es keine Kontakte zwischen den europäischen Märchenerzählern und den Ohendo gegeben hat.

Das Volk der Ohendo (der Name bedeutet „Hoher Kopf") lebt im Norden der Kasai-Region, und zwar in deren östlichem Teil, im Gebiet Kole. Dort ernährten sich die Menschen vom Fischfang und von der Jagd, z.T. auch vom Ackerbau. Die Ohendo hielten sich an das Gesetz der Exogamie, die Familienzugehörigkeit richtete sich nach dem Vater. Ihre soziale Organisation entsprach der Gentilordnung, denn die höchsten gesellschaftlichen Instanzen, die sie kannten, waren der Sippenrat und der Dorfrat.[533]

Noch Ende des 20. Jahrhunderts nahmen sowohl die Knaben als auch die Mädchen – allerdings getrennt – an einer sich über Monate erstreckenden kollektiven Jugendweihe teil.

Die Familie gab jedem Initiationskandidaten ein kleines Brett mit auf den Weg, auf diesem waren Symbole für den noch profanen Zustand des Knaben angebracht. Es war die Bestätigung dafür, dass die Familie den Knaben als reif für die Initiation angesehen und ihm die Teilnahme erlaubt hatte. Die für die Jugendweihe Verantwortlichen besaßen ein ähnliches Brett. Auf diesem zweiten Brett vermerkte der Initiationsmeister die Ergebnisse der Initiation; er überreichte es dem Absolventen als Beweis für seinen Stand als Initiierter und als Symbol seiner gesellschaftlichen Zugehörigkeit.

Am Hochzeitstag musste der Bräutigam mit diesem zweiten Brettchen nachweisen, dass er die Jugendweihe bestanden hatte. Einer von den Notabeln aus der Familie des jungen Mannes lud den Vorsteher der Sippe ein, sich vor die Versammlung zu stellen, damit man ihm Fragen über den künftigen Gatten stellen könne. „Dieser kommt der Aufforderung nach und beantwortet die gestellten Fragen: Hat er sich der Initiation regelkonform unterzogen? Welche Fertigkeiten hat er im

---

[533]    CLÉMENTINE M. FAÏK-NZUJI und HUBERT NGONGA-KEMBEMBE: Les traces du Grande Signe. S. 23-26.

gesellschaftlichen Leben? Wie ist sein Charakter, wie verhält er sich in dieser oder jener Lebenslage? Wenn alle Antworten günstig ausgefallen sind, fordert der Würdenträger den Vorsteher der Sippe auf, greifbare Beweise für das Gesagte vorzulegen. Dieser nimmt jetzt einen Gegenstand aus Holz hervor, der *onkoka (Nabelschnur)* genannt wird. [...]" Es handelt sich um jenes zweite Brettchen, und das war der Beweis. Daneben gab es noch ein handliches Zeugnis, und zwar einen Teppich, *ojipojipo* mit Namen, als Beweis des Mutes während der Initiation. Falls der künftige Gatte als besondere Anerkennung den genannten Teppich erhalten hatte, musste auch dieser vom Vorsteher der Sippe vorgezeigt werden. Das Ritual wiederholte sich bei der Familie der Braut.[534]

In der europäischen Überlieferung geht der Sinn des Rituals am besten aus einer schwedischen Variante von AT 402 „Die Katze als Braut" hervor. Hier überreicht ein Bauer jedem seiner drei Söhne einen goldenen Apfel mit dem Auftrag, eine Braut zu suchen und sie samt dem Apfel vor ihn zu bringen. Der Apfel des jüngsten Sohnes, der ein *Aschenstocherer* ist, rollt in die unterirdische Wohnung einer verzauberten Prinzessin; die will ihn zurückgeben, wenn der Bursche ihr die Heirat verspricht (Die Mäusebraut[535]). Durch eine italienische Variante des Typus AT 301 wird dieser Sinn bestätigt: Jede Prinzessin hat ihrem Befreier Eisenstab einen Apfel geschenkt, der eine ist aus Silber, der andere aus Gold, der dritte aus Diamanten, und sie wollen nicht heiraten, bis sie einen Apfel bekommen, der genau so beschaffen ist wie der, den sie einst in der Zisterne besessen (Der Riese mit der Eisenstange[536], AT 301 B). Selbstverständlich war es ursprünglich so, dass der Initiand sein Zeugnis

---

[534]    CLÉMENTINE FAÏK-NZUJI: Die Macht des Sakralen. S. 164-168, Zitat S. 165.

[535]    Die Mäusebraut (AT 402). In: WALDEMAR LIUNGMAN (Hg.): Weißbär am See. S. 83-87, hier S. 83-84.

[536]    Der Riese mit der Eisenstange (AT 650 A + 301 B). In: WALTER KELLER: Am Kaminfeuer der Tessiner. S. 174-177, hier S. 177. – Auch enthalten in: WALTER KELLER: Tessiner Sagen und Volksmärchen. S. 224-228, hier S. 227-228.

– den kugelförmigen Gegenstand – aus der Hand des Schulleiters entgegennahm.

In einer rumänischen Variante wird der bewusste Gegenstand als *Ball* bezeichnet. Held Donau nimmt die Tochter von Ellenbart zur Frau. Als er sich mit ihr auf den Rückweg macht, nimmt sie einen Ball mit, den sie einst von ihrem Taufpaten erhalten. Als sie den in der Oberwelt zu Boden wirft, entstehen Schlösser (Held Donau[537], AT 301 B). Wer mit dem Taufpaten gemeint ist, geht aus dem Text nicht hervor.

## Motiv Nr. 32: Der Verrat

Selbstverständlich mussten alle Initianden durch den Tunnel in die Unterwelt absteigen, die Absolventen aber kehrten auf einem bequemen Weg ins Dorf zurück. Aus der Idealisierung des Helden ergab sich der Einfall, nur ihn allein absteigen zu lassen, während die feigen Gefährten oben warten. In diesem Einfall wurzelt die Fabel der Rückkehr durch den Schacht. Im Märchen ziehen die Kreuzbrüder die befreiten Prinzessinnen eine nach der anderen mit dem Korb in die Höhe. Als sie die Mädchen erblicken, beschließen sie, den Bärensohn zu verderben, indem sie ihn abstürzen lassen. Der will die Treue seiner Gefährten auf die Probe stellen und legt einen schweren Stein in den Korb. Tatsächlich tun die Kreuzbrüder nur so als ob und lassen den Strick fallen.

Mit diesem Verrat hat sich das Märchen unendlich weit von der ursprünglichen Wirklichkeit entfernt. Wir erkennen es, wenn wir in Betracht ziehen, dass die Helden des Märchens oft als Brüder bzw. als Schwestern vorgestellt werden und die Tugend des gegenseitigen Beistands ihren Urbildern ans Herz gebunden worden ist. Dessen ungeachtet fand die Neuerung, ein Schritt zur Dramatisierung der Geschichte, den größten Beifall und wurde zu einem Grundstein des Märchens in seiner heutigen Form.

So wie die Episode mit dem Verrat der Kreuzbrüder ist die Episode mit der Rückkehr des Helden in die Oberwelt eine literarische

---

[537] Dunăre-Voinicul (AT 650 A + 301 B). In: PETRE ISPIRESCU: Legende sau basmele românilor. S. 549-556, hier S. 555.

Fiktion. Für die Rückkehr haben die Erzähler mehrere Lösungen gefunden, unter denen zwei hervorragen. Die eine lag sozusagen vor der Tür, die andere erscheint exotisch und verdient deshalb eine nähere Betrachtung.

Am Rande sei vermerkt, dass es Texte ohne das Motiv des Verrats gibt (Morgendämmerung[538], ungarisch, AT 301 A; Morgenrot, Abendrot und Nachtdunkel[539], russisch, AT 301 A).

**Motiv Nr. 33: Dienstbare Geister**

Der in der Unterwelt zurückgeblieben Held findet Gegenstände, die sich als Zauberdinge erweisen – mit ihnen bietet er Diener auf, die ihm bei der Rückkehr in die Oberwelt helfen. In den mir bekannten Texten handelt es sich um ein Blasinstrument (Pfeife, Flöte, Horn) oder um einen Stab oder um einen Ring.

(A) Als der Soldat die Pfeife ansetzt, erscheint ein Mann namens *Lunkentus* und erkundigt sich nach seinen Wünschen (Die verschwundenen Prinzessinnen[540], schwedisch, AT 301 A). – Der Sergeant findet im Wandschrank ein Horn, als er darauf bläst, erscheinen viele kleine schwarze Männer und fragen nach seinem Begehr (Text ohne Titel[541], deutsch aus Schleswig-Holstein, AT 301 A). – Beim Ton der Querpfeife

---

[538]   Hajnal (AT 301 A). In: ELEK BENEDEK: Benedek Elek összes meséi. Bd. 3, S. 177-180, hier S. 179.

[539]   Morgenrot, Abendrot und Nachtdunkel (AT 301 A). In: ALEXANDER N. AFANASJEW: Russische Volksmärchen. Bd. 1, S. 246-252, hier S. 251.

[540]   Die verschwundenen Prinzessinnen (AT 301 A). In: WALDEMAR LIUNGMAN (Hg.): Weißbär am See. S. 47-51, hier S. 50. Der Name *Lunkentus* für den helfenden Geist stammt aus einem zuerst 1772 gedruckten schwedischen Volksbuch. DIETHER RÖTH: KLEINES TYPENVERZEICHNIS. S. 15.

[541]   Text ohne Titel (AT 301 A). In: KURT RANKE (Hg.): Schleswig-Holsteinische Volksmärchen. Bd. 1, S. 97-98.

eilen Unterirdische herbei (Text ohne Titel[542], kassubisch aus Pommern, AT 301 A). – Beim Klang der Flöte melden sich Erdmännchen (Das Erdmännchen[543], deutsch aus der Gegend von Paderborn, AT 301 A). – Johannes der Bär nimmt das Horn aus dem Zimmer, in dem die alte Frau sitzt (d.h. die Hexe), daraufhin sind ihm Zwerge untertan (Johannes der Bär[544], deutsch aus dem Harz, AT 301 B). – Das Pfeifchen erfüllt Wünsche (Von Armaiinu[545], sizilianisch, AT 301 A).

(B) In einem finnischen Märchen findet der Held im Berg einen Stab, wenn er mit dem auf den Boden klopft, erscheint ein zauberkräftiger Diener. Dieser Diener holt die von der Mutter gewünschten Gegenstände aus dem Berg. Zuletzt verständigt der Held *alle arbeitsfähigen Leute, die sich im Berg befinden,* und lässt sie die vom König geforderte Landungsbrücke errichten (Der wunderbare Stab[546], AT 301 A).

(C) In einem Zigeunermärchen aus der Bukowina findet der von seinen Brüdern verratene Held, als er durchs Drachenschloss geht, in der Tischlade einen Ring, dessen Knecht seine Wünsche erfüllt (Der Kaisersohn mit der Sehergabe[547], AT 301).

Wie der Held in die Oberwelt gelangt, ist von Märchen zu Märchen verschieden und belegt die blühende Fantasie der Erzähler. In der

---

[542] Text ohne Titel (AT 301 A). In: ULRICH JAHN: Quellennachweise und Varianten aus Pommern und Rügen. In: Ders.: Volksmärchen aus Pommern und Rügen. S. 353-382, hier S. 363.

[543] Dat Erdmänneken (AT 301 A). In: GRIMM, BRÜDER GRIMM: Kinder- und Hausmärchen. KHM 91. Bd 2, S. 39-44, hier S.43.

[544] Johannes der Bär (AT 650 A + 301 B). In: HEINRICH PRÖHLE: Märchen für die Jugend. S. 112-122, hier S. 119.

[545] Von Armaiinu (AT 301 A). In: LAURA GONZENBACH: Sicilianische Märchen. Zweiter Teil, S. 7-13, hier S. 12.

[546] Der wunderbare Stab (AT 301 A). In: ROBERT KLEIN (Hg.): Das weiße, das schwarze und das feuerrote Meer. S. 50-62, hier S. 54-55.

[547] Der Kaisersohn mit der Sehergabe (AT 301 A). In: WALTHER AICHELE und MARTIN BLOCK (Hg.): Zigeunermärchen. S. 236-242, hier S. 239.

Variante, die die Brüder Grimm in ihre Ausgabe letzter Hand (1837) aufgenommen haben, geschieht es auf höchst originelle Art und Weise: Jedes Männchen fasst den Helden an einem Haar, und so fliegen sie mit ihm fort.

Zu den drei oben genannten Gegenständen, die sich als Wünscheldinge erweisen, gibt es Entsprechungen in Märchen, deren Held eine „schwere Aufgabe" verrichten muss (AT 313, 403, 425 A, 560), und zwar Gegenstände, die Helfer aufbieten: Signalgeber wie Horn, Pfeife, Trompete und Peitsche, eine Rute, die den Stab vertritt, und den Ring. Zuweilen wird ausdrücklich gesagt, dass sie der Zauberer-Gestalt gehören (die ein Abbild des Schulleiters ist). AT 313 „Der dem Teufel versprochene Königssohn": Die Teufelstochter nimmt heimlich die eiserne Geißel des Teufels, um die Höllengeister aus allen vier Weltecken aufzubieten (Der Königssohn und die Teufelstochter[548], deutsch aus Siebenbürgen). – Das geraubte Mädchen nimmt die Peitsche vom Kopfkissen der schlafenden Hexe (Der Hirtenknabe und der endlose Baum[549], rumänisch aus der Walachei). – Ion Hundert stiehlt die Peitsche aus dem Schlafzimmer von Drache und Drachin (Ion Hundert[550], rumänisch aus der Walachei, AT 313). AT 560 „Der Zauberring": Wenn der Held am Zauberring dreht, melden sich zwölf Riesen und erledigen die vom König gestellten Aufgaben – sie bauen ein Schloss, pflanzen einen Weingarten an und errichten eine Hängebrücke (Schlange, Kätzchen und Hündchen[551], slowakisch). – Als der Held den Ring aus der einen Hand in die andere wirft, kommen zwölf Recken herbei, die „einander gleichen wie

---

[548] Der Königssohn und die Teufelstochter (AT 313). In: JOSEF HALTRICH: Sächsische Volksmärchen aus Siebenbürgen. S. 144-154, hier S. 146-148.

[549] Piciul ciobănaş şi pomul cel fără căpătîi (AT 313). In: PETRE ISPIRESCU: Legende sau basmele românilor. S. 448-457, hier S. 450-453.

[550] Suta Ion (AT 303 A + 313). In: VIORICA NIŞCOV (Hg.): Cele trei rodii aurite. S. 105-112, hier S. 108-109.

[551] Schlange, Kätzchen und Hündchen (AT 560). In: PAVOL DOBŠINSKÝ: Der verwunschene Wald. S. 21-28, hier S. 25-26.

ein Ei dem anderen" – sie bauen ein Schloss, errichten eine kristallene Brücke bis zum Schloss des Königs und bauen eine Kathedrale (Der Zauberring[552], russisch).

Wir dürfen annehmen, dass Pfeife, Horn und Flöte wie auch die Peitsche Signalgeber der Schulleiter waren, um die Initianden zusammenzurufen. Stab und Ring könnten Rangabzeichen der Schulleiter gewesen sein.

## Motiv Nr. 34:
## Die Rückkehr auf dem Riesenvogel

Der Held bemerkt, dass eine Schlange die Jungen eines Greifen bzw. eines Adlers bedroht, und tötet die Schlange. Zum Dank will das Muttertier ihn zurück in die Oberwelt bringen, wenn er genügend Atzung für den Kraftakt verschafft.

Für diese Lösung haben die Erzähler eine Mythe verwendet, die aus dem Zweistromland stammt. Sie liegt auch einem Abschnitt des Märchentypus AT 313 „Der dem Teufel versprochene Königssohn" zugrunde. Im Typenverzeichnis von Aarne-Thompson erscheint sie unter Nr. 537 mit dem Titel „Die magische Schatulle".

Wie der Leningrader Forscher Isidor Levin zeigte, war der Flug auf dem Riesenvogel aus AT 537 „Die magische Schatulle" bereits den Sumerern bekannt. Er schätzt das Alter des Motivs auf mindestens 4.000 Jahre. Eine Version, genannt „Etana B", lebt mit Sicherheit seit mehr als 3.000 Jahren im mündlichen Umlauf in mehreren Sprachen fort, und zwar neben und unabhängig von den keilschriftlichen Fassungen. Levin schreibt: „Der genetische Zusammenhang der sumerisch-akkadischen Etana-Sage mit den in unserer Zeit aufgezeichneten Fassungen von AT 537 – der Rettung des Adlers vor einer Schlange, Flug des Retters mit dem Adler nach Geschenken und Beschreibung der Erde durch Vergleiche – ist einwandfrei belegt. Sie können nicht mehrmals erdichtet worden sein. Die Übereinstimmung in den vielen Einzelheiten in logischer Folge

---

[552] Der Zauberring (AT 560). In: FRANZISKA MARTYNOWA (Hg.): Das goldmähnige Pferd. S. 165-179, hier S. 171.

ist so stark und groß, dass man auf den Verdacht kommen könnte, ob nicht die modernen Aufzeichnungen etwa aus der Keilschrift hervorgegangen sind. Diese Vermutung ist absolut grundlos, denn die sumerische Schriftsprache konnten schon in altbabylonischer und assyrischer Zeit vor 3.000 Jahren nur wenige lesen. Und inzwischen ist sie in Vergessenheit geraten. Die akkadische Keilschrift wurde erst in den siebziger Jahren des 19. Jahrhunderts von europäischen Gelehrten entziffert. Es gibt gute Aufzeichnungen des Etana-Märchens aus dem Volksmund in Osteuropa, die nachweislich *vor* der Entzifferung der Keilschrift gemacht wurden. Also muss die Erzählung AT 537 sehr lange Zeit mündlich von Mensch zu Mensch, von Land zu Land, von Generation zu Generation überliefert worden sein. Das sollten sich jene leichtfertigen Theoretiker vor Augen halten, die an die Kraft und Kontinuität rein mündlicher Verbreitung von längeren Erzählungen neuerdings nicht glauben wollen, wie auch jene, die eine weite Wanderung von Märchen früher verneinten."[553]

Spätere Erzähler haben den Riesenvogel mit dem Tier-Ahnen kombiniert, denn in einigen Texten verschlingt er den Helden, und als er ihn ausspeit, ist jener hundertmal schöner als vorher: Als der große Vogel das Männchen Sonderbar von sich gibt, ist der Held schön wie der schönste Königsohn (Das Männchen Sonderbar[554], deutsch aus Pommern, AT 301 B). – Die Greifin verschluckt Drăgan Cenuşă dreimal und gibt ihn immer wieder von sich und macht ihn schöner, stolzer und tapferer als er war (Drăgan Cenuşă[555], rumänisch aus der Moldau, AT 301 B).

---

[553] ISIDOR LEVIN: Über eines der ältesten Märchen der Welt. In: MÄRCHENSPIEGEL. Nr. 4/1994, S. 2-7, hier S. 3-5, Zitat S. 5.

Das Etana-Märchen ist unter dem Titel „Fremde Schwingen" nachzulesen in: THEODOR H. GASTER: Die ältesten Geschichten der Welt. S. 65-71.

[554] Das Männchen Sonderbar (AT 650 A + 301 B). In: ULRICH JAHN: Volksmärchen aus Pommern und Rügen. S. 120-128, hier S. 127.

[555] Drăgan Cenuşă (AT 300 A + 513 A + 300 + 301 B). In: FELIX KARLINGER und OVIDIU BÎRLEA (Hg.): Rumänische Volksmärchen. S. 107-134, hier S. 131.

# Motiv Nr. 35:
## Forderungen der Königstöchter

Um die Handlung weiter zu dramatisieren, haben spätere Erzähler Forderungen der Königstöchter (bzw. der jüngsten Königstochter) eingeführt: Sie wollen nicht heiraten, bis sie bestimmte Gegenstände erhalten, die sie im Drachenschloss besaßen und – in manchen Fällen – ihrem Befreier geschenkt haben.

Die Prinzessin befiehlt den Goldschmieden, einen solchen Ring anzufertigen wie den, den sie Janko gegeben hat, aber dazu ist kein Meister in der Lage (Janko der Befreier[556], slowakisch, AT 301 A). – Nein, die zwei Prinzessinnen wollen nicht heiraten, bis sie akkurat solche Kronen bekommen, wie sie früher hatten (Peter Bär[557], deutsch aus dem Münsterland, AT 301 B). – Die Hochzeit soll erst gefeiert werden, wenn sich einer findet, der es fertigbringt, ebensolche Schnabelschuhe zu nähen, wie sie die Zarentochter in Kaschtschejs Schloss getragen (Iwan Morgenrot[558], belorussisch, AT 301 A). – Die Prinzessinnen verlangen von ihren Freiern genau solche Schuhe, wie sie unter der Erde getragen, dann genau solche Kleider, schließlich genau solche Schlösser, wie sie unter der Erde gehabt (Die drei Prinzessinnen[559], estnisch, AT 301 A). – Die älteste Prinzessin fordert vor der Hochzeit ein seidenes Kleid, das ihr passt, obwohl nicht Maß genommen wurde, denn so ein Kleid hat sie dem Schmied gegeben (Die Königstöchter in der Unterwelt[560], deutsch aus

---

[556]  Janko der Befreier (AT 301 A). In: SAMO CZAMBEL: Die goldene Frau. S. 35-45, hier S. 44.

[557]  Peter Bär (AT 650 A + 301 B). In: GOTTFRIED HENSSEN: Volk erzählt. S. 135-141, hier S. 140.

[558]  Iwan Morgenrot (AT 301 A + 302 + 321). In: DIE RÄUBER-NACHTIGALL. S. 174-186, hier S. 184.

[559]  Die drei Prinzessinnen (AT 301 C). In: ALEXANDER BAER (Hg.): Der gläserne Berg. S. 117-123, hier S. 120, 121, 122.

[560]  Die Königstöchter in der Unterwelt (AT 312 D + 301 B). In: SIEGFRIED NEUMANN (Hg.): Mecklenburgische Volksmärchen. S. 84-88, hier S. 87.

Mecklenburg, AT 301 B). – Die Sultanstöchter wollen nicht heiraten, bis sie ein Kleid bekommen, welches keine Schere geschnitten und keine Nadel genäht hat (Muhammed, der Sohn der Witwe[561], arabisch aus Tunesien, AT 301 B). – Um die Heirat mit dem König hinauszuzögern, fordert die Prinzessin ein Kleid, auf dem die Sonne, der Mond und der Himmel mit den Sternen zu sehen sind, dann ein Kleid, auf dem das Meer und die Fische zu sehen sind, schließlich ein Kleid mit der Erde und den Blumen (Der Apfelbaum des Königs[562], griechisch, AT 301 C).

Nun sieht der Held die Gelegenheit gekommen, um auf sich aufmerksam zu machen. Janko tritt bei einem Goldschmied in Dienst und verspricht, über Nacht einen solchen Ring anzufertigen, wie die Prinzessin ihn fordert. – Eichenschreck verkündet, dass er Schneidergeselle sei und solche Kleider nähen könne, wie die Prinzessin sie haben möchte. Als alles im Haus schläft, zieht er den kupfernen, den silbernen und den goldenen Apfel aus der Tasche, er berührt sie der Reihe nach mit den Zaubergerten, worauf sich die Äpfel in Schlösser verwandeln, dann holt er aus ihnen, was er braucht. – Im zitierten griechischen Text stecken die gewünschten Kleider in den Haselnüssen, welche die Prinzessin ihrem Erretter gegeben. – Die arabischen Erzähler haben dienstbare Geister eingefügt, die aus den geschenkten Nüssen steigen; die Geister zaubern die gewünschten Kleider herbei.

Es liegt auf der Hand, dass auch dieses Motiv mit der Erinnerung an die Probestücke zusammenhängt, die ein Absolvent der Buschschule der versammelten Dorfgemeinschaft vorzeigen musste.

## Motiv Nr. 36: Die Hochzeit

Bei dieser Feier geht es turbulent zu, denn nun kommt die Wahrheit ans Licht. Der wahre Befreier der Königstöchter kann sich mit deren

---

[561]  Muhammed, der Sohn der Witwe (AT 650 A + 301 B). In: WILFRIED M. BONSACK (Hg.): Der schwangere Kupferkessel S. 7-25, hier S. 17.

[562]  Der Apfelbaum des Königs (AT 301 C + 300). In: GEORGIOS A. MEGAS (Hg.): Griechische Volksmärchen. S. 90-97, hier S. 95-96.

Geschenken ausweisen, die falschen Befreier werden entlarvt und – von Fall zu Fall – auf der Stelle bestraft.

Mit der ehemaligen Wirklichkeit haben diese Vorgänge nichts zu tun. Sie steigern den dramatischen Charakter der Handlung.

### Dritter Exkurs: Ergänzungen zum Unterricht

Bei dem Versuch, den Inhalt des Unterrichts in der Buschschule zu rekonstruieren, stützen wir uns zum einen auf Berichte über die Naturvölker, zum anderen auf Einzelheiten der Überlieferung.

**Pflichten und Rechte.** Bei den Naturvölkern wurde der Nachwuchs zum Respekt gegenüber Älteren und zu gegenseitiger Hilfe erzogen. Martin Gusinde hat im Feuerland zweimal als Prüfling an der Jugendweihe der Yámana teilgenommen. Im Bericht über das Leben der Ureinwohner Feuerlands zitiert er die Ratschläge, die einem seiner Bekannten von dessen Paten erteilt worden sind, hier einige Auszüge:

„Suche nicht nur deinen Vorteil, sondern denke auch an die übrigen Leute. Wenn du selber reichlich versorgt bist, sprich nicht: ,Die anderen gehen mich nichts an, um sie brauche ich mich nicht zu kümmern!' Hattest du auf der Jagd gutes Glück, laß andere auch daran teilhaben. Zeige ihnen überdies die günstigen Stellen, wo viele Seelöwen sich einfinden, die man dort bequem erschlagen kann. Lasse andere auch einmal zu ihrem Rechte kommen. Falls du alles nur für dich einheimsen willst, werden die übrigen Leute sich von dir entfernen und niemand wird mit dir zusammensein wollen. Solltest du einmal erkranken, wird dich niemand mehr besuchen, weil du deinerseits dich um andere früher nicht gekümmert hast. […]

Trittst du mit deiner Familie zu Besuch in eine Hütte ein und wird dir ein Lager angeboten, bleibe dortselbst. Jedoch, hilf den Leuten bei ihren Arbeiten und greife aus eigenem Antrieb zu, wo etwas zu tun ist. Niemand wird dich zur Mithilfe auffordern. Mach nur die Augen auf, du wirst bald merken, wo du angreifen kannst! Vielleicht fehlt Wasser oder Holz, möglicherweise liegt Schnee vor dem Eingange. Da lege unaufgefordert Hand an! Leute von dieser Art sind überall gern gesehen und werden von jedermann bereitwillig aufgenommen. Es ist nicht richtig, daß du dich ruhig hinsetzest und die anderen für dich arbeiten lässt. Da wird irgendjemand ein verdrießliches Gesicht zeigen und du wirst dich darüber wundern; doch niemand wird dir den eigentlichen Grund nennen. Am besten ist es schon, du unterstützest die anderen bei ihrer Arbeit; hilf ihnen bei allem bis zu dem Tage mit, an dem du abreist. […]

Hilf kleinen Kindern, die zufällig ratlos dastehen, und sogar dann, wenn sie nicht deiner Familie entstammen. Geleite sie zu deren Mutter oder in deren Hütte zurück. Weide dich nicht lachend daran, daß eines gestürzt ist oder im Wasser liegt; heb es vielmehr schnell auf und bring es seinen Eltern zurück. Diese werden deine Tat dir danken. Du selber wünschest ja auch, daß man deinen Kindern dergleichen Hilfe bietet, falls sie deren benötigen. Verhältst du dich fremden Kindern gegenüber gleichgültig, werden andere Leute sich um deine Kinder ebensowenig kümmern, falls diese weinen oder sich verletzt haben oder auf dem Boden liegen; niemand wird ihnen zu Hilfe eilen. Nimm dich demnach der Kinder aller übrigen Leute an, denn die Kinder haben ja niemandem etwas zuleide getan. […]"[563]

Aus der Völkerkunde verlautet, dass die Männer und Frauen, die gemeinsam die Jugendweihe erlebt hatten, einander das ganze Leben über eng verbunden blieben. Bei den Kpelle in Liberia waren die Mitglieder des Männerbundes Poro untereinander zu jedem Dienst verpflichtet; sie durften eine mit Berufung auf den Poro erbetene Hilfe nicht verweigern.[564] Noch mehr, Westermann schreibt: „Die Glieder des gleichen Poro-Kurses sind, obwohl Teilnehmer des dem Gesamtstamm angehörigen Poro-Zaubers geworden, doch wieder unter sich enger verbunden, weil ihre Einführung am gleichen Ort, zu gleicher Zeit, durch dieselben Personen und deren Riten geschehen ist. Es ist so gleichsam ‚ihr‘ Poro-Zauber, dem sie angehören."[565] – Bei den Bambara in Mali galten die im selben Jahr beschnittenen Knaben und Mädchen als Zwillingsgeschwister; sie bildeten die unterste Klasse des Bundes der jungen Leute *(ton)*,

---

[563]     MARTIN GUSINDE: Urmenschen im Feuerland. S. 277-287, Zitate S. 280-283.

[564]     DIEDRICH WESTERMANN: Die Kpelle. S. 252.

[565]     Ebd., S. 230.

der zu gegenseitigem Beistand verpflichtete.[566] – So verhielt es sich auch bei den Malinke: Die Gruppen der Knaben und Mädchen waren „ganz auf genossenschaftliche Landarbeit angelegt, gegliedert und geleitet".[567] – Bei den Kuba in Zaire hat sich diese Tradition bis in die Gegenwart erhalten. Die Gesellschaft der Kuba besteht aus Altersklassen, die jeweils mehrere Geburtsjahrgänge umfassen. Man wird durch die Jugendweihe in eine Altersklasse aufgenommen. Die Mitglieder betrachten sich als Brüder bzw. als Schwestern und stehen einander in vielfacher Hinsicht gegenseitig bei.[568]

Gewiss wurden die Initianden auch im Alten Europa zu Solidarität und gegenseitiger Hilfe erzogen. Zwar finden sich in den Märchen dafür nur indirekte Hinweise, erstens der Umstand, dass die Knaben als Brüder, die Mädchen als Schwestern gelten, zweitens der Umstand, dass die Helden und ihre Helfer „schwere Aufgaben" bewältigen müssen, die ich als systematische Beteiligung an Vorhaben der Dorfgemeinschaft wie Wegebau, Roden, Bewässerung usw. interpretiere. Doch diese indirekten Hinweise werden mehrfach bestätigt: durch gewisse Strafen, die die Erinnyen verhängen – durch Sagen über die Vilen und Feen – durch das Bemühen der rumänischen und der ukrainischen Mädchen-Spinnstuben um die glückliche Verehelichung aller Jugendlichen des Dorfes.

Die Erinnyen bestrafen Auswüchse der Rücksichtslosigkeit und greifen immer dann ein, wenn junge Menschen gegen Betagte, Kinder gegen ihre Eltern, ein Gastgeber gegen seine Gäste rücksichtslos waren.[569] Wir können sie uns als maskierte Frauen mit Geißeln, als den bewaffneten Arm eines Frauenbundes vorstellen.

---

[566] EMIL FINKERNAGEL: Familienleben und Jugenderziehung in Westafrika. S. 79.

[567] Ebd., S. 79.

[568] LOBO BOPE und RAIMUND HÖRBURGER: Einige Aspekte früherer und heute noch wirkender sozialer Integrationsprozesse im Königreich Kuba (Zaire). In: R. HÖRBURGER, H. NEHR, S. NEUWEG, K. PICHLWANGER (Hg.): Burkina Faso. S. 114-123, hier S. 120-121.

[569] ROBERT VON RANKE-GRAVES: Griechische Mythologie. S. 107.

In einer Überlieferung vom Balkan, halb Sage, halb Märchen, hat sich ein Beleg für die Erziehung der Jugendlichen zur Nachbarschaftshilfe durch die Vilen erhalten, die – in diesem Fall – wohl Sprecherinnen des Frauenbundes waren. Die Erzählung heißt „Lastari" [570], sie wurde von Friedrich S. Krauß in der kroatischen Ortschaft Zamladinec aufgezeichnet (und handelt hauptsächlich von einem Familiendrama). Ich zitiere:

„Als die Kinder schon soweit herangereift waren, um die Schule besuchen zu können, schickten sie die Eltern jeden Tag zu den Vile an den bestimmten Ort, oder die Vile kamen zu ihnen. In alten Zeiten pflegten aber die Vile am liebsten auf Weideplätzen die Kinder zu unterrichten, und deshalb schickten die Eltern ihre noch kleinen Kinder mit der übrigen Jugend in die Auen, wo sie mit den anderen Hirten auf die Reden der Vile horchten. Als nun die Knaben zur Hilfeleistung herangewachsen waren, halfen sie jedermann, selbst dem Geringsten, sobald sie sahen, er benötige Hilfe, und so halfen sie den Leuten ackern, einfechsen, mähen, kurz immer und überall boten sie ihre hilfreiche Hand an, und wenn sie sich den ganzen Tag mit Einfechsen oder Mähen abgemüht, so sangen sie abends des allmächtigen Schöpfers Lob und Preis. Und obgleich sie schon erwachsene Burschen waren, so gehorchten sie doch in allem und jedem den Vile und verehrten sie als wahrhaft göttliche Frauen, taten stets, was diese ihnen auftrugen, und wenn sie etwas Besonderes vorhatten, so unterließen sie es nie, zuerst die Vile um Rat zu fragen; und was ihnen die Vile zu tun erlaubten, das taten sie; wenn sie ihnen aber etwas als nicht gut bezeichneten, so unterließen sie es zu tun, und keinem von ihnen fiel mehr ein, auch nur durch eine unwillige Miene sich dagegen aufzulehnen."

Von dieser Erzählung führt eine gerade Linie zur Nachbarschaftshilfe durch Gruppen von Jugendlichen in der Moderne.

Gleich den Vilen auf dem Balkan sind die Feen Mitteleuropas Abbilder von Mitgliedern des ehemaligen Frauenbundes. Sie helfen einander wie gute Schwestern. Dieses Verhältnis wird von zwei Sagen mit

---

[570]    Lastari (AT ---). In: FRIEDRICH S. KRAUSS: Sagen und Märchen der Südslaven. Bd. 1, S. 98-108, Zitat S. 98-99.

dem Motiv der Saligen-Ehe veranschaulicht: Der Ehemann der Saligen muss sich keine Sorgen um seine Herde machen, weil ihre Schwestern ein Auge auf sie haben (Von Feen im Roussillon[571], katalanisch, AT ---). – Als ein Hagelsturm droht, eilen die Bergfeen der ganzen Umgebung herbei, um das Getreide der Familie zu retten (Die Fee von Cleibe[572], französisch aus der Schweiz, AT ---).

Die Mitglieder der rumänischen Mädchen-Spinnstuben veranstalteten Begegnungen mit den Burschen zum Zweck des gegenseitigen Kennenlernens und der Unterhaltung. Die Spinnstuben-Gemeinschaft spielte eine wichtige Rolle bei der Bildung der Paare, sie regelte die Liebesbeziehungen im Einklang mit traditionellen Normen und institutionalisierte das voreheliche Verhältnis. Die meisten Texte aus dem Repertoire der Mädchen-Spinnstube handeln von einer Liebesbeziehung; man münzte sie auf eine aktuelle Situation, indem man die Namen des Mädchens und des Burschen einfügte.[573] Laut Monica Brătulescu ist es der vermittelnden Tätigkeit der Mädchen-Spinnstuben zu verdanken, dass ledige Personen in den rumänischen Dörfern äußerst selten waren.[574] Ähnlich in der Ukraine. Dort veranstalteten die Mädchen-Spinnstuben Heiratsorakel und inszenierten Hochzeiten. In der letzten Woche der Heiratssaison wurden Burschen und Mädchen, die ledig geblieben waren, symbolisch bestraft. In der Ostukraine ‚bestrafte' man auch die Eltern der ledig Gebliebenen. Den Brauch übten gewöhnlich verheiratete Frauen, die eine eigene Altersklasse bildeten.[575]

**Geschichte und Gesellschaftskunde.** Wahrscheinlich wurden in den europäischen Buschschulen Vorträge gehalten, die wir dem Lehrfach Geschichte zuordnen würden, auch wenn sie in der Mythologie wurzeln.

---

[571] Von Feen im Roussillon (AT ---). In: FELIX KARLINGER und JOHANNES PÖGL (Hg.): Katalanische Märchen. S. 181-184.

[572] Die Fee von Cleibe (AT ---). In: ROBERT WILDHABER und LEZA UFFER (Hg.): Schweizer Volksmärchen. S. 85-89.

[573] MONICA BRĂTULESCU: Ceata feminină. S. 41.

[574] Ebd., S. 56.

[575] BOHDAN GEORG MYKYTIUK: Die ukrainischen Andreasbräuche und verwandtes Brauchtum. S. 16-34, 65-67; 53-54, 87-90; 145.

Über die Herkunft des Stammes – seine Beziehungen zu den Nachbarstämmen – die Entstehung des Männerbundes – die Entstehung des Frauenbundes. Für die späteren Erzähler waren die für uns interessanten Einzelheiten belanglos; man hat diese nicht in die Handlung der Märchen eingebaut.

Für uns sind Beobachtungen aufschlussreich, die Diedrich Westermann vor dem Ersten Weltkrieg bei den Kpelle im Hinterland von Liberia gemacht hat, weil das Volk der Kpelle sich der Schwelle zur Staatsbildung genähert hatte, so wie die Stämme unseres Kontinents in der Späten Bronzezeit. „Die Aufgabe der Poroschule ist, den Knaben eine Erziehung und Ausbildung im Sinne der Stammesideale zu geben. Sie sollen das werden und lernen, was einem Kpellemann zu sein und zu wissen gut ist; gelehrt wird das gesamte Wissen und Können des Stammes auf religiösem, allgemein geistigem, gesellschaftlichem, geschlechtlichem und wirtschaftlichem Gebiet."[576]

Allerdings war der Unterricht nur in den ersten Monaten für alle gemeinsam. Dann wurden die Knaben entsprechend ihren Fähigkeiten, ihrer Abkunft und den Wünschen ihrer Väter und des Königs in Klassen eingeteilt: 1. eine allgemeine, die Klasse der Boten und Diener genannt, 2. die Klasse der Zauberer und Religiösen überhaupt, 3. die Klasse der Häuptlinge. In der Häuptlingsklasse studierten nicht nur Knaben mit einiger Aussicht, zum Häuptling oder Oberhäuptling aufzusteigen, sondern sie war die Schule für alle diejenigen, die im öffentlichen Leben des Stammes als Berater der Häuptlinge und als Mitglieder des Rats der Alten eine Rolle zu spielen berufen waren, also die Söhne aus vornehmen Familien. Die Schüler der Häuptlingsklasse wurden eingeweiht in das Stammesleben und seine Verfassung, in die Bestimmungen über Erbfolge und Häuptlingswahl, in das Zeremoniell am Königshofe, ferner in die Stammesüberlieferungen, in das Verhältnis zu den Nachbarstämmen und in die Kriegsführung.[577] Aus einer anderen Quelle erfahren wir, dass in den Schulen des Poro-Bundes Gerichtsverhandlungen und Ratssitzungen nachgeahmt wurden, um die Knaben durch solche Rollenspiele mit

---

[576]    DIEDRICH WESTERMANN: Die Kpelle. S. 244.
[577]    Ebd., S. 246-248.

den Traditionen und Gesetzen des Stammes vertraut zu machen und sie auf ihre späteren Pflichten vorzubereiten.[578] Alex Haley schildert im Roman „Wurzeln", wie ein in ganz Gambia berühmter Griot, begleitet von mehreren Enkeln, die Buschschule von Juffure besucht. Der Gast erzählt von den Königreichen Benin, Songhai, Ghana und Mali.[579]

In Afrika ersetzte die mündliche Überlieferung die geschriebenen Chroniken. Die kollektive Erinnerung reichte Jahrhunderte weit in die Vergangenheit. Im Jahre 1910 hielt sich der Forscher Emil Torday bei den Buschongo im Kongo auf und notierte stundenlang, was die Würdenträger des Stammes über dessen Vergangenheit berichteten. Sie wussten Bescheid über mehr als hundert Herrscher; unter diesen waren Erfinder und Förderer der Künste, Reisende und Reformatoren, Diplomaten und Dummköpfe. Torday konnte zunächst nicht abschätzen, ob das, was man ihm mitteilte, tatsächlich Geschichte oder eher Dichtung ist, bis seine Gewährsleute auf den 98. Häuptling zu sprechen kamen, der den Namen *Bo Kama Bomantschale* trug, und vermerkten, während seiner Regierungszeit habe sich nichts Besonderes ereignet, mit der Ausnahme, dass eines Tages die Sonne erloschen sei und kurze Zeit absolute Finsternis geherrscht habe. Monate später vermochte Torday das Datum der Sonnenfinsternis in Erfahrung zu bringen: Es war der 30. März 1680, als eine totale Sonnenfinsternis gerade über Buschongo stattgefunden hat, und es bestand keine Möglichkeit der Verwechslung mit einer anderen Sonnenfinsternis, weil es die einzige war, die in dieser Gegend während des 17. und des 18. Jahrhunderts sichtbar gewesen ist.[580]

Bei den Dan in Liberia gab es in jedem Stamm einen Mann, der die Sippen- und Familiengeschichte, die Namen und Taten der Vorfahren genau kannte. Von Zeit zu Zeit ließen die Großhäuptlinge ihn zu sich kommen, damit er ihnen erzähle.[581]

---

[578]     ANTHONY ATMORE, GILLIAN STACEY, WERNER FORMAN: Schwarze Königreiche. S. 81.

[579]     ALEX HALEY: Wurzeln. S. 110-112.

[580]     KARL ROLF SEIFERT: Dreitausend Jahre Afrika. S. 151-153.

[581]     ULRIKE HIMMELHEBER: Schwarze Schwester. S. 55.

**Mythologie und Folklore.** Vormals wurden viele Zustände in der Natur, soziale Einrichtungen und Regeln des Zusammenlebens durch Mythen erklärt.

In der ältesten Schicht der ukrainischen *Koljada-Lieder* (oder Weihnachtslieder) hat sich eine von der biblischen Schöpfungsgeschichte abweichende Vorstellung vom Werden der Welt erhalten. Es ist die Rede von drei auf dem Urbaum sitzenden Tauben, die vom Meeresgrund Sand und Steine holen, aus welchen dann die Erde, der Himmel und die Himmelskörper entstehen.[582] Wie archaisch diese Vorstellung ist, erkennen wir daran, dass derselbe Vorgang, nur mit anderen Tieren, bei weit voneinander entfernt lebenden Völkern aufgezeichnet wurde. Die einschlägige Mythe muss schon erzählt worden sein, bevor die Urahnen der Indianer aus Sibirien über die Landbrücke Beringia nach Alaska wanderten, das bedeutet mehr als 10.000 Jahre. Man hat sie bei drei Indianerstämmen aufgezeichnet, nämlich bei den Cree, Seneca und Yuchi, die eindeutig im Verbreitungsgebiet des *Amerindischen* lebten. (Das ist die Sprachfamilie, die die Nachkommen der ersten Einwanderungswelle verbindet; ihr Gebiet reicht von Kap Hoorn bis zur Hudson-Bai.[583])

Die Erzählungen vom Starken Hans (AT 650 A), wie wir sie heute kennen, sind klägliche Reste der Mythen vom Tier-Ahnen. Das Märchen vom Zauberring (AT 560) dürfte sich aus einer Mythe über den Tier-Ahnen Schlange entwickelt haben.

In der Folklore der Naturvölker finden wir zahlreiche Geschichten über Ehen zwischen Menschen und Tieren. Auf unserem Kontinent war das Motiv der Heirat mit einem Vogelmädchen verbreitet. Aus diesem Motiv hat sich die Einleitung des Märchentypus AT 313 „Der dem Teufel versprochene Königssohn" entwickelt, nämlich AT 413 „Heirat durch Kleiderdiebstahl".

---

[582] BOHDAN GEORG MYKYTIUK: Die ukrainischen Andreasbräuche und verwandtes Brauchtum. S. 77-85, 141-142.

[583] JOSEPH H. GREENBERG und MERRITT RUHLEN: Der Sprachstammbaum der Ureinwohner Amerikas. In: SPEKTRUM DER WISSENSCHAFT. Dossier Nr. 1/2004. S. 58-64.

**Körperliche Ertüchtigung und Selbstbeherrschung.** In einem tschechischen Märchen nimmt Zwerg Ellenbart den drei Kameraden nachts die Decken weg (Der unerschrockene Mikesch[584], AT 301 B). Diese Geste entspricht der Abhärtung der Knaben im Poro-Busch der Kpelle, die wenigstens zeitweise im Freien ohne Bedeckung auf dem nackten Boden schlafen mussten.[585] Aus gewissen Aufgaben für den Helden des Märchens können wir auf körperliche Ertüchtigung schließen. Zwei Proben der Gewandtheit, nämlich im Klettern und im Tauchen, bedingen spezifische Übungen. Der Königssohn soll ein Nest ausheben, das sich im Wipfel eines hohen Baumes befindet (Die Vogelschlacht[586], schottisch, AT 313; Der König von Spanien[587], sizilianisch, AT 313). – Er soll nach einem ins Meer gefallenen Ring tauchen, was die Tochter des Zauberers für ihn erledigt (Der Zauberer Palermo[588], AT 313). Für diese Aufgabe gibt es eine Entsprechung im Brauchtum der Basuto in Südafrika: Dort mussten die Mädchen einen ins Wasser geworfenen Ring durch Tauchen heraufholen.[589] Unsere Erzähler haben die Aufgabe ins Fantastische gesteigert.

Merkwürdig sind zwei analoge Aussagen in zwei Varianten des Märchentypus AT 451 „Das Mädchen, das seine Brüder sucht". In der estnischen Variante schlagen die Helden tagsüber mit eisernen Keulen aufeinander los; das absonderliche Verhalten wird mit einem Fluch der

---


[584]    Der unerschrockene Mikesch (AT 301 B). In: BOŽENA NĚMCOVÁ: Das goldene Spinnrad. S. 100-119, hier S. 105.

[585]    DIEDRICH WESTERMANN: Die Kpelle. S. 247.

[586]    Die Vogelschlacht (AT 222 + 537 + 313). In: HANNAH AITKEN und RUTH MICHAELIS-JENA (Hg.): Schottische Volksmärchen. S. 5-17, hier S. 11.

[587]    Der König von Spanien (AT 313). In: RUDOLF SCHENDA und DORIS SENN (Hg.): Märchen aus Sizilien. S. 76-82, hier S. 79-80.

[588]    Der Zauberer Palermo (AT 313). In: HARRI MEIER und FELIX KARLINGER (Hg.): Spanische Märchen. S. 50-62, hier S. 56.

[589]    FERDINAND FREIHERR VON REITZENSTEIN: Das Weib bei den Naturvölkern. S. 91-92.

Stiefmutter begründet (Die kämpfenden Brüder[590]). In der slowakischen Variante, hier sind die Brüder zu Raben verzaubert, hacken sie tagsüber mit den Schnäbeln aufeinander ein und waschen am Abend, sobald sie wieder Menschengestalt haben, ihre Wunden (Die drei Rabenbrüder[591]). Der Gleichklang bleibt rätselhaft. Vielleicht handelt es sich um ein Training. Prügel zur Abhärtung der Knaben waren bei den Naturvölkern weit verbreitet. Im Norden Benins, bei den Bétammaribé, mussten sich die zwölf bis fünfzehn Jahre alten Burschen während ihrer Absonderung einerseits in der Jagdkunst, andererseits im Peitschenkampf üben, wobei sie weder Angst noch Schmerz zeigen durften. So geschah es noch im Jahre 1999.[592]

Von der körperlichen Ertüchtigung ist die Erziehung zur Selbstbeherrschung nicht zu trennen. Die Initianden mussten lernen, ihren Körper und ihre Gefühle unter Kontrolle zu halten. Das gilt für Hunger und Durst, Juckreiz und Ekel, Müdigkeit und Schläfrigkeit, Schmerz und Geschlechtstrieb, Neugier und Angst, Redseligkeit und Lachreiz. Um festzustellen, ob die Schüler die an sie gestellten Erwartungen erfüllen, unterwarf man sie zahlreichen Proben.

Im Märchen soll der Held
- sich weder schnäuzen noch schnippen, kein Wasser aus den Augen wischen, nicht austreten (AT 361, 475);
- ausdauernd schweigen: „nix reden, nur zeigen" heißt es in einem Südtiroler Text (Das Märchen vom Bärenhäuter[593], AT 361);

---

[590] Die kämpfenden Brüder (AT 451). In: AUGUST VON LÖWIS OF MENAR (Hg.): Finnische und estnische Volksmärchen. S. 259-262, hier S. 261.

[591] Die drei Rabenbrüder (AT 451). In: PAVOL DOBŠINSKÝ: Slowakische Märchen. S. 60-74, hier S. 66-67.

[592] BARTHOLOMÄUS GRILL: Afrika. Teil 2. In: GEO. Nr. 1/2000, S. 138-166, hier S. 146.

[593] Das Märchen vom Bärenhäuter (AT 361). In: LEANDER PETZOLDT (Hg.): Sagen, Märchen und Schwänke aus Südtirol. Bd. 2, S. 318-319. – Auch in einer Allgäuer Sage mit dem Motiv „Ausgelohnt" beginnen die Männlein erst bei ihrem Abschied (lies: am Ende des

- nicht essen noch trinken, noch einschlafen (AT 400);
- wortlos Schmerzen ertragen (AT 400);
- die Tanzlust unterdrücken (AT 400);
- nicht erschrecken, kalt Blut bewahren (AT 301, 326, 400);
- den Geschlechtstrieb zügeln (AT 400).

Obwohl die Sachbücher den Helden von AT 400 übereinstimmend als männlich vorstellen, gibt es doch Texte mit einem Mädchen in der Hauptrolle. Zum Beispiel: Im niederösterreichischen Märchen „Allmählich weiß"[594] bedrohen spukhafte wilde Tiere die Tochter des Holzhackers, aber sie zeigt keine Furcht und erlöst eine schwarzgekleidete Frau. – Im schlesischen Märchen „Die erlöste Schlange"[595] lässt sich die älteste Tochter des Holzhackers an sieben Abenden von gespenstischen Erscheinungen nicht aus der Fassung bringen. – Im polnischen Märchen „Die Krähe"[596] wollen Unholde das Mädchen in einen Kessel mit kochendem Wasser stürzen, aber es hat versprochen zu schweigen, was immer geschehen mag.

Weitere Ausnahmen: Im Tiroler Märchen „Das Totenköpflein"[597] (AT 326) beweist ein Mädchen seine Standhaftigkeit. – Ähnlich im

---

sozialen Praktikums) zu reden, während sie bis dahin nur *gedeutet* hatten, wohin man ihnen das Essen legen soll. Siehe: Hilfreiche Männle werden verscheucht. In: HERMANN ENDRÖS und ALFRED WEITNAUER (Hg.): Allgäuer Sagen. S. 169-170.

[594] Allmählich weiß (AT 400). In: THEODOR VERNALEKEN: Mythen und Bräuche des Volkes in Österreich. S. 125-129.

[595] Die erlöste Schlange (AT 400). In: KARL HALLER (Hg.): Volksmärchen aus Österreich. S. 109-111.

[596] Die Krähe (AT 400). In: K. W. WOYCICKI: Volkssagen und Märchen aus Polen. S. 82-83.

[597] Das Totenköpflein (AT 326). In: IGNAZ und JOSEPH ZINGERLE: Kinder- und Hausmärchen aus Tirol. S. 269-270. – Auch enthalten in: PAUL ZAUNERT: (Hg.): Deutsche Märchen aus dem Donaulande. S. 236-237.

niederländischen Märchen „Die drei Schwestern"[598] (AT 326). – Im Tiroler Märchen „Die faule Katl"[599] (AT 361) darf sich ein Mädchen sieben
Jahre lang weder waschen noch kämmen und nichts Warmes essen.

Im Märchen soll die Heldin
- nichts Warmes essen (AT 361);
- wortlos Schmerzen ertragen (AT 400);
- nicht erschrecken, kalt Blut bewahren (AT 400);
- ihre Neugierde bezähmen (AT 425 B);
- allein in der Wildnis leben (AT 710).

Hinter den Geschichten von der schwermütigen Prinzessin, die
demjenigen versprochen wir, der sie zum Lachen bringen kann, verbirgt
sich meiner Ansicht nach die von den späteren Erzählern nicht mehr ver-
standene Probe, ob das Mädchen imstande ist, sich das Lachen zu ver-
beißen. Der Märchentypus heißt 571 A „Kleb an! Die Königstochter zum
Lachen bringen".

**Handwerkliche Ausbildung.** Vermutlich schloss die handwerk-
liche Ausbildung traditionell die Erziehung zum Jäger und Fischer ein.
Die Probe des Überlebens in der Wildnis, die in unserer Folklore nur für
Mädchen belegt ist, setzt das voraus. Die Erziehung zum Pflanzer ist in
den Märchen von der Buschschule gut vertreten. Sie begann mit dem
Trennen der Samenkörner von Unkraut und Kulturpflanzen, mit dem
Schutz der reifenden Saat vor den gefräßigen Vögeln. Zu den „schweren
Aufgaben" für den Helden gehören diese: roden – einen Sumpf entwäs-
sern – Buckelwiesen einebnen – Gärten anlegen – ein Feld bestellen und
abernten – Felder bewässern – Kanäle säubern. Als andere „schwere
Aufgaben" werden genannt: einen Weg bahnen – einen Knüppeldamm
anlegen – eine Brücke errichten – einen Fischteich vom Schlamm

---

[598] Die drei Schwestern (AT 326). In: A. M. A. COX-LEICK und H.
L. COX (Hg.): Märchen der Niederlande. S. 219-223.
[599] Die faule Katl (AT 361). In: IGNAZ und JOSEPH ZINGERLE:
Kinder- und Hausmärchen aus Tirol. S. 266-268. – Auch enthalten in:
PAUL ZAUNERT (Hg.): Deutsche Märchen seit Grimm. Bd. 1, S. 369-
371. – Enthalten ferner in: KARL HAIDING (Hg.): Österreichs Märchenschatz. S. 314-316.

säubern. Mit diesen Tätigkeiten wurden die Initianden vertraut gemacht, wenn sie sich mit den Erwachsenen an gemeinsamen Vorhaben der Dorfgemeinschaft beteiligten. Das Auftreten der Spezialisten beim Märchentypus AT 301 B beweist es (siehe die Motive 11-17). Im Falle der gemischten Gruppe von Initianden haben die späteren Erzähler aus unbekannten Gründen Akzente gesetzt: Es kommt vor, dass der Held über Nacht einen Garten anlegen soll und diese Arbeit von einer Gruppe Mädchen erledigt wird (Von der Schwester des Muntifiuri[600], sizilianisch, AT 403; Der Krebs[601], griechisch aus Lesbos, AT 425 A).

Beim Märchentypus AT 301 wurde die handwerkliche Ausbildung von den Erzählern vernachlässigt. Wenn wir vom Aufenthalt des Starken Hans in der Schmiede absehen, blieben im Falle der Knaben nur indirekte Hinweise in Form der Gegenstände erhalten, durch die der Held sich als der wahre Befreier der Königstöchter ausweist, etwa der Ring und die Schuhe. Zuweilen sind die Prinzessinnen mit Handarbeiten beschäftigt (siehe Motiv Nr. 6). Dadurch unterscheidet sich dieser Typus auffällig von AT 313 „Der dem Teufel versprochene Königssohn" sowie von AT 402 „Die Katze als Braut".

Der Märchentypus <u>AT 402 „Die Katze als Braut"</u> informiert umfassend über die handwerkliche Ausbildung der Mädchen. Hier will der Vater von drei Brüdern (ausnahmsweise die Mutter) sich eine Vorstellung von der Geschicklichkeit der künftigen Schwiegertöchter machen und fordert Probestücke. Oft genannte Probestücke sind: ein Garn, aus Flachs oder Hanf gesponnen – ein Gewebe (Leinwand, Tuch, Laken, Teppich) – ein Kleidungsstück (Hemd, Kleid, Schlafrock, Halstuch) – ein Gebäck (Brot, Kuchen, Pastete). Probestücke sind ferner: ein Krug Bier – eine Flasche Obstsaft – ein besticktes Tuch – ein Paar Schuhe – ein Gefäß (Trinkbecher, Krug, Waschschüssel) – ein Ring – eine Kette.

---

[600] Von der Schwester des Muntifiuri (AT 403). In: LAURA GONZENBACH: Sicilianische Märchen. Erster Teil, S. 220-227, hier S. 223-224.

[601] Der Krebs (AT 425 A). In: Paul Kretschmer (Hg.): Neugriechische Märchen. S. 18-23, hier S. 19-20.

Im polnischen Märchen „Prinzessin Frosch"[602] soll die Heldin einen Teppich herstellen. So wie in anderen Fassungen die verzauberten Schwestern zur Hilfe aufgeboten werden, ruft sie die Winde aus allen Himmelsrichtungen herbei, doch die Winde, merkwürdig genug, treten als sieben Jungfrauen in Erscheinung und bringen alle erforderlichen Werkstoffe mit.

Andere Überlieferungen ergänzen das Bild. Die vom Vater verstoßene Prinzessin lernt von der weisen Frau Schafe betreuen, spinnen, spulen und weben (Salz ist kostbarer als Gold[603], slowakisch, AT 923). – Mariflor lernt von der Hexe nähen, sticken und stricken (Das wundertätige Madonnenbild[604] katalanisch, AT ---). – Laut einer französischen Überlieferung brachten die Feen von Ain jungen Mädchen das Nähen und das Spinnen bei; diese Feen waren weise und tugendhafte alte Frauen (*des vieilles filles sages et vertueuses*).[605]

**Magische Praktiken.** Der Alltag unserer fernen Vorfahren war geprägt vom Kampf gegen eingebildete böse Mächte und vom Buhlen um die Gunst von eingebildeten wohlgesinnten Mächten. Der Eskimo-Häuptling Aua bekannte in einem Gespräch mit Knud Rasmussen: „Wir fürchten das Wetter der Erde, mit dem wir kämpfen müssen, um dem Lande und dem Meere Nahrung zu entreißen. Wir fürchten Not und Hunger in der kalten Schneehütte. Wir fürchten die Krankheit, die wir täglich rings um uns erleben; nicht den Tod, sondern das Leiden. Wir fürchten tote Menschen und die Seelen der getöteten Tiere. Wir fürchten die Geister der Erde und der Luft. Deshalb haben unsere Väter von ihren Vätern her sich mit den alten Lebensregeln gewappnet, die auf der Erfahrung

---

[602]    Prinzessin Frosch (AT 402). In: KÄTHE ALTWALLSTÄDT: Die blaue Rose. S. 69-84, hier S. 74.

[603]    Salz ist kostbarer als Gold (AT 923). In: PAVOL DOBŠINSKÝ: Slowakische Märchen. S. 285-294, hier S. 287.

[604]    Das wundertätige Madonnenbild (AT ---). In: FELIX KARLINGER (Hg.): Das Feigenkörbchen. S. 98-110, hier S. 104, 105, 106. – Auch enthalten in: HARRI MEIER und FELIX KARLINGER (Hg.): Spanische Märchen. S. 293-304, hier S. 298, 299, 300.

[605]    PAUL SÉBILLOT: Le Folk-Lore de France. Bd. 1, S. 448.

und der Lebensweisheit von Geschlechtern aufgebaut sind. Wir wissen nicht, wieso, wir ahnen nicht, warum, aber wir befolgen sie, um sorglos leben zu dürfen. Und so unwissend sind wir trotz aller Zauberer, dass wir alles fürchten, was wir nicht kennen. Wir fürchten das, was wir um uns sehen, und wir fürchten das, was wir aus den Erzählungen und Mythen der Vorväter kennen. Darum haben wir unsere Bräuche, und darum befolgen wir unser Tabu."[606]

In der Buschschule war Magie ein Hauptfach. Das populäre Märchen vom Zauberer und seinem Schüler (AT 325) ist von der Umwertung des Ritus gezeichnet, denn hier erwirbt der Held seine Kunst heimlich, ohne Wissen des Meisters. Mit Bezug auf den Unterricht für die weiblichen Zöglinge sind klare Aussagen erhalten geblieben: Ein Mann bringt seine Tochter zur Zauberin Mammadraga, dort lernt das Mädchen zaubern (Die Tochter der Brillonca[607], sizilianisch, AT 310). – Fenchelchen lebt mehrere Jahre bei der Hexe in einem großen Turm, zu dessen Spitze keine Treppe emporführt; die Hexe gewinnt es richtig lieb und lehrt es viele Zauberstückchen (Fenchelchen[608], maltesisch, AT 310). – Ekinchen ist von einem alten Weib geraubt worden, das bringt ihr allerlei Zaubereien bei (Ekinchen und Akinchen[609], slowakisch, AT 313). – Der Held findet die drei Prinzessinnen im goldenen Schloss in der Obhut einer alten Frau, die sie in der Zauberei unterrichtet (Der Trommler[610], deutsch aus Böhmen, AT 313). – Die vom Troll gestohlene Miseri Mö hat lange die alte Trollfrau bedient, und die hat ihr auch alle ihre Künste

---

[606]  KNUD RASMUSSEN: Unter Jägern und Schamanen. S. 306.

[607]  Die Tochter der Brillonca (AT 310). In: RENATO APRILE (Hg.): Die Schöne mit den sieben Schleiern. S. 175-185, hier S. 179.

[608]  Fenchelchen (AT 310). In: B. ILG: Maltesische Märchen und Schwänke. Erster Teil, S. 6-11, hier S. 7.

[609]  Ekinchen und Akinchen (AT 313). In: PAVOL DOBŠINSKÝ: Slowakische Märchen. S. 89-94, hier S. 89.

[610]  Der Trommler (AT 413 + 400 + 518 + 313). In: THEODOR VERNALEKEN: Alpenmärchen. S. 214-219, hier S. 217.

beigebracht (Vildering Königssohn und Miseri Mö[611], dänisch, AT 313). Vom Inhalt der magischen Künste aber erfahren wir nichts. Beim Gestaltwandel im Falle von AT 325 handelt es sich um eine von der Tier-Maske inspirierte Entstellung durch die späteren Erzähler.

Bei den Kpelle im Hinterland von Liberia erlernte jeder Knabe und jedes Mädchen magische Tänze, und jene, die nach einiger Zeit den Sinn der Tänze verstanden und die Tänze beherrschten, zählten zu den Fortgeschrittenen, zu einer Kategorie von Schülern mit eigenem Namen.[612] Man hielt den Tanz-Unterricht für so wichtig, dass Knaben und Mädchen ihr Können ab und an schon während des Lehrgangs und dann gelegentlich der Entlassung öffentlich vorführen mussten.[613] Was die Tänze bewirken sollten, teilt Westermann nicht mit. Die Mädchen erlernten Lieder, die dazu bestimmt waren, die Fortpflanzung – Empfängnis und Gebären – günstig zu beeinflussen. Sie erlernten Lieder, die das Tun der Männer im Krieg und die Handlungen des Poro-Großmeisters unterstützen sollten.[614] Laut Olfert Dapper mussten die Absolventen den im Busch gelernten Tanz auf dem Spielplatz vorführen, wo die Frauen samt der ganzen Gemeinde – nicht allein desselben Dorfes, sondern auch aller anderen, die daherum liegen – versammelt waren. „Wer nun unter ihnen soviel nicht begriffen, daß er auf denselben Tag den vorgemeldeten Tanz tanzen kann, derselbe darf sich nach der Zeit nimmermehr unterstehen, dergleichen Tanz zu tanzen. Ja er wird auch verachtet als einer, der seine Zeit nur mit Reisessen zugebracht."[615]

Wenn wir genauer hinsehen, tanzt die Braut des jüngsten Sohnes aus AT 402 „Die Katze als Braut" niemals gleichzeitig mit ihren Schwägerinnen; in einer türkischen Variante heißt es ausdrücklich, dass der Schwiegervater die Bräute der Söhne *einzeln* zum Tanzen schickt (Die

---

[611] Vildering Königssohn und Miseri Mö. In: HEINZ BARÜSKE (Hg.): Dänische Märchen. S. 316-331, hier S. 319.

[612] DIEDRICH WESTERMANN: Die Kpelle. S. 237, 254.

[613] Ebd., S. 246, 251 bzw. S. 258, 262.

[614] Ebd., S. 259.

[615] OLFERT DAPPER: Umbständliche und Eigentliche Beschreibung von AFRICA. S. 223-224.

Windesbraut[616]). Und siehe da, eine von Dapper stammende frühe Nachricht über den Sande-Bund in Westafrika hält fest, dass die Mädchen anlässlich ihrer Entlassung aus dem Busch *eine nach der anderen* tanzen mussten.[617]

Mit Sicherheit legten unsere Ahnen auf die Tanzkunst große Wert. Der Glaube an die magische Wirkung der Tanzschritte hat im rezenten Brauchtum unübersehbare Spuren hinterlassen, sie reichen bis in die nahe Vergangenheit.

Beginnen wir mit dem zukunftsweisenden Programm der Umzüge „in den Zwölften", in der Zeit „zwischen den Jahren". Bei den Huzulen, einem konservativen Stamm der Ukrainer, war der Tanz bis in die jüngste Zeit in jedem besuchten Gehöft obligatorisch. Man tanzte zu einem kosmogonischen Lied, wobei bestimmte Schritte, Figuren und Handlungen wie z.B. Glockenläuten mit den entsprechenden Textstellen ganz genau zusammenfallen mussten.[618] – Auch beim Perchtenlauf im Salzburger Land war es üblich, dass der Maskenzug immer wieder vor einem Haus oder Gehöft anhält, damit die *Schönperchten* einen Tanz aufführen.[619] – Genauso bei den Rumänen in Siebenbürgen.[620]

Im niedersächsischen Hildesheim gingen die Knechte noch bis Mitte des 19. Jahrhunderts in der Silvesternacht in die Obstgärten, tanzten um jeden einzelnen Baum, damit er reichlich trage, und sprachen dazu: „Freue ju Böme,/ Nijahr is kômen./ Dit Jahr ne Kare vull,/ up et Jahr en Wagen vull."[621] Auch in der Andreasnacht wurden die

---

[616]    Die Windesbraut (AT 402). In: OTTO SPIES (Hg.): Türkische Märchen. S. 247-249, hier S. 249.

[617]    OLFERT DAPPER: Umbständliche und Eigentliche Beschreibung von Africa. S. 225.

[618]    BOHDAN GEORG MYKYTIUK: Die ukrainischen Andreasbräuche und verwandtes Brauchtum. S. 84-85.

[619]    PAUL KAUFMANN: Brauchtum in Österreich. S. 66.

[620]    OCTAVIAN BUHOCIU: Die rumänische Volkskultur und ihre Mythologie. S. 55-56.

[621]    A. RITTER VON PERGEN: Deutsche Pflanzensagen. S. 21.

Obstbäume umtanzt, weil sie gemäß dem Volkskalender das neue Jahr einleitete. [622]

In Norddeutschland waren nach dem Volksglauben hohe Sprünge der Hausfrauen und Mädchen bei den Fastnachtstänzen dem Wachstum des Flachses förderlich. [623] – In Böhmen glaubte man, dass am Fastnachtsdienstag alles tanzen müsse, und zwar mit möglichst hohen Sprüngen, damit Flachs, Kraut und Getreide gut geraten. [624] – In Kärnten mussten am Faschingsdienstag beim letzten Tanz im Wirtshaus alle Anwesenden antreten, damit die gelben und weißen Rüben gut gedeihen. Je höher die Paare sprangen, desto höher geriet vermeintlich der Flachs, je weiter die Röcke der Tänzerinnen flogen, desto größer gerieten vermeintlich die Rüben. [625] – In der Bukowina tanzte man zu Letztfasching *(lăsatul secului de postul mare)*, damit der Hanf gedeihe. [626]

**Sexuelle Aufklärung.** Bei den Naturvölkern hatte die sexuelle Aufklärung einen völlig anderen Stellenwert als im zivilisierten Europa. Davon ausgehend dürfen wir annehmen, dass es auch im Alten Europa so war. Unsere Annahme wird einerseits durch den Bericht von Monica Brătulescu über die rumänische Mädchen-Spinnstube bestätigt, andererseits durch das häufige Motiv des Tierbräutigams, welches dem praktischen Teil der sexuellen Aufklärung in der Buschschule entspricht.

Für die Kpelle-Knaben gilt Folgendes: „Ein guter Teil der Ausbildungszeit ist angefüllt mit geschlechtlichen Belehrungen: [...] Frauen sich geneigt zu machen, sie zum Gehorsam zu zwingen, wie man hinter

---


[622]     ADOLF SPAMER: Weihnachten in alter und neuer Zeit. S. 24.

[623]     ADALBERT KUHN und WILHELM SCHWARTZ: Norddeutsche Sagen, Märchen und Gebräuche. S. 445. – Siehe auch: OSWALD ADOLF ERICH: WÖRTERBUCH DER DEUTSCHEN VOLKSKUNDE. S. 202, 220.

[624]     O. FRH. VON REINSBERG-DÜRINGSFELD: Fest-Kalender aus Böhmen. S. 49.

[625]     GEORG GRABER: Volksleben in Kärnten. S. 195.

[626]     ELENA NICULIȚĂ-VORONCA: Datinile și credințele poporului român. Bd. 2, S. 328.

ihre Schliche und Nebenwege kommt und sich dafür schadlos hält."[627]
Für die Mädchen gilt: „Man klärt die Schülerinnen auf über das Verhältnis der beiden Geschlechter, darüber, wie man einen Mann behandelt, gewinnt und betrügt, wie man sich bei Anklagen wegen Ehebruchs benimmt; über Empfängnis, Schwangerschaft, Gebären und Fruchtabtreiben."[628] Hier sei noch daran erinnert, dass der Zauber des Sande-Bundes vermeintlich jedem Mitglied Fruchtbarkeit wie auch die Fähigkeit zu allen Verrichtungen der Frau verlieh.[629] – Die Cwabo in der Sambesi-Angola-Provinz verwendeten zur Belehrung der Knaben Instruktionsplastiken, z.B. das aus Lehm gefertigte Abbild einer Schwangeren.[630] – Bei den Ila-Leuten in Nordrhodesien (seit 1964 *Sambia*) erhielten die Mädchen in der Abgeschlossenheit Eheunterricht. Alles, was sie dabei lernten, mussten sie in Lehm nachformen. Diese Figuren wurden gesammelt und zur Begutachtung dem Rat der Alten vorgelegt, damit er entscheidet, ob sie das nötige Wissen für die Ehe besitzen.[631] – Ähnlich bei den Valenge in Südafrika. Dort wurde von Generation zu Generation ein besonderes Körbchen mit Initiationssymbolen von der Mutter an die Tochter weitergereicht. Sie bestanden aus einer Trommel, einem Horn, Nachbildungen der Genitalien beider Geschlechter sowie männlichen und weiblichen Puppen, die alle mit rotem Ocker bemalt waren. Im Rahmen der über einen Monat dauernden Jugendweihe fand u.a. eine systematische Unterweisung in die Tatbestände des Geschlechtslebens statt. Zu diesem Zweck wurden die Puppen aus dem Korb genommen und dienten zusammen mit den Nachbildungen der Genitalien als Anschauungsmaterial.[632] – Bei den Atchuabo am nördlichsten Mündungsarm des Sambesi führten

---

[627]    DIEDRICH WESTERMANN: Die Kpelle. S. 248.

[628]    Ebd., S. 259.

[629]    Ebd., S. 259.

[630]    H. BAUMANN: Die Sambesi-Angola-Provinz. In: HERMANN BAUMANN (Hg.): Die Völker Afrikas und ihre traditionellen Kulturen. Teil I, S. 513-648, hier S. 600.

[631]    ALEXANDER MUTHESIUS: Die Afrikanerin. S. 155-156.

[632]    HANS BIEDERMANN: Die Großen Mütter. S. 159-160. (Mit Berufung auf E. D. EARTHY: Valenge Women. 1933, 1960).

maskierte alte Weiber den Mädchen vor, wie Mann und Frau sich begatten.[633]

Fallweise ging die Aufklärung noch über die Belehrung mit Hilfe von Abbildungen oder Gesten hinaus und mündete in praktischen Übungen. Auf den Palau-Inseln wurden die Knaben nach der Pubertät im Männerhaus von Frauen in die Sexualität eingeführt.[634] – Bei den Xosa-Kaffern stand den Initianden der Verkehr mit Mädchen und Witwen frei.[635] – Bei den Ila und Sala in der Sambesi-Angola-Provinz schliefen sie mit der Frau ihres Lehrer-Paten, wobei der Koitus imitiert wurde.[636] – Bei den Cokwe in Angola fand eine Koitus-Probe mit einer Verwandten des Vaters statt.[637] – Bei der Lobi-Dagari-Gruppe in der Obervolta-Provinz durften die männlichen und weiblichen Initianden untereinander verkehren.[638] – Bei den Kono in Sierra Leone waren sexuelle Kontakte zwischen den Initianden von Poro und Sande unter Kontrolle der Bund-Leitungen erlaubt.[639] – Bei den Bozo, einem Fischervolk am Niger in Mali, ziehen die Knaben im Alter von dreizehn bis fünfzehn aus der elterlichen Hütte für zwei Jahre in das prächtigste Gebäude des Dorfes, *Saho* genannt. Dort werden sie von einem Mann in die Geheimnisse der Sexualität

---

[633]    AD. E. JENSEN: Beschneidung und Reifezeremonien bei Naturvölkern. S. 57-58. – Siehe auch: ALFRED WINTERSTEIN: Die Pubertätsriten der Mädchen und ihre Spuren im Märchen. S. 271.

[634]    EVELYN HEINEMANN: Die Frauen von Palau. S. 53, 56.

[635]    FERDINAND VON REITZENSTEIN: Das Weib bei den Naturvölkern. S. 74.

[636]    H. BAUMANN: Die Sambesi-Angola-Provinz. In: HERMANN BAUMANN (Hg.): Die Völker Afrikas und ihre traditionellen Kulturen. Teil I, S. 513-648, hier S. 599.

[637]    Ebd., S. 603.

[638]    K. DITTMER: Die Obervolta-Provinz. In: HERMANN BAUMANN (Hg.): Die Völker Afrikas und ihre traditionellen Kulturen. Teil II, S. 495-542, hier S. 524.

[639]    RITA SCHÄFER: Die Sande-Frauengeheimgesellschft der Mende in Sierra Leone. S. 102.

eingeführt. Praktische Erfahrungen sammeln sie bei Kontakten mit der weiblichen Dorfjugend, die regelmäßig zu Besuch kommt.[640]

Zwischen der spezifischen Tradition der Naturvölker und dem Unterricht im Rahmen der rumänischen Mädchen-Spinnstube besteht kein wesentlicher Unterschied. Die Leiterin bereitete die Mitglieder auf das künftige Leben als Ehefrau vor, dazu dienten u.a. überlieferte Texte, die den Mädchen ein aktives Verhalten empfahlen, und überlieferte Spiele mit bezeichnenden Namen wie „Festung" *(De-a cetatea)*, „Bett" *(Patul)*, „Hose" *(De-a ciorecelul)*.[641] Die Spinnstube veranstaltete gemeinsame Unterhaltungen der Mädchen und der Burschen. Sie duldete sogar den vorehelichen Geschlechtsverkehr unter der Bedingung der späteren Heirat[642] – ein ausgesprochen archaischer Zug, im Widerspruch zu den Forderungen der christlichen Kirche und zu der offiziellen Moral des sozial differenzierten rumänischen Dorfes.

Höchstwahrscheinlich wurden die Knaben und Mädchen in der alteuropäischen Buschschule auch durch Vorträge über die geschlechtlichen Beziehungen zwischen Mann und Frau belehrt. Das lassen die Berichte über den Unterricht bei den Naturvölkern nur vermuten, aber die oben genannten in der rumänischen Mädchen-Spinnstube praktizierten Spiele bestätigen es. Aus den Märchen erfahren wir diesbezüglich nichts, die Märchen berichten nur vom praktischen Teil der sexuellen Aufklärung.

Es handelt sich um gut ein Dutzend Märchentypen, diese sind: (A) AT 313, 400 mit vertauschten Rollen, 425 A, 425 B, 425 C, 425 E, 425 G, 432, 433, 437, 451. – (B) AT 400, 425 A mit vertauschten Rollen. Der männliche Zögling hat Umgang mit einer jungen Frau, die zeitweilig in der Buschschule lebt (Gruppe A); der weibliche Zögling hat Umgang

---

[640]    MICHAEL STÜHRENBERG und PASCAL MAITRE: An den Ufern der Wüste. In: GEO special. Nr. 5, Okt.-Nov. 2000, „Westafrika". S. 8, dann 14-34, hier S. 8.

[641]    MONICA BRĂTULESCU: Ceata feminină. S. 45. *Cioareci* ist die Bezeichnung für die enge, weißwollene Bauernhose, regional auch für Flauschstrümpfe.

[642]    Ebd., S. 54.

mit einem jungen Mann, der zeitweilig in der Buschschule lebt (Gruppe B). Weil der jungen Frau sowie dem jungen Mann ein Entgelt gegeben wird, erinnert der Brauch an Prostitution, aber es wäre falsch, die zwei Dinge gleichzusetzen. Die Naturvölker haben andere Moralbegriffe als die kleinbürgerlichen Philister. Weil der Bursche, mit dem die junge Frau das Lager teilt, eine Tier-Maske trägt (im Märchen ist er dazu verwünscht, tagsüber als Tier aufzutreten), spricht die Sekundärliteratur von einem *Tierbräutigam*. Hätten die Brüder Grimm den Sinn der Überlieferung erfasst, wären diese Texte verpönt worden und nicht in ein für Kinder bestimmtes Buch gelangt.

Eine Zipser Überlieferung aus Rumänien zeigt den Vorgang der sexuellen Aufklärung mit einem Minimum an Mystifikation und liefert damit den Schlüssel zum Verständnis aller Tierbräutigam-Texte. Die Überlieferung heißt „Marisch bei den Fischen"[643]. Wir hören von einer armen Witwe mit drei Töchtern, die keinen Mann kriegen, weil sie keine Mitgift haben. Da meldet sich der Goldene Fisch und bietet der Witwe Hilfe an mit der Bedingung, dass die jüngste Tochter einen seiner Söhne heiratet. Diese Tochter wird beim Wäschewaschen am Fluss in die Tiefe gezogen. Nach drei Jahren kehrt sie zurück, denn bei den Fischen dauert eine Ehe nur drei Jahre, dann ist die Frau, wenn sie dem Fisch-Sohn treu war, wieder frei und kann gehen, wohin sie will. Die neue Marisch trägt feine Kleider und fährt in einer goldenen Kutsche, alles Geschenke von ihrem Fisch-Mann. Nun besitzt sie die nötige Mitgift und heiratet einen Hirten. So wie hier wird in mehreren Märchen, die zu verschiedenen Typen gehören (AT 400, AT 425 A mit vertauschten Rollen, 425 B, 425 E) klar ausgesprochen, dass es die Armut ist, welche die Eltern oder den Helden selbst, sei er weiblich, sei er männlich, zu dem bewussten Schritt veranlasst.

**Die Überlebensprobe – sich allein in der Wildnis zurechtfinden.** Diese Probe wird beim Typus AT 710 „Marienkind" geschildert, wobei die Zauberer-Gestalt als *Oberste der Feen, schwarze Fee, schwarze Frau, schwarzes Männlein* oder als *Gottesmutter* auftritt. Es

---

[643]     Marisch bei den Fischen. In: CLAUS STEPHANI: Zipser Mära und Kasska. S. 46-47.

liegt auf der Hand, dass man die Knaben, die traditionsgemäß zu Jägern und Fischern ausgebildet wurden, auch dieser Probe unterworfen hat, bloß wurde sie nicht überliefert.

Was geschieht im Märchen? Die Fee vertreibt das Mädchen aus dem Palast, es lebt allein in der Wildnis, nährt sich von Beeren, Haselnüssen, Bucheckern, Eicheln, Wildäpfeln und Wurzeln (Lüge nicht![644] rumänisch aus Siebenbürgen). – Die heilige Maria führt das Mädchen in den Wald, setzt es in einen Strauch und nimmt ihm die Sprache (Die Pathenschaft der heiligen Maria[645], deutsch aus der Lausitz). – Die schwarze Fee wirft Goldhaar in einen tiefen Brunnen, von dort entkommt das Mädchen durch einen unterirdischen Gang, gelangt auf eine Wiese und nährt sich von Erdbeeren und Wurzeln (Goldhaar[646], slowakisch). – Die schwarze Frau zieht das Mädchen nackt aus und stürzt es den Berg hinunter. Es verkriecht sich in einen hohlen Baum, isst Wurzeln und melkt eine Hirschkuh (Die schwarze Frau[647], deutsch aus dem Burgenland). – Das Dirndl findet sich mitten in einem dichten Wald wieder, hat nichts zu essen und zu trinken und ist nur dürftig bekleidet. Es findet Unterschlupf in einer Höhle (Bei der schwarzen Frau[648], deutsch aus der Steiermark). – Das Schloss versinkt in die Erde, das Mädchen steht ganz allein und verlassen da, es gelangt in einen Wald und muss von Kräutern leben, weil es keine andere Nahrung findet (Die Tochter des Armen und

---

[644]    Nu minţi! In: ION POP RETEGANUL: Poveşti ardeleneşti. S. 198-201, hier S. 199.

[645]    Die Pathenschaft der heiligen Maria. In: KARL HAUPT: Sagenbuch der Lausitz. Zweiter Theil, S. 219-221, hier S. 220.

[646]    Goldhaar. In: PAVOL DOBŠINSKÝ: Slowakische Märchen. S. 295-301, hier S. 298. – Auch enthalten in: VIERA GAŠPARÍKOVÁ (Hg.): Slowakische Volksmärchen. S. 153-161, hier S. 157-158.

[647]    Die schwarze Frau. In: KARL HAIDING (Hg.): Österreichs Märchenschatz. S. 38-43, hier S. 41.

[648]    Bei der schwarzen Frau. In: PAUL ZAUNERT (Hg.): Märchen aus dem Donaulande. S. 92-95, hier S. 93.

das schwarze Männlein[649], deutsch aus Schwaben). – Das Mädchen lebt allein in der Wildnis, auch im Winter, wobei es sich von Beeren, Wurzeln und Nüssen ernährt (Marienkind[650], deutsch aus Hessen).

Die Erzähler stellen die Überlebensprobe so wie die angehexte Stummheit als Strafe für das Betreten der verbotenen Kammer dar, aber diese Verbindung ist falsch, weil das „Öffnen" des Mundes am Anfang, die Überlebensprobe aber gegen Ende der Buschzeit stattfand und die Geheimnisse der verbotenen Kammer den Zöglingen nach und nach enthüllt wurden. Es handelt sich um eine der zahlreichen Entstellungen. Bei der slowakischen Variante „Goldhaar" haben die Erzähler fälschlich den Tunnel eingebaut: Die schwarze Fee stürzt Goldhaar in einen Brunnenschacht ohne Wasser.

Höchst merkwürdig im zitierten rumänischen Märchen ist die Mitteilung, dass die Fee das Mädchen vor wilden Tieren schützt, denn in der völkerkundlichen Literatur findet sich eine Parallele. Hans Ritter brachte während seiner Reise durch das Buschland des Manding zwischen Mali und Guinea folgende Einzelheiten über die Jugendweihe in Erfahrung: „Die Initian-den der Bambara und vieler anderer Buschvölker, vorübergehend aus der Gemeinschaft ausgestoßen, müssen sich außerhalb des Dorfes aufhalten, in ritueller Anarchie: Sie müssen allein im Busch überleben *(oft unsichtbar bewacht von Jägern, die die wilden Tiere fernhalten),* sie dürfen stehlen, Durchziehenden oder den Bewohnern anderer Dörfer Gaben abverlangen, Mädchen und Frauen, zumindest symbolisch, überfallen."[651]

Wie bei den Bambara in Mali war es bei den Toma in Guinea üblich, den Zögling im Wald sich selbst zu überlassen, er musste mit eigenen Mitteln für seinen Lebensunterhalt sorgen.[652] – Bei den Iban im

---

[649] Die Tochter des Armen und das schwarze Männlein. In: ERNST MEIER: Deutsche Volksmärchen aus Schwaben. S. 124-128, hier S. 127.

[650] Marienkind. In: GRIMM, BRÜDER GRIMM: Kinder- und Hausmärchen. KHM 3. Bd. 1, S. 36-41, hier S. 38.

[651] HANS RITTER: Salz-Karawanen in der Sahara. S. 179.

[652] PIERRE-DOMINIQUE GAISSEAU: Geheimnisvoller Urwald. S. 118-119.

Hochland von Borneo war es noch in der zweiten Hälfte des 20. Jahrhunderts so, dass die Knaben, nachdem sie in einem Erdloch von bisswütigen Ameisen am ganzen Körper verwundet worden waren, sich so lange allein im Dschungel aufhalten mussten, bis die Wunden verheilt waren (was drei Wochen dauern konnte).[653]

## Motiv Nr. 37: Der Apfelbaum des Königs

Die drei Söhne des Königs bewachen der Reihe nach den Baum, der einmal im Jahr einen goldenen Apfel hervorbringt (AT 301 C). Die älteren versagen, der jüngste aber verwundet den nächtlichen Dieb. Als der jüngste den blutigen Spuren des Diebes folgt und in die Unterwelt hinabsteigt, entpuppt sich der Unbekannte als ein Drache, der nicht nur die goldenen Äpfel gestohlen, sondern auch eine Königstochter entführt hat.

Was soll man sich unter diesem Motiv vorstellen? So wie hier ein Unbekannter die Äpfel stiehlt, zertrampelt in anderen Überlieferungen ein Unbekannter das mit Erbsen bzw. Hirse, Hafer oder Weizen bebaute Feld eines Bauern (AT 530 „Die Prinzessin auf dem Glasberg"). Propp erkannte in dem Baum mit goldenen Äpfeln und in dem zertrampelten Feld die Spur eines Brauchs der frühen Ackerbauern, wobei er sich auf Mitteilungen von James George Frazer stützte. Die frühen Ackerbauern legten zuerst für die vermeintlichen Tier-Ahnen, die im Wald lebten, ein kleines Feld an, damit das große Feld verschont bleibe. Demselben Zweck dienten Opfer, die man am Feldrand deponierte (bei Frazer Reis, Mais, Zuckerror usw.). Vor dem Roden eines Waldstücks war es fällig, sich bei den Tier-Ahnen zu entschuldigen.[654]

Vielleicht lehnen manche Leser Propps Deutung ab. Aber, schau mal an, im Jülicher Land schützten sich die Bauern gegen Vogelfraß bis in die Neuzeit vermeintlich dadurch, dass sie beim Säen eine Ecke des

---

653    JEAN-IVES DOMALAIN: Penjamon. S. 222-239. Domalain, geboren 1943, wurde während einer Forschungsreise zu dieser Probe gezwungen.
654    VLADIMIR PROPP: Die historischen Wurzeln des Zaubermärchens. S. 200-202.

Ackers eigens für die Vögel bestreuten und ein Gebet verrichteten, denn damit hielten sie den Hauptteil des Ackers für gefeit.[655] – Im salzburgischen Flachgau steckte man für die Vögel ein kleines Büschel Ähren an den Zaun.[656] – In Siebenbürgen warf der Bauer noch Ende des 19. Jahrhunderts entweder auf dem Felde selbst oder auf dem Wege dahin die erste Handvoll Samen nach rückwärts über den Kopf, wobei er sprach: „Dies ist für euch Spatzen" oder „Spatzen, lasst meinen Weizen stehn, und ihr sollt zum Nachbarn gehen".[657]

In Thüringen, hält eine Sage fest, warfen die Bauern ehemals bei jeder Ernte drei Garben Korn an den Feldrand. Sie waren für die Mäuse und Hamster bestimmt, die dafür die Scheune des Bauern verschonen sollten (Die Hamsterplage[658]).

### Motiv Nr. 38: Eine zweite Unterwelt

In einem südosteuropäischen Sondertypus, der weit in den Orient reicht, gerät der Held, als er in die Oberwelt zurückkehren möchte, in eine noch tiefere Unterwelt. Damit geht die Handlung über in AT 300 „Der Drachentöter". Dort unten besiegt der Held den Wasser sperrenden Drachen und erhält dafür den zum Rückflug auf dem Riesenvogel benötigten Proviant.

### Motiv Nr. 39:
### Bestrafung der falschen Gefährten

Der Verrat der Kreuzbrüder am Helden des Märchens ist eine Erfindung von Erzählern, die mit der Überlieferung frei umgegangen sind.

---

[655] ADAM WREDE: Rheinische Volkskunde. S. 202.

[656] MARIE ANDREE-EYSN: Volkskundliches aus dem bayrisch-österreichischen Alpengebiet. S. 160.

[657] ULRICH JAHN: Die deutschen Opfergebräuche bei Ackerbau und Viehzucht. S. 73.

[658] Die Hamsterplage. In: WALTER NACHTIGALL und DIETMAR WERNER (Hg.): Der pfiffige Bauer. S. 9-10.

Dementsprechend ist die Art und Weise, wie die Verräter bestraft werden, ein Produkt der Fantasie. Sie werden verprügelt – zum Fenster hinausgeworfen – fortgejagt – verbannt – gehängt – geköpft – in eine Tonne mit Nägeln gesteckt – von wilden Ochsen zerrissen. Hie und da fordert der Held die vormaligen Kreuzbrüder auf, sich einem Gottesgericht zu stellen, mal mit Pfeilen, mal mit Streitkolben.

Laut Max Lüthi kennt das Märchen keine Rachsucht. Angeblich werden die Bösewichter so gut wie nie vom Helden selber bestraft; das besorgen entweder Nebenfiguren oder Jenseitige.[659] Im Falle von AT 301 stimmt das nicht. Friedrich Panzer hat in seine Studie über das Bärensohn-Märchen ein Kapitel „Hochzeit und Rache" eingebaut, da wird akribisch aufgelistet, wie der Held vorgeht.[660] Die Studie ist 1910 erschienen – Lüthi hätte sie konsultieren können.

### Vierter Exkurs: Die Saligen

Obwohl viele Sammlungen Sagen über Salige enthalten, haben die Herausgeber der „Enzyklopädie des Märchens" ihnen keinen Artikel gewidmet, mit anderen Worten: Die Erzählforscher haben das Wesen dieser Gestalten nicht erkannt. Ebenso wenig die Historiker.

Die Urbilder der Saligen waren Mitglieder des vorgeschichtlichen Frauenbundes, wobei sich drei Ränge unterscheiden lassen: die Novizinnen oder Saligen Fräulein – die gewöhnlichen Mitglieder – die Leiterinnen, die als Heilkundige und Wetterpropheten hervortreten. Monica Brătulescu hat in der Leiterin der rumänischen Mädchen-Spinnstube die Urenkelin der einstigen Zauberin und Schulleiterin erkannt.[661] Sie vermerkt aber nicht, dass die Leiterin der Mädchen-Spinnstube auch die Oberin des Frauenbundes beerbte. In den Sagen treten die Saligen durch vier Motive in Erscheinung: Die Saligen Fräulein helfen den Bauern selbstlos in Haus und Feld so wie die Zwerge des Typus

---

[659] MAX LÜTHI: Das europäische Volksmärchen. S. 17.

[660] FRIEDRICH PANZER: Beowulf. In: Studien zur germanischen Sagengeschichte. Bd. 1, S. 1-245, hier S. 192-218.

[661] MONICA BRĂTULESCU: Ceata feminină: S. 55.

Heinzelmännchen. – Die Saligen Frauen knüpfen ihr Jawort an Bedingungen. – Die Heilkundigen fördern die Empfängnis und leisten Beistand bei der Geburt. – Die Wetterkundigen raten den Bauern, wann sie mit dem Säen beginnen sollen.

Jede Salige knüpft ihre Heiratszusage an eine Bedingung. Zwar lautet diese jeweils anders, doch wenn wir eine größere Zahl von Überlieferungen in Betracht ziehen (Sagen und aus Sagen gewachsene Märchen), kehren dieselben Forderungen wieder. Der Mann muss Folgendes versprechen: nicht zu schimpfen – nicht zu schlagen – keine Geliebte zu haben – keine Anspielungen auf die Mitgliedschaft im Frauenbund zu machen – der Frau einen Tag zu gewähren, an dem sie tun kann, was sie möchte. Damit zeichnen sich zwei Auffassungen von der Stellung der Frau ab. Offenbar stammen die Überlieferungen aus einer Zeit, als die Rechte der Ehefrauen nicht mehr selbstverständlich waren, sonst hätte der Mann ihre Einhaltung nicht eigens geloben müssen.

Den Sinneswandel hat vermutlich die Ausbreitung des Pflügens mit Rindern nach sich gezogen. Nachdem der von Rindern gezogene Pflug eingeführt wurde, vermerkt George Thomson, ging der Ackerbau in die Hand der Männer über (was übertrieben sein mag, da viele Arbeiten auf dem Feld nach wie vor von den Frauen erledigt wurden). Und er fügt hinzu, dass man diesen Vorgang in einigen Teilen Afrikas, in denen der Pflug eine Neuerwerbung darstellt, „noch heute" [d.h. um 1950] gut verfolgen kann.[662] Selbstverständlich kommt auch die Neulandgewinnung durch Roden in Betracht. In der Bronzezeit säte man nicht mehr zwischen den Baumstrünken, wie es die jungsteinzeitlichen Trichterbecherleute getan, sondern entfernte nach dem Fällen der Bäume das Wurzelwerk und verwandelte damit eine Fläche, auf der bis dahin Wald gewachsen war, für immer in Kulturboden. Genauso – die Wurzeln entfernen – lautet eine der „schweren Aufgaben" für den Helden von AT 313. Die zwei für den Ackerbau wesentlichen Leistungen – Roden und

---

[662]   GEORGE THOMSON: Frühgeschichte Griechenlands und der Ägäis. S. 19. (Mit Berufung auf E. J. KRIGE: The Social System oft the Zulus. London, 1936.)

Pflügen mit Rindern – dürften das Selbstbewusstsein der Männer gestärkt haben.

Deshalb ist es verblüffend, dass den Sagen zufolge die Oberin des Frauenbundes – Frau Bercht, Frau Holle bzw. eine ihrer Doppelgängerinnen – die Erledigung der landwirtschaftlichen Arbeiten kontrolliert: ob der Flachs eingebracht ist – ob das Winterkorn eingebracht ist – ob das Korn zur Weihnachtszeit gedroschen ist – ob der Flachs zur Weihnachtszeit versponnen ist – ob Federvieh, Kühe und Pferde wohlgenährt sind. Die Urschel vom Urschelberg in der Nähe von Pfullingen war in der Lage, bedürftigen Familienvätern Korn zu schenken oder zu leihen[663], was auf Äcker zu ihrer Verfügung schließen lässt. In einer Sage aus dem Spessart wird mitgeteilt, dass der Held längere Zeit im Haus der Frau Holle lebt, ihr Flachsfeld bebaut und von ihr die Bauernarbeit erlernt (Die Frau Hulle[664]) – also muss sie über ein Grundstück verfügt haben.

Die Kontrolle der landwirtschaftlichen Arbeiten durch die Bercht bzw. ihre Doppelgängerinnen wird verständlich, wenn wir uns vorstellen, dass in grauer Vorzeit Garten- und Ackerbau in den Händen der Frauen lagen. Die Völkerkundler haben festgestellt, dass dort, wo starke Arbeitskollektive der Frauen für die Produktion wichtiger sind als die Männer, die Frauen die Kontrolle über die Produktion ausüben. Das ist der Fall in Gesellschaften mit Hackbau ohne Pflug; in Afrika [schrieb Uwe Wesel 1980] gibt es eine derartige Zone, die quer über den ganzen Kontinent verläuft, vom Kongo bis Tansania.[665]

Für Europa ist der Pflug schon um 3000 v.Chr. nachgewiesen, doch fand dieses Gerät erst zur Zeit der Urnenfelderkultur in der Späten Bronzezeit allgemeine Verbreitung.

Der wachsende Einfluss der Männer mag auch mit der Entstehung von Berufen zusammenhängen, die von Frauen nicht ausgeübt werden konnten, weil diese durch die Aufzucht der Kinder ans Haus gebunden waren. Denken wir an die Töpferei mit Brennofen, an Bergbau,

---

[663]  MARTIN FINK: Pfullinger Sagen. S. 17, 39.

[664]  Die Frau Hulle. In: VALENTIN PFEIFER: Spessart-Sagen. S. 53-56.

[665]  UWE WESEL: Der Mythos vom Matriarchat. S. 127-129.

Metallverarbeitung, Salzsiederei, Bootbau und Fernhandel. Demnach scheint die gesellschaftliche Stellung der Frau durch die wirtschaftliche Entwicklung geschwächt worden zu sein, schon bevor die patriarchalischen Indoeuropäer in Gestalt der Ur-Griechen in die Balkanhalbinsel einwanderten.

Jene Entfremdung von der Produktion hat mit der physischen Anstrengung während der Arbeit nichts zu tun. Beim mutterrechtlich organisierten Volk der Khasi im nordostindischen Bundesstatt Meghalaya arbeiteten 1995 in den Steinbrüchen und Kohlenbergwerken vor allem Frauen als Trägerinnen. Ein Wahlspruch der Khasi lautet: Es gibt nichts, was Frauen nicht könnten.[666]

In der westlichen Sahara, bei den Mauren, war eine von den Bedingungen der Saligen-Ehe bis in unsere Tage Gegenstand eines förmlichen Abkommens zwischen Eheleuten. Dort wurde schriftlich und vor Zeugen ein Ehevertrag geschlossen, durch den sich der Mann verpflichtete, keine weitere Frau zu heiraten und seiner Frau unbedingt die Treue zu halten, andernfalls würde sie sich von ihm trennen. Obwohl der Islam dem Mann mehrere Ehefrauen gestattet, setzten die Maurinnen sich durch. Peter Fuchs hält dies für ein mögliches Erbe ihrer matriarchalischen berberischen Vergangenheit.[667]

Außerhalb der Alpenländer wurden Überlieferungen mit dem Motiv der Saligen-Ehe im Harz, in Irland, Wales, Südfrankreich, auf Mallorca, auf Korsika und auf dem Balkan aufgezeichnet. Eine irische Sage verbindet das Motiv mit einer Erklärung für das sogenannte *Männerkindbett* oder die *Couvade* (Die Side im Bauerhaus[668]). Bei diesem eigenartigen Brauch legt sich bei der Geburt eines Kindes auch der Vater ins Wochenbett. Der Brauch wurde in Europa, Asien und Südamerika beobachtet. Für die Wissenschaftler gilt er als eine formelhafte Ablösung des Mutterrechts durch das Vaterrecht. Laut Martin Löpelmann liefert die

---

[666]  HANIA LUCZAK: Das Reich der Frauen. In: GEO Nr. 9/September 1995. S. 70-89, hier S. 77.

[667]  PETER FUCHS: Menschen der Wüste. S. 92-93.

[668]  Die Side im Bauernhaus. In: MARTIN LÖPELMANN (Hg.): Erinn. S. 111-117, hier S. 116-117.

genannte Sage einen Beitrag zum Verständnis des Kampfes zwischen den beiden Rechtsformen im alten Westeuropa.[669]

In sämtlichen Überlieferungen mit dem Motiv der Saligen-Ehe befindet sich der Bauernhof (in der Sage von Melusine das Schloss) im Besitz des Mannes, die Frau kommt von außen, in einigen Fällen bringt sie Vermögen in die Ehe mit, in anderen dient sie zunächst als Magd. Das ist ein Hinweis auf die damalige Organisation der Gesellschaft. Die Hausgenossenschaften sind bereits patriarchalisch, bei der Heirat ziehen die Mädchen aus der Hausgenossenschaft, der ihre Eltern angehören, in die des Ehemannes um. Wir haben gesehen, dass diese Gepflogenheit sich in Varianten des Märchentypus AT 402 „Die Katze als Braut" abzeichnet. Selbstverständlich lebten die Ehepaare nicht als Einzelfamilien auf kleinen oder größeren Bauernhöfen, wie in den meisten Überlieferungen dargestellt, sondern in Hausgenossenschaften.

Als der Mann sein Versprechen bricht, zieht sich die Frau zurück – sie verschwindet. Dieser Ausgang lässt mehrere Schlüsse zu. Wir dürfen annehmen, dass die Frau wirtschaftlich nicht von ihrem Mann abhängig war, denn andernfalls hätte sie bei ihm bleiben müssen. Wahrscheinlich fand sie Zuflucht und Aufnahme in der Hausgenossenschaft, in der sie aufgewachsen war, sonst hätte sie nicht von Zeit zu Zeit wiederkehren können, um, wie in der Überlieferung geschildert, die kleinen Kinder zu pflegen. Ferner entsteht der Eindruck, dass die Scheidung leicht zu bewerkstelligen war.

In einer walisischen Sage wird geschildert, wie die Frau, nachdem der Mann sie zum dritten Mal grundlos geschlagen, bei ihrem Auszug

---

[669] MARTIN LÖPELMANN: Erläuterungen und Anmerkungen. In: Ders. (Hg.): Erinn. S. 391-489, hier S. 439.

Der Brauch des Männerkindbetts hat sich aus dem Minderwertigkeitsgefühl der Männer entwickelt. Seine weltweite Verbreitung schließt die Möglichkeit aus, dass in Europa die Einwanderung der patriarchalisch organisierten Indoeuropäer den Anstoß gegeben hat. Und wenn sich ein solcher Brauch bilden konnte, dann dürfen uns in die Überlieferung eingestreute Äußerungen über Männer, die Kinder zur Welt bringen, etwa aus ihrer Wade, nicht wundern.

das gesamte Vieh mitnimmt, das sie in die Ehe gebracht hat (Die Frau aus dem See[670]) – ein Beleg für die Gütertrennung. Dieser Zustand – Gütertrennung – wird im irischen Epos „Der Rinderraub von Coolney" veranschaulicht, als Königin Medb und König Alill nach dem „Gespräch auf dem Kopfkissen" Umfang und Wert ihres Vermögens vergleichen.[671]

Im alten Irland war die Scheidung leicht und konnte aus sieben Gründen erfolgen: bei falscher Beschuldigung seitens des Gatten – bei Lächerlichmachung durch denselben – bei übler Behandlung durch Beschimpfung oder Schläge – bei offenem Verlassen oder öffentlicher Beschuldigung der Untreue – bei Ehebruch oder Vernachlässigung – beim Nachweis, dass vor der Eheschließung ein Liebestrank verabfolgt wurde – bei Nichteinräumung der häuslichen Rechte.[672] Bei den Kpelle in Liberia, die um 1900 noch in einer Stammesgesellschaft lebten, konnte eine Frau die Scheidung beantragen, falls ihr Mann sie schlecht behandelte oder die ehelichen Pflichten nicht erfüllte.[673]

Wenn die Salige kleine Kinder hat, kehrt sie noch eine Weile heimlich wieder, um diese zu pflegen: Der Säugling wird gestillt, die älteren Kinder werden gewaschen und gekämmt. Laut Überlieferung geschieht es heimlich, in Abwesenheit des Vaters. Das für die Erzählgemeinschaft rührende Verhalten können wir durch das Gewohnheitsrecht der Kpelle juristisch begründen: Wurde die Ehe auf Antrag der Frau gelöst, dann verblieben die Kinder dem Manne; einen Säugling aber behielt die Mutter bis zur Entwöhnung, um ihn dann dem Vater zu übergeben.[674]

---

[670]    Die Frau aus dem See. In: FREDERIK HETMANN (Hg.): Märchen aus Wales. S. 156-162, hier S. 161-162. – Auch enthalten in: FREDERIK HETMANN (Hg.): Roter Drache, grünes Tal. S. 29-35, hier S. 34-35.

[671]    Der Heereszug der Königin Medb gegen die Ulter. In: MARTIN LÖPELMANN (Hg.): Erinn. S. 160-203, hier S. 160-163.

[672]    MARTIN LÖPELMANN: Erläuterungen und Anmerkungen. In: Ders. (Hg.): Erinn. S. 391-489, hier S. 419. (Mit Berufung auf E. O'Curry.)

[673]    DIEDRICH WESTERMANN: Die Kpelle. S. 62.

[674]    Ebd., S. 63.

Durch diese Entsprechung wird die Gestalt der Saligen eindeutig als historisch bezeugt.

Was innerhalb des Frauenbundes geschah, musste wie bei den Naturvölkern geheim bleiben, und in diesem Bestreben nach Geheimhaltung wurzeln mehrere Bedingungen: Der Mann soll nicht nach dem Namen fragen, wobei hier der Name gemeint ist, den die Frau im Bund hat (Die Side im Bauernhaus[675], irisch; Die Seligen auf Runggallen[676], aus Tirol). – Er soll seine Frau nicht auffordern, zu tanzen und zu singen, womit Tänze und Lieder aus dem Repertoire des Frauenbundes gemeint sind (Die Waldfee[677], aus dem Burgenland). – Er soll niemals versuchen, ihre nackten Schultern zu sehen, womit die Neugier nach den Bundesmarken gemeint ist (Die Fee vom Rizzanese[678], französisch aus Korsika). Vergleichen wir mit den Kpelle: Dort durfte sich eine Frau nicht nach der Bedeutung der Narben auf dem Rücken ihres Mannes erkundigen. „Gibt sie aber auf eindringliches Fragen zu, sie zu kennen, so muss sie gestehen, von wem sie dieses Wissen habe, vom Vater, Mann oder Liebhaber; dieser wird daraufhin beim Häuptling angeklagt und hat eine Strafsumme zu zahlen."[679] In Europa war die Erinnerung an solche Einzelheiten längst verblasst, was zu Entstellungen führte: Der Mann dürfe die Frau nicht nackt sehen (Melusinen-Sage[680], französisch) – er dürfe sie nicht bei

---

[675]     Die Side im Bauernhaus. In: MARTIN LÖPELMANN (Hg.): Erinn. S. 111-117.

[676]     Die Seligen auf Runggallen. In: HANS FINK: Eisacktaler Sagen, Bräuche und Ausdrücke. S. 224-225.

[677]     Die Waldfee. In: KÄTHE RECHEIS (Hg.): Sagen aus Österreich. S. 114-116.

[678]     Die Fee vom Rizzanese. In: J. B. FRÉDÉRIC ORTOLI: Die Steinsuppe. S. 110-112.

[679]     DIEDRICH WESTERMANN: Die Kpelle. S. 233.

[680]     Melusinen-Sage. Siehe KARL HEISIG: Über den Ursprung der Melusinensage. In: FABULA. Bd. 3. [1960], S. 170-181, hier S. 171-172.

Kerzenlicht ansehen (Die Heirat mit der Hexe[681], italienisch aus Welschtirol).

Die Geheimhaltung ging so weit, dass die Frau sich ausbat, als *Wasserfrau, Fee* oder *Vila* bezeichnet zu werden, und ebenso wenig sollte der Mann anderen erzählen, dass sie eine Fee ist.

Die Autorität der Oberin dürfte durch das Vertrauen in ihre Heilkünste gefestigt worden sein. Frau Holle, so heißt es, machte die Weiber gesund und fruchtbar, die zu ihr in den Brunnen stiegen[682], was mit anderen Worten bedeutet, dass sie kinderlose Frauen beraten hat, und vermutlich war die Konsultation mit magischen Praktiken verknüpft. – So wie die Holle konnte auch die Wilde Frau helfen, die sich an einem Born bei Einartshausen in Hessen aufhielt: Wenn eine Frau gern ein Kind haben wollte, musste sie vor Sonnenaufgang dreimal aus dem Born trinken und dann Speise in einer neuen Schüssel niederstellen (Der Wildfrauborn bei Einartshausen[683]). – Eine um 1300 aufgezeichnete provenzalische Legende berichtet von der Fee *Esterelle,* die denselben Ruf genoss. Esterelle wohnte in der Nähe eines Brunnens, man brachte ihr Opfergaben, und sie gab den unfruchtbaren Frauen Zaubertränke.[684] – Das Wilde Fräulein Kolatsche leistete Beistand bei der Entbindung (Ein Wildes Fräulein hilft aus[685], deutsch aus Bayern). – Aus demselben Grunde wurde im Altertum die Nymphe *Egeria* verehrt, die im heiligen Hain zu Nemi nahe Rom lebte: Ihr Wasser besaß die Kraft, sowohl die Empfängnis als auch die Niederkunft zu erleichtern.[686] Merkwürdig genug: In

---

[681]   Die Heirat mit der Hexe. In: CHRISTIAN SCHNELLER: Märchen und Sagen aus Wälschtirol. S. 23-25.

[682]   Frau Hollen Teich. In: GRIMM, BRÜDER GRIMM (Hg.): Deutsche Sagen. S. 35. – Auch enthalten in: HEINZ RÖLLEKE (Hg.): Das große deutsche Sagenbuch. S. 470.

[683]   Der Wildfrauborn bei Einartshausen. In: ULF DIEDERICHS und CHRISTA HINZE (Hg.): Hessische Sagen. S. 203-204.

[684]   PAUL SÉBILLOT: Le Folk-Lore de France. Bd. 2, S. 197.

[685]   Ein Wildes Fräulein hilft aus. In: WALTER NACHTIGALL und DIETMAR WERNER: Hirtenzauber. S. 268-269.

[686]   JAMES GEORGE FRAZER: Der goldene Zweig. S. 5, 214.

Andalusien gehörte einst die Wallfahrt zu einem Wasserheiligtum zur Pflicht einer Braut vor der Hochzeit.[687]

Die Existenz des Frauenbundes spiegelt sich auch in Märchen wider. In den rumänischen Märchen heißen die Mitglieder *Feen*. Sie besitzen ein eigenes Land, vergleichbar dem Sande-Busch der Kpelle, wo die Jugendweihe für Mädchen abgehalten wurde. Ihr Gebiet dürfen nur alte Männer betreten (Von der schönen Rora[688], AT 516), wie es bei den Kpelle für Hilfeleistungen geregelt war. – Wenn eine Fee heiratet, muss sie das Feenland verlassen (Die Feenkönigin[689], AT ---), so wie ein Mitglied der Mädchen-Spinnstube sich anlässlich der Hochzeit von der Gruppe verabschiedete.

Im Süden der Balkan-Halbinsel verloren die Frauen ihre Rechte, nachdem dort die patriarchalischen Ur-Griechen eingezogen waren. Davon berichten die Sagen von Kekrops, dem zweiten König von Attika. Angeblich erlangte Kekrops den Königsthron, indem er die Tochter seines Vorgängers Aktaios heiratete.[690] Er soll die Ehe eingeführt haben. Vor seiner Zeit, so heißt es, war der Geschlechtsverkehr ungebunden, sodass weder die Söhne ihre Väter noch die Väter ihre Söhne kannten.[691] Während der Regierungszeit des Kekrops sollen die Frauen ihre

---

[687]    Felix Karlinger in einem Brief, datiert 13. November 1995 in Kritzendorf/Österreich. Er fügte hinzu, dass die Verkündigung des Engels an Maria in vielen Apokryphen und Legenden an einem Brunnen oder an einer Quelle erfolgt. Dazu gebe es auch archaische Bilddokumente.

[688]    Von der schönen Rora (AT 516). In: PAULINE SCHULLERUS: Rumänische Volksmärchen aus dem mittleren Harbachtal. S. 151-160, hier S. 152.

[689]    Crăiasa zînelor (AT --- + 900). In: ION POP RETEGANUL: Poveşti ardeleneşti. S. 50-60, hier S. 52-53. – Auch enthalten in: RUXANDRA NICULESCU (Hg.): Omul de piatră. S. 58-74, hier S. 61.

[690]    ROBERT VON RANKE-GRAVES: Griechische Mythologie. S. 85.

[691]    GEORGE THOMSON: Frühgeschichte Griechenlands und der Ägäis. S. 105.

angestammten Rechte verloren haben: Die Männer schlossen sie aus der Volksversammlung aus und erließen das Verbot, die Kinder weiterhin nach der Mutter zu benennen. Diese Umwälzungen ergaben sich aus dem Zusammenstoß zweier Gesellschaftssysteme. George Thomson präzisiert, dass es sich bei den Frauen um matriarchalisch organisierte Pelasgerinnen und bei den Männern um patriarchalische Einwanderer handelte. Er fügt hinzu, dass derart tiefgreifende Veränderungen *sich über einen langen Zeitraum* erstreckt haben müssen.[692]

Wann jener Kekrops regierte, ist mangels schriftlicher Aufzeichnungen umstritten. Laut Specht K. Heidrich wurde der Beschluss an sich nach der sogenannten *Deukalionischen Flut* gefasst, die eine vom Ausbruch des Vulkans Thera (oder Santorin) ausgelöste ungeheure Flutwelle war, ein Mega-Tsunami.[693] Der Ausbruch, eine richtige Explosion, ist um die Mitte des zweiten vorchristlichen Jahrtausends erfolgt, wann genau, vermochte die Wissenschaft bisher nicht zu ermitteln.

Zum Unterschied von Attika herrschte bei den Lykiern im südwestlichen Kleinasien noch im 5. vorchristlichen Jahrhundert die Sitte, dass sich der Nachname einer Person auf die Mutter bezieht, nicht auf den Vater. Wenn man einen Lykier nach seiner Herkunft fragte, nannte er den Namen seiner Mutter und zählte deren weibliche Vorfahren auf. Der griechische Historiker Herodot vermerkt es als Kuriosum.[694]

Manche Überlieferungen aus anderen Teilen des Kontinents berichten von Zusammenstößen zwischen Frauen und Berittenen bzw. Pferdehirten, was unsere Gedanken auf die indoeuropäischen Eindringlinge lenkt.

--------

[692]   Ebd., S. 215-216.
Die Überlieferungen mit Bezug auf Kekrops sind widersprüchlich. SPECHT K. HEIDRICH meint, dass Kekrops vor der Deukalionischen Flut gestorben und der Beschluss zur Aberkennung des Stimmrechts nach der Flut gefasst worden sei. In: Mykenische Geschichten. S. 86 bzw. 127, 132, 135.

[693]   SPECHT K. HEIDRICH: Mykenische Geschichten. S. 86.

[694]   HERODOT: Historien. S. 78-79 [Erstes Buch, Abschnitt 173].

So ein Berittener ist *der Wilde Jäger*, oft Anführer *der Wilden Jagd*. Im 19. Jahrhundert ist die Frauenjagdsage in der mündlichen Überlieferung Schwedens, Norwegens, Dänemarks, Irlands und Deutschlands (Nord-, Ost- und Süddeutschlands) bezeugt.[695] Im nördlichen Jütland verfolgt und tötet der Wilde Jäger Meerfrauen (Die wilde Jagd[696], dänisch), im Erzgebirge die Buschweibel (Die Busch- oder Holzweibel im Erzgebirge[697]).

In Rumänien haben sich die Bauern früher gegen die *iele* (böse weibliche Geister, Elfen) abgesichert, indem sie Pferdeschädel auf Zaunpfähle steckten, weil die Elfen angeblich vor Pferdeköpfen davonlaufen.[698] In Serbien war es noch vor dem Ersten Weltkrieg fast überall Sitte, einen Pferdeschädel oder sonstigen Tierknochen als Abwehrmittel auf den Zaun zu stecken.[699] Aber die sogenannten Elfen sind gewiss nicht vor Pferdeköpfen davongelaufen, sondern vor den Menschen, die über Pferde verfügten. Wer waren diese Menschen? In einem Szekler

---

[695]  LEANDER PETZOLDT: Kommentar. In: Ders. (Hg.): Deutsche Volkssagen. S. 343-475, hier S. 400.

[696]  Die wilde Jagd. In: HEINZ BARÜSKE (Hg.): Dänische Märchen. S. 308-309.

[697]  Die Busch- oder Holzweibel im Erzgebirge. In: WERNER LAUTERBACH (Hg.): Sagenbuch des Erzgebirges. S. 118-119.

[698]  OVIDIU BÎRLEA: MICĂ ENCICLOPEDIE A POVEŞTILOR ROMÂNEŞTI. S. 198. Geschnitzte Pferdeköpfe auf Hausgiebeln waren früher u.a. auch in Braunschweig üblich. RICHARD ANDREE zitiert dafür drei Erklärungen, eine davon deckt sich mit meiner Überlegung: Ursprünglich wurde das Rosshaupt auf einen Pfahl gesteckt und nach der Gegend gerichtet, von wo man Feinde erwartete, um diese abzuhalten. Später wurden die Häupter der geopferten Pferde am eigenen Haus angebracht, und an die Stelle der natürlichen Schädel traten mit der Zeit künstliche Nachbildungen, die allmählich bloß als Hausschmuck angesehen wurden, weil der tiefere Sinn verloren gegangen war. In: Braunschweiger Volkskunde. S. 175.

[699]  EDMUND SCHNEEWEIS: Serbokroatische Volkskunde. Erster Teil, S. 141.

Märchen werden die Feen mit Waffengewalt unterworfen, wobei Pferde eine wesentliche Rolle spielen (Der Glückskreuzer[700]). Es geschieht Folgendes: Unter Leitung ihrer Oberin beschleichen Gruppen von Feen nachts die Koppel des Königs, um Pferde zu stehlen. Es kommt zum Kampf. Die Feen drehen sich, tanzen, schlagen Purzelbäume in der Luft und zerkratzen den Hirten das Gesicht – *außer ihren Nägeln besitzen sie keine Waffen.* Sie rufen einander Worte zu, *die den Hirten unverständlich sind.* Die Hirten wehren sich mit Rauch von Holunderholz und *mit bleiernen Stöcken.* Zuletzt werden die Feen überwältigt, mit Peitschenschnüren gefesselt und als Sklavinnen dem König übergeben.

Im Märchen sind die Pferdehirten Szekler Burschen, doch wenn diese Überlieferung im Kern eine wahre Begebenheit wiedergibt, dann stellen sie Angehörige eines Reitervolks dar, welches noch identifiziert werden muss.

Die gewaltsame Entmachtung der Feen im zitierten Märchen hat eine Parallele in der Vernichtung der Frauenrepublik, von der eine auf die Gründung Prags bezogene Sage berichtet, die Vorfälle sind unter dem Namen *Mädchenkrieg* bekannt.[701] Hier werden die selbstbewussten Frauen von einer Seherin und Zauberin angeführt.

In abgelegenen rumänischen Dörfern, wo die Zeit stehen geblieben war, hat sich ein Schimmer von der Macht des vorgeschichtlichen Frauenbundes bis in die nahe Vergangenheit erhalten. Laut Monica Brătulescu beherrschte die Mädchenschar die gesamte dörfliche Jugend *(ceata feminină dispunea de autoritate asupra întregului tineret sătesc).*[702] Das ist auf den ersten Blick unverständlich, weil die Mitglieder 14 bis 18 Jahre alt waren und bloß drei bis vier Jahre in der Gruppe

---

[700] A szerencsekrajcár (AT ---). In: ELEK BENEDEK: Benedek Elek összes meséi. Bd. 3, S. 248-263. – Unter dem Titel „Von den Feen, die Pferde stahlen" in: ISTVÁN KORMOS (Hg.): Die Wunderflöte. S. 108-125. Die Übersetzung von Mirza Schüching und Géza Engl gibt den Urtext nicht genau wieder.

[701] Der Mädchenkrieg. In: VÁCLAV CIBULA: Prager Sagen. S. 23-38.

[702] MONICA BRĂTULESCU: Ceata feminină. S. 54.

blieben. Brătulescu erklärt die Autorität der Mädchenschar durch deren Einsatz für die vitalen Interessen beider Geschlechter und durch ihre Einstellung zur Heirat (was dazu führte, dass es im traditionellen rumänischen Dorf praktisch keine Ledigen gab[703]). Doch das reicht als Erklärung nicht aus. Offenbar verkörperte die Mädchen-Spinnstube nicht nur den Rahmen für die Jugendweihe, sondern vertrat auch den archaischen Frauenbund, der als Organisation nicht mehr existierte. Denken wir an den Zauber gegen Krankheiten – an das „Erfolgshemd" für die Toten – an die Regelung der Liebesbeziehungen zwischen Burschen und Mädchen – an die Bestrafung der Burschen, die ihre Verlobte sitzen ließen, durch angehexte Impotenz, eine drastische, grausame, aber von der Dorfgemeinschaft akzeptierte Strafe.

---

[703] Ebd., S. 56.

# SCHLUSS

In der Späten Bronzezeit, als die Buschschule in weiten Teilen Europas aus der sozialen Wirklichkeit verschwand, lebten auf dem Kontinent die Vorfahren der historischen Kelten und der historischen Thraker, im Pyrenäengebiet die Basken, im Süden der Balkanhalbinsel die mykenischen Griechen.

Die keltischen Stämme waren aus der Vermischung der Urbevölkerung mit eingewanderten Indoeuropäern entstanden. Im ersten vorchristlichen Jahrtausend siedelten sie überall in Europa, und in dem Teil, der uns besonders interessiert, nämlich Mitteleuropa, siedelten sie jahrhundertelang. Im Norden wurden sie seit dem 2. Jahrhundert v.Chr. von den vorrückenden Germanen bedrängt, im Süden und Westen im letzten Jahrhundert vor der Zeitenwende von den Römern unterworfen. Sie sind in den Germanen aufgegangen oder wurden romanisiert.

Die Thraker und verwandte Stämme siedelten seit dem 2. Jahrtausend v.Chr. im eigentlichen Thrakien sowie nördlich der unteren Donau, auf vorgelagerten Mittelmeerinseln und im Norden Kleinasiens. Sie bildeten bis ins 6. Jahrhundert n.Chr. eine sprachliche, ethnische und kulturelle Einheit. Nach und nach sind sie mit den Griechen und mit den Slawen verschmolzen, die ihre Siedlungsgebiete überfluteten.

Für Wörter aus der Sprache eines besiegten Volkes, die im Wortschatz des Siegervolkes weiterleben, haben die Sprachwissenschaftler den Begriff „Substrat" geschaffen. Im Lexikon wird der Begriff auf Wörter begrenzt, aber natürlich ist er auch auf Brauchtumselemente anwendbar. Von wem sollte der Initiationsritus, der für die Bronzezeit bezeugt ist, in Mitteleuropa bis ins Mittelalter und im Osten des Kontinents bis in die Neuzeit überliefert worden sein? Wahrscheinlich von den Nachkommen der Kelten und der Thraker, die sich zwar mit anderen Ethnien vermischt, zwar ihre Sprache aufgegeben haben, aber an ihren Bräuchen festhielten. Das ist die einfachste Erklärung. Wie zählebig ein Brauch sein kann, belegen gerade die rumänische und die ukrainische Mädchen-Spinnstube.

Auf die verschmitzte Frage, ob ich wirklich glaube, dass meine Vorfahren die Buschschule absolvierten, antworte ich mit folgendem

Einwand: Ich glaube das von einem Teil meiner Vorfahren, der seinerzeit in Mitteleuropa lebte. Mein Ja gilt nicht für den Teil der Vorfahren, die als Indoeuropäer aus Asien eingewandert sind.

In einer Höhle im Berg Lichtenstein bei Osterode im Harz wurden Knochen von Menschen aus der Bronzezeit entdeckt, und nach der Analyse ihres Erbguts stellte die Anthropologin Susanne Hummel von der Universität Göttingen fest, dass im nahegelegenen Dorf Förste zwei Männer mit einer äußerst seltenen Erblinie leben, die mit der eines Toten aus der Höhle identisch ist, mit anderen Worten: Ihre Familien hielten sich seit mindestens 3.000 Jahren – was umgerechnet 120 Generationen bedeutet – im selben Tal auf. (Wirklich sesshaft waren aber nur die männlichen Mitglieder der Familien, denn die Frauen kamen stets von außerhalb.) Im Jahre 2007 haben die Medien das sensationelle Ergebnis in die Welt posaunt. Mein Befund geht über die genannte Feststellung hinaus. Der Umstand, dass die Sagen über die hilfreichen Zwerge in acht Ländern aufgezeichnet worden sind, belegt eine überregionale Verbreitung des Brauchs, der zudem nicht das Anliegen einzelner Familien, sondern der Dorfgemeinschaften war.

Es ist also kein Zufall, dass etliche Märchen und Sagen, die sich auf die archaische Jugendweihe und auf die Frau Holle beziehen, im Harz aufgezeichnet worden sind.

# ANHANG

## Bibliografie

### Geschichte und Archäologie


AUSTEN, RALPH A.: Sahara. Tausend Jahre Austausch von Ideen und Waren. Berlin: Wagenbach, 2012.

BROME, VINCENT: So hat der Mensch gelebt. Der Weg unserer Zivilisation. [1962.] München: Heyne, 1967.

CÄSAR, GAJUS JULIUS: Der Gallische Krieg. Leipzig: Reclam jun., 1945.

CLINE, ERIC H.: 1177 v.Chr. Der erste Untergang der Zivilisation. [2014.] Darmstadt: Wissenschaftliche Buchgesellschaft, 2018.

DURANT, WILL: Das Goldene Zeitalter (Bd. 5 der Reihe „Kulturgeschichte der Menschheit"). Lausanne: Freizeit-Bibliothek, o.J.

FRANCE, ANATOLE: Vie de Jeanne d'Arc. [Das Leben des Jeanne d'Arc.] [1908.] [Paris:] L'Atelier de l'Archer, 1999.

HAARMANN, HARALD: Das Rätsel der Donauzivilisation. Die Entdeckung der ältesten Hochkultur Europas. Beck: München, 2011.

HAYWOOD, JOHN: Die Zeit der Kelten. Ein Atlas. [London, 2001.] Frankfurt am Main: Zweitausendeins, 2002.

HEIDRICH, K. SPECHT: Mykenische Geschichten. Von Phoroneus bis Odysseus, von Atlantis bis Troia. Griechisch-archaische Geschichte auf dem Prüfstand. Gräfelfing: Mantis, 2004.

HICKS, JIM: Die ersten Reiche. [New York, 1974, 1978.] Reinbek bei Hamburg: Rowohlt Taschenbuch Verlag, 1978.

HOFFMANN, EMIL: LEXIKON DER STEINZEIT. München: Beck, 1999.

JOCKENHÖVEL, ALBRECHT, und KUBACH, WOLF (Hg.): Bronzezeit in Deutschland. Sonderheft der Zeitschrift „ARCHÄOLOGIE IN DEUTSCHLAND". [Stuttgart, 1994.] Hamburg: Nikol, 2000.

KUCKENBURG, MARTIN: Das Zeitalter der Keltenfürsten. Eine europäische Hochkultur. Stuttgart: Klett-Cotta, 2010.

PROBST, ERNST: Deutschland in der Bronzezeit. Bauern, Bronzegießer und Burgherren zwischen Nordsee und Alpen. München: Bertelsmann, 1996.

PROBST, ERNST: Deutschland in der Steinzeit. Jäger, Fischer und Bauern zwischen Nordseeküste und Alpenrand. München: Bertelsmann, 1991.

RIEDER, KARL HEINZ, und TILLMANN, ANDREAS (Hg.): Archäologie um Ingolstadt. Ingolstadt: Kipfenberg, 1995.

SCHERTLER, OTTO: Die Kelten und ihre Vorfahren. Burgenbauer und Städtegründer. Augsburg: Battenberg, 1999.

SCHREIBER, HEINRICH: Die Feen in Europa. Eine historisch-archäologische Monographie. Freiburg im Breisgau: Groos, 1842.

SEUFERT, KARL ROLF: Dreitausend Jahre Afrika. Geschichte der Entdeckung und Erforschung Afrikas. Baden-Baden: Signal-Verlag, 1973.

THOMSON, GEORGE: Frühgeschichte Griechenlands und der Ägäis. [London: Lawrence & Wishart, 1949, 1954, 1961.] Berlin/West: das europäische buch, 1980.

WESEL, UWE: Der Mythos vom Matriarchat. Über Bachofens Mutterrecht und die Stellung von Frauen in frühen Gesellschaften vor der Entstehung staatlicher Herrschaft. Frankfurt am Main: Suhrkamp, 1980.

## Volkskunde und Völkerkunde

ANDREE-EYSN, MARIE: Volkskundliches aus dem bayrisch-österreichischen Alpengebiet. Braunschweig: Vieweg, 1910.

ARCHIV DES VEREINES FÜR SIEBENBÜRGISCHE LANDESKUNDE. Seit 1843 herausgegebene Zeitschrift. Erste Folge in 4 Bänden 1843-1851, 2. Folge in 50 Bänden 1853-1944. Bd. 42 ist im Hermannstädter Verlag Franz Michaelis Nachf. E. Dück im Jahre 1925 erschienen. (Hermannstadt = Sibiu, Rumänien.)

ATMORE, ANTHONY, STACEY, GILLION, FORMAN, WERNER: Schwarze Königreiche. Das Kulturerbe Westafrikas. Luzern und Herrsching: Atlantis, 1988.

BÄCHTOLD-STÄUBLI, HANNS, unter Mitwirkung von HOFFMANN-KRAYER, EDUARD (Hg.): HANDWÖRTERBUCH DES DEUTSCHEN ABERGLAUBENS. 10 Bde. [Berlin und Leipzig, 1927-1942.] Berlin und New York: de Gruyter, 2000. 3., unveränderte Aufl.

BAUMANN, HERMANN (Hg.): Die Völker Afrikas und ihre traditionellen Kulturen. 2 Bde (Teile). Wiesbaden: Steiner, 1975 und 1979.

BECKER, ALBERT: Frauenrechtliches in Brauch und Sitte. Ein Beitrag zur vergleichenden Volkskunde. Kaiserslautern: Kayser, 1913.

BERNATZIK, HUGO A.: Südsee. Leipzig: Bibliographisches Institut, 1934.

BJERRE, JENS: Wildes Neuguinea. Graz und Stuttgart: Stocker, 1964. 2. Aufl.

BONN, GISELA: Afrika verlässt den Busch. Kontinent der Kontraste. Düsseldorf und Wien: Econ, 1965.

BRĂTULESCU, MONICA: Ceata feminină – încercare de reconstituire a unei instituţii tradiţionale româneşti. [Die Mädchen-Schar – Versuch der Rekonstruktion einer traditionellen rumänischen Institution.] In: REVISTA DE ETNOGRAFIE ŞI FOLCLOR. Bukarest: Editura Academiei Republicii Socialiste România. Tomul 23. Nr. 1/1978, S. 37-60.

BUHOCIU, OCTAVIAN: Die rumänische Volkskultur und ihre Mythologie. Wiesbaden: Harrassowitz, 1974. Eine erweiterte Fassung ist in rumänischer Sprache veröffentlicht worden: Folclorul de iarnă, ziorile si poezia păstorească. [Winterfolklore, Morgenlieder und Hirtendichtung.] Bukarest: Minerva, 1979.

CHRISTMANN, ERNST: Pfälzisches Wörterbuch. 4 Bde. Wiesbaden: Steiner, 1965-1986.

CIAUŞIANU, GH. F.: Superstiţiile poporului român în asemănare cu ale altor popoare vechi şi noi. [Die abergläubischen Vorstellungen des rumänischen Volkes im Vergleich mit jenen anderer Völker, antiker und moderner.] [1914.] Bukarest: Saeculum I.O., 2001.

CRAAN, ROBERT: Geheimnisvolle Kultur der Traumzeit. Die Welt der Aborigines. München: Droemersche Verlagsanstalt Th. Knaur Nachf., 2000.

DAPPER, OLFERT: Umbständliche und Eigentliche Beschreibung von Africa. Anno 1668. [Amsterdam, 1668.] Stuttgart: Steingrüben, 1964.

DOMALAIN, JEAN-YVES: Panjamon. Ich war ein Kopfjäger. Wien und Hamburg: Zsolnay, 1972.

DUERR, HANS PETER: Sedna oder Die Liebe zum Leben. Frankfurt am Main: Suhrkamp, 1984.

ELIADE, MIRCEA: Das Mysterium der Wiedergeburt. Versuch über einige Initiationstypen. [Paris, 1958.] Frankfurt am Main: Insel, 1988.

ELIADE, MIRCEA: Schmiede und Alchemisten. Mythos und Magie der Machbarkeit. [Paris, 1956.] Freiburg im Breisgau, Basel, Wien: Herder, 1992.

ERCKENBRECHT, CORINNA: Frauen in Australien. „Aboriginal Women" gestern und heute. Bonn: Holos, 1993.

ERICH, OSWALD ADOLF: WÖRTERBUCH DER DEUTSCHEN VOLKSKUNDE. Begründet von OSWALD A. ERICH und RICHARD BEITL. Nachdr. der 3. Aufl. 1974, neu bearbeitet von RICHARD BEITL unter Mitarbeit von KLAUS BEITL. Stuttgart: Kröner, 1981.

FAÏK-NZUJI, CLÉMENTINE: Die Macht des Sakralen. Mensch, Natur und Kunst in Afrika. Eine Reise nach innen. [Brüssel, 1993.] Solothurn und Düsseldorf: Walter, 1993.

FAÏK-NZUJI, CLÉMENTINE M., und NGONGA-KEMBEMBE, HUBERT: Les traces du Grande Signe. Lecture sémiologique de symboles initiatiques. [Die Fährten des Großen Zeichens. Bedeutung der Initiationssymbole.] Brüssel: Lang, 2004.

FINDEISEN, HANS: Die „Schamanenkrankheit" als Initiation. Eine völker- und sozial-psychologische Untersuchung. In: Ders: ABHANDLUNGEN UND AUFSÄTZE AUS DEM INSTITUT FÜR MENSCHEN- UND MENSCHHEITSKUNDE. Nr. 45. Augsburg 1957. S. 1-37 [103-139].

FINDEISEN, HANS: Schamanentum, dargestellt am Beispiel der Besessenheitspriester nordeurasiatischer Völker. Stuttgart: Kohlhammer, 1957.

FINKERNAGEL, EMIL: Familienleben und Jugenderziehung in Westafrika: ihre Wandlungen dargestellt an einzelnen Stämmen. Frankfurt am Main, Bern, New York, Nancy: Lang, 1984.

FORDE, DARRYL: AFRICA. Zeitschrift des Internationalen afrikanischen Instituts. London: Oxford University Press.

FRÂNCU, TEOFIL, und CANDREA, GEORGE: Românii din Munţii Apuseni (Moţii). [Die Rumänen der Westkarpaten (die Motzen).] Bukarest: Gr. Luis, 1888.

FRAZER, JAMES GEORGE: Der goldene Zweig. Das Geheimnis von Glauben und Sitten der Völker. [Die zugrundeliegende Originalausgabe erschien 1922 in Cambridge. Es ist eine Kurzfassung der zwölfbändigen Ausgabe London 1907-1915.] Reinbek bei Hamburg: Rowohlt Taschenbuch Verlag, 1989.

FUCHS, PETER: Menschen der Wüste. Braunschweig: Westermann, 1991.

GAISSEAU, PIERRE-DOMINIQUE: Geheimnisvoller Urwald. Magie und Riten der Toma. [Paris, 1953.] Zürich: Füssli, 1954.

GENNEP, ARNOLD VAN: Übergangsriten. [Paris, 1909.] Frankfurt am Main und New York: Campus; Paris: Edition de la Maison des Sciences de l'Homme; 1986.

GRABER, GEORG : Volksleben in Kärnten. Graz : Leykam, [1934] 1941.

GUSINDE, MARTIN: Urmenschen im Feuerland. Vom Forscher zum Stammesmitglied. Berlin, Wien, Leipzig: Zsolnay, 1946.

HAIDER, FRIEDRICH: Tiroler Brauchtum im Jahreslauf. [1968.] Innsbruck und Wien: Tyrolia; Bozen: Athesia; 1985. 2., neubearbeitete und ergänzte Aufl.

HALEY, ALEX: Wurzeln. „Roots". (Roman.) [New York, 1976.] Frankfurt am Main: Fischer, 1977.

HANIKA, JOSEF: „Bercht schlitzt den Bauch auf" – Rest eines Initiationsritus? In: HELMUT PREIDEL (Hg.): STIFTER-JAHRBUCH. Gräfelfing bei München: Gans, 1951. (2. Jg.) S. 39-53.

HEINEMANN, EVELYN: Die Frauen von Palau. Zur Ethnoanalyse einer mutterrechtlichen Kultur. Frankfurt am Main: Fischer Taschenbuch Verlag, 1995.

HERSENI, TRAIAN: Forme străvechi de cultură poporană românească. Studiu de paleoetnografie a cetelor de feciori din Ţara Oltului. [Uralte Formen der rumänischen Volkskultur. Paläoethnografische Studie über die Burschenschar des Alt-Landes.] Cluj-Napoca [Rumänien]: Dacia, 1977.

HIMMELHEBER, ULRIKE: Schwarze Schwester. Von Mensch zu Mensch in Afrika. Stuttgart: Stuttgarter Hausbücherei, o.J.

HÖRBURGER, RAIMUND, NEHR, HELMUT, NEUWEG, SABINE, PICHLWANGER, KLAUS (Hg.): Burkina Faso. Unterentwicklung und Selbsthilfe in einem Sahel-Land. Frankfurt am Main: Brandes & Apsel; Wien: Südwind; 1990.

HUBER, HUGO: Tod und Auferstehung. Organisation, rituelle Symbolik und Lehrprogramm einer westafrikanischen Initiationsfeier. Freiburg/Schweiz: Universitätsverlag, 1979.

JAHN, ULRICH: Die Deutschen Opfergebräuche bei Ackerbau und Viehzucht. Ein Beitrag zur Deutschen Mythologie und Alterthumskunde. Breslau: Koebner, 1884.

JENSEN, AD. E.: Beschneidung und Reifezeremonien bei Naturvölkern. Stuttgart: Strecker und Schröder, 1933.

JUNGE, WERNER: Bolahun. Als deutscher Arzt unter schwarzen Medizinmännern. (Roman.) [Stuttgart, 1950.] Hamburg und Berlin/West: Deutsche Hausbücherei, o.J.

KAUFMANN, PAUL: Brauchtum in Österreich. Feste, Sitten, Glaube. Wien und Hamburg: Zsolnay, 1982.

KERSCHNER, BRUNO: Lebendiger Perchtenbrauch im Salzburgischen. In: BAYERISCHE HEFTE FÜR VOLKSKUNDE. München: Bayerische Akademie der Wissenschaften. Februar 1940. 12. Jg., 6. Heft, S. 59-61.

KLECKER, HANS: Sitten und Bräuche im Jahresverlauf in der gebirgigen Oberlausitz. Waltersdorf: Oberlausitzer Verlag, 1990.

KNAPPERT, JAN: LEXIKON DER AFRIKANISCHEN MY-THOLOGIE. Mythen, Sagen und Legenden von A – Z. [London, 1990.] München: Heyne, 1995.

LÄNG, HANS: Kulturgeschichte der Indianer Nordamerikas. Göttingen: Lamuv, [1989] 1994. 8. Aufl.

LOO, MARIE-JOSÉ VAN DE, und REINHART, MARGA-RETE (Hg.): Kinder. Ethnologische Forschungen in fünf Kontinenten. München: Trickster, 1993.

MARIAN, S. FL.: Naşterea la români. Studiu etnografic. [Die Geburt bei den Rumänen. Ethnografische Studie.] [1892.] Bukarest: SAECULUM I.O., 2000.

MEIER, JOHN: Der Brautstein. Frauen, Steine und Hochzeitsbräuche. Mit Beiträgen von IDA LUBLINSKI, KURT RANKE und SIBYLLE VON REDEN. [Halle (Saale), 1944.] Bern: edition amalia, 1996.

MEISEN, KARL: Nikolauskult und Nikolausbrauch im Abendlande. Eine kulturgeographisch-volkskundliche Untersuchung. Düsseldorf: Schwann, 1931.

MUTHESIUS, ALEXANDER: Die Afrikanerin. Düsseldorf: Hellas, 1959.

MYKYTIUK, BOHDAN GEORG: Die ukrainischen Andreasbräuche und verwandtes Brauchtum. Wiesbaden: Harrassowitz, 1979.

NEVERMANN, HANS: Masken und Geheimbünde in Melanesien. Berlin: Hobbing, 1933.

NICULIŢĂ-VORONCA, ELENA: Datinile şi credinţele poporului român. Adunate şi aşezate în ordine mitologica. [Die Gebräuche und Glaubensvorstellungen des rumänischen Volkes, mythologisch geordnet.] [Tschernowitz, 1903.] 2 Bde. Bukarest: SAECULUM I.O., 1998.

ODDIE, CATHERINE: ENKOP AI. Mein Leben mit den Massai. [Die Originalausgabe erschien 1994 in Australien.] Bergisch-Gladbach: Bastei Lübbe, 2000. 3. Aufl.

QUINTANA, ANTON: Der Paviankönig. (Roman.) [Amsterdam und Brüssel, 1983.] Hamburg: Dressler, 1984.

RASMUSSEN, KNUD: Unter Jägern und Schamanen. Tagebuch der Thule-Fahrt. Zürich: Unionsverlag, 2006.

REINSBERG-DÜRINGSFELD, O. FRH. VON: Festkalender aus Böhmen. Ein Beitrag zur Kenntnis des Volkslebens und Volksglaubens in Böhmen. Prag: Kober, 1864.

REINSBERG-DÜRINGSFELD, OTTO FREIHERR VON: Das festliche Jahr in Sitten, Gebräuchen, Aberglauben und Festen der germanischen Völker. Leipzig: Barsdorf, 1898. Zweite, vermehrte und verbesserte Aufl.

REITZENSTEIN, FERDINAND FREIHERR VON: Das Weib bei den Naturvölkern. Berlin: Neufeld & Henius, 1923.

REVISTA DE ETNOGRAFIE ŞI FOLCLOR. [Zeitschrift für Ethnografie und Folklore.] Bukarest: Editura Academiei Republicii Socialiste Romînia.

RITTER, HANS: Salzkarawanen in der Sahara. Zürich und Freiburg im Breisgau: Atlantis, 1980.

SAT-OKH: Das Land der Salzfelsen. Berlin/Ost: buchclub 65, 1967.

SCHÄFER, RITA: Die Sande-Frauengeheimgesellschaft der Mende in Sierra Leone. Ihre Organisation und Masken im zeitlichen, intra- und interethnischen Vergleich. Bonn: Holos, 1990.

SCHLESIER, ERHARD: Die melanesischen Geheimkulte. Untersuchung über ein Grenzgebiet der ethnologischen Religions- und Gesellschaftsforschung und zur Siedlungsgeschichte Melanesiens. Göttingen, Berlin/West, Frankfurt: Musterschmidt, 1958.

SCHNEEWEIS, EDMUND: Serbokroatische Volkskunde. Erster Teil. Volksglaube und Volksbrauch. [Celje (Cilli, Slowenien), 1935.] Berlin/West: de Gruyter, 1961. Erweiterte Neuaufl.

SCHURTZ, HEINRICH: Altersklassen und Männerbünde. Eine Darstellung der Grundformen der Gesellschaft. Berlin: Reimer, 1902.

SÉBILLOT, PAUL: Le Folk-Lore de France. [Die Folklore Frankreichs.] 4 Bde. Paris: Librairie orientale & américaine, 1904-1907.

SOKOLOWA, SOJA: Das Land Jugorien. [Moskau, 1976.] Moskau: Progress; Leipzig: Brockhaus; 1982.

SOLONEWITSCH, IWAN: Die Verlorenen. Eine Chronik namenlosen Leidens. Zweiter Teil. Flucht aus dem Sowjetparadies 1934. Essen: Essener Verlagsanstalt, 1938.

SOMÉ, MALIDOMA PATRICE: Vom Geist Afrikas. Das Leben eines afrikanischen Schamanen. [New York, 1994.] München: Diederichs, 1996.

SPAMER, ADOLF: Weihnachten in alter und neuer Zeit. Jena: Diederichs, 1937.

SPEKTRUM DER WISSENSCHAFT ist die seit 1978 monatlich erscheinende Ausgabe der populärwissenschaftlichen Zeitschrift SCIENTIFIC AMERICAN. Sie wird von der Verlagsgesellschaft „Spektrum der Wissenschaft" mit Sitz in Heidelberg herausgegeben.

TALOŞ, ION: GÂNDIREA MAGICO-RELIGIOASĂ LA ROMÂNI. [Das magisch-religiöse Denken bei den Rumänen.] Bukarest: Editura Enciclopedică, 2001.

TESSMANN, GÜNTER: Die Pangwe. Völkerkundliche Monographie eines westafrikanischen Negerstammes. Ergebnisse der Lübecker Pangwe-Expedition 1907-1909 und früherer Forschungen 1904-1907. Zwei Bände in einem Band. Berlin: Wasmuth, 1913.

THURNWALD, HILDE: Die schwarze Frau im Wandel Afrikas. Eine soziologische Studie unter ostafrikanischen Stämmen. Stuttgart: Kohlhammer, 1935.

VANSINA, J.: Initiation Rituals of the Bushong. [Initiationsrituale der Bushong.] In: DARYLL, FORDE (Hg.): AFRICA. Zeitschrift des Internationalen afrikanischen Instituts. Bd. 25. London: Oxford University Press, 1955. S. 138-153.

WEBER-KELLERMANN, INGEBORG: Das Weihnachtsfest. Eine Kultur- und Sozialgeschichte der Weihnachtszeit. Luzern und Frankfurt am Main: Bucher, 1978.

WEBSTER, HUTTON: Primitive Secret Societies. A Study in Early Politics and Religion. [Geheimbünde der Naturvölker. Eine Untersuchung über frühgeschichtliche Politik und Religion.] [1908.] Second edition, revised. New York: Macmillan, 1932.

WESTERMANN, DIEDRICH: Die Kpelle. Ein Negerstamm in Liberia. Dargestellt auf der Grundlage von Eingeborenenberichten. Göttingen: Vandenhoeck & Ruprecht; Leipzig: Hinrichs; 1921.

WÖRTERBUCH DER DEUTSCHEN VOLKSKUNDE. Siehe unter ERICH, OSWALD ADOLF.

WREDE, ADAM: Rheinische Volkskunde. [Heidelberg, 1922.] Frankfurt am Main: Weidlich, 1979.

WUTTKE, ADOLF: Der deutsche Volksaberglaube der Gegenwart. [1860.] Dritte Bearbeitung von Elard Hugo Meyer. Leipzig: Ruhl, 1925. 4. Aufl.

ZERRIES, OTTO: Das Schwirrholz. Untersuchung über die Verbreitung und Bedeutung der Schwirren im Kult. Stuttgart: Strecker und Schröder, 1942.

## Erzählforschung

AARNE, ANTTI: The Types of the Folktale. A Classification and Bibliography. Antti Aarne's Verzeichnis der Märchentypen (FF Communications No. 3). Translated and Enlarged by STITH THOMPSON. Second Revision. Helsinki: Academia Scientiarum Fennica, 1961. (FF Communications No. 184.)

BÎRLEA, OVIDIU: MICĂ ENCICLOPEDIE A POVEŞTILOR ROMÂNEŞTI. [Kleine Enzyklopädie der rumänischen Erzählungen.] Bukarest: Editura ştiinţifică şi enciclopedică, 1976.

BOLTE, JOHANNES, und POLÍVKA, GEORG: Anmerkungen zu den Kinder- und Hausmärchen der Brüder Grimm. Neu bearbeitet von ... 5 Bde. Leipzig: Dieterich'sche Verlagsbuchhandlung Theodor Weicher, 1913-1932.

BREDNICH, ROLF WILH.: Volkserzählungen und Volksglaube von den Schicksalsfrauen. Helsinki: Suomalainen Tiedeakatemia, 1964. (FF Communications No. 193.)

EBERHARD, WOLFGANG, und BORATAV, PERTEV NAILI: Typen türkischer Volksmärchen. Wiesbaden: Steiner, 1953.

ENZYKLOPÄDIE DES MÄRCHENS. Handwörterbuch zur historischen und vergleichenden Erzählforschung. 15 Bde. Begründet von

KURT RANKE. Herausgegeben von ROLF WILHELM BREDNICH u.a. Berlin/West und New York: de Gruyter, 1977-2015.

FABULA. Zeitschrift für Erzählforschung. Begründet von KURT RANKE. Herausgegeben von ROLF WILHELM BREDNICH und HANS-JÖRG UTHER. Berlin/West und New York: de Gruyter. Erscheint seit 1957.

HANIKA, JOSEF: Die schwarzen Prinzessinnen. Beziehungen eines Märchenmotivs zum Brauchtum. In: KARL MEISEN (Hg.): RHEINISCHES JAHRBUCH FÜR VOLKSKUNDE. Bonn: Dümmler, 1951. (2. Jg.) S. 39-47.

KARLINGER, FELIX: Menschen im Märchen. Studien zur Volkserzählung. Wien: Edition Praesens, 1994.

LAIBLIN, WILHELM (Hg.): Märchenforschung und Tiefenpsychologie. Darmstadt: Wissenschaftliche Buchgesellschaft, 1969.

LEVIN, ISIDOR: Über eines der ältesten Märchen der Welt. In: MÄRCHENSPIEGEL, herausgegeben von der Märchen-Stiftung Walter Kahn, München. Nr. 4/1994, S. 2-7.

LIUNGMAN, WALDEMAR: Die schwedischen Volksmärchen. Herkunft und Geschichte. [Djursholm, 1952.] Berlin/Ost: Akademie-Verlag, 1961.

LÜTHI, MAX: Das europäische Volksmärchen. Form und Wesen. München: Francke, [1947] 1974. Vierte, erweiterte Aufl.

MÄRCHENSPIEGEL. Zeitschrift für internationale Märchenforschung und Märchenpflege. Herausgegeben von der Märchen-Stiftung Walter Kahn, München. Erscheint ab 1990.

OBERFELD, CHARLOTTE (Hg.): Wie alt sind unsere Märchen? Regensburg: Röth, 1990.

PAMFILE, TUDOR: Mitologie românească. [Rumänische Mythologie.] Bukarest: „Grai şi suflet – cultura naţională", 2000.

PANZER, FRIEDRICH: Beowulf. In: Studien zur germanischen Sagengeschichte. 2 Bde. München: Beck, 1910. Bd. 1, S. 1-245.

PROPP, VLADIMIR: Die historischen Wurzeln des Zaubermärchens. [Leningrad, 1946.] München und Wien: Hanser, 1987.

RANKE-GRAVES, ROBERT VON: Griechische Mythologie. Quellen und Deutung. [Baltimore, London, New York, 1955.] Reinbek bei Hamburg: Rowohlt Taschenbuch Verlag, 1984.

RÖLLEKE, HEINZ: Die Märchen der Brüder Grimm. Eine Einführung. München und Zürich: Artemis, 1985.

RÖTH, DIETHER: KLEINES TYPENVERZEICHNIS DER EUROPÄISCHEN ZAUBER- UND NOVELLENMÄRCHEN. Hohengehren: Schneider, 1998.

RUMPF, MARIANNE: Rotkäppchen. Eine vergleichende Märchenuntersuchung. Frankfurt am Main, Bern, New York, Paris: Lang, 1989.

WINTERSTEIN, ALFRED: Die Pubertätsriten der Mädchen und ihre Spuren im Märchen. In: SIGM. FREUD (Hg.): IMAGO. Zeitschrift für Anwendung der Psychoanalyse auf die Natur- und Geisteswissenschaften. Bd. 14. Leipzig, Wien, Zürich: Internationaler psychoanalytischer Verlag, 1928. S. 200-274. – Auch enthalten in: WILHELM LAIBLIN (Hg.): Märchenforschung und Tiefenpsychologie. S. 56-70.

## Sammlungen von Märchen und Sagen

ACKERMANN, ERICH (Hg.): Märchen der Antike. Frankfurt am Main: Fischer Taschenbuch Verlag, 1981.

ACKERMANN, ERICH (Hg.): Märchen der Bretagne. Frankfurt am Main: Fischer Taschenbuch Verlag, 1989.

AFANASJEV, A. N.: IWAN – JOHANNES. Dreißig der schönsten russischen Märchen aus der Sammlung von … Stuttgart: Mellinger [1957] 1988. 6. Aufl.

AFANASJEW, ALEXANDER N.: Märchen aus dem alten Rußland. Frankfurt am Main und Hamburg: Fischer Bücherei, 1966. [Eine Auswahl.]

AFANASJEW, ALEXANDER N.: Russische Volksmärchen. 2 Bde. München: Deutscher Taschenbuch Verlag, 1985. [Eine Auswahl.]

AICHELE, WALTHER, und BLOCK, MARTIN (Hg.): Zigeunermärchen. Düsseldorf und Köln: Diederichs, 1962.

AITKEN, HANNAH, und MICHAELIS-JENA, RUTH (Hg.): Schottische Volksmärchen. Düsseldorf und Köln: Diederichs, 1965.

ALTWALLSTÄDT, KÄTHE: Die blaue Rose. Märchen aus Polen. Stuttgart: Ogham, 1980. 4. Aufl.

AMBAINIS, OJĀRS (Hg.): Lettische Volksmärchen. Berlin/Ost: Akademie-Verlag, 1977.

APRILE, RENATO (Hg.): Die Schöne mit den sieben Schleiern. Sizilianische Zaubermärchen. Stuttgart: Urachhaus, 1997.

ARANY, LÁSZLÓ: Ungarische Volksmärchen. [1862.] Budapest: Corvina, 1984.

ARIDAS, GEORGIOS (Hg.): Und sie lebten glücklich … Griechische Volksmärchen. Leipzig: Reclam jun., 1985. 2., veränderte Aufl.

BAADER, BERNHARD: Volkssagen aus dem Lande Baden und den angrenzenden Gegenden. [Karlsruhe, 1851.] Hildesheim und New York: Olms, 1978.

BAER, ALEXANDER (Hg.): Der gläserne Berg. Estnische Märchen. Berlin/Ost: Kultur und Fortschritt, 1970.

BARÜSKE, HEINZ (Hg.): Dänische Märchen. Frankfurt am Main und Leipzig: Insel, 1993.

BARÜSKE, HEINZ (Hg.): Skandinavische Märchen. Frankfurt am Main: Fischer Taschenbuch Verlag, 1972.

BAZANOV, V. G., und ALEKSEEVA, O. B.: Velikorusskie skazki v zapisjach I. A. Chudjakova. [Die großrussischen Märchen in den Werken I. A. Chudjakovs.] Moskau und Leningrad: Nauka, 1964.

BEKE, MARGIT, und KOROMPAY, BERTALAN (Hg.): A Szoria-Moria palota. Finn, norvég, svéd, lapp, dán mesék. [Das Szoria-Moria-Schloss. Finnische, norwegische, schwedische, lappländische und dänische Märchen.] Budapest: Móra, o.J.

BENEDEK, ELEK: Benedek Elek összes meséi. [Elek Benedeks sämtliche Märchen.] [1894-1896.] 4 Bde. Szegedin und Budapest: Szukits, 2001-2003.

BENEDEK, ELEK: Der Vogel mit den goldenen Federn. [Budapest, 1959 unter dem Titel „A vitéz szabólegény".] Budapest: Corvina, 1978.

BENZEL, ULRICH: Märchen und Sagen der Deutschen aus Böhmen und Mähren. 2 Bde. Regensburg: Pustet, 1980.

BÎRLEA, OVIDIU (Hg.): Antologie de proză populară epică. [Anthologie der epischen Volksprosa.] 3 Bde. Bukarest: Editura pentru literatură, 1966.

BOEHM, M., und SPECHT, F. (Hg.): Lettisch-litauische Volksmärchen. Jena: Diederichs, 1924.

BOGLÁR, LAJOS (Hg.): A három narancs palotája. Spanyol népmesék. [Der Palast der drei Orangen. Spanische Volksmärchen.] Budapest: Europa, 1963.

BOLTZ, HERBERT (Hg.): Toskanische Märchen. Frankfurt am Main: Fischer Taschenbuch Verlag, 1999.

BONSACK, WILFRIED M. (Hg.): Der schwangere Kupferkessel. Tunesische Märchen und Geschichten. Zürich: Unionsverlag, 1996.

BOŠKOVIĆ-STULLI, MAJA (Hg.): Kroatische Volksmärchen. Düsseldorf und Köln: Diederichs, 1975.

BOTEZATU, GRIGORE: Făt-Frumos şi Soarele. Poveşti populare din Basarabia. [Der Märchenheld und die Sonne. Volkserzählungen aus Bessarabien.] Bukarest: Minerva, 1995.

BRILL, TONY (Hg.): Legendele românilor. 3 Bde (Legendele cosmosului; Legendele florei; Legendele faunei). [Die Legenden der Rumänen. 3 Bde. (Legenden des Kosmos; Legenden der Flora; Legenden der Fauna).] Bukarest: „Grai şi Suflet – Cultura Naţională", 1994.

BRUNOLD-BIGLER, URSULA (Hg.): Die drei Winde. Rätoromanische Märchen aus der Surselva. Gesammelt von Caspar Decurtins. Chur: Desertina, 2002.

BÜCHLI, ARNOLD (Hg.): Schweizer Sagen. Zweite, erweiterte Aufl. Aarau: Sauerländer, o.J.

BUSCH, WILHELM: Aus alter Zeit. [München, 1910.] Leipzig: Insel [1936].

BYHAN, ELSE (Hg.): Wunderbaum und goldener Vogel. Slowenische Volksmärchen. Eisenach und Kassel: Röth, 1958.

CALVINO, ITALO: Die Braut, die von Luft lebte, und andere italienische Märchen. Gesammelt und nacherzählt von ... [Turin, 1956.] München und Wien: Hanser, 1993.

CIBULA, VÁCLAV: Prager Sagen. [Prag, 1972.] Berlin/Ost: buchclub 65, 1981.

COLSHORN, CARL, und COLSHORN, THEODOR: Märchen und Sagen aus Hannover. [1854.] Hildesheim und New York: Olms, 1975.

COX-LEICK, A. M. A., und COX, H. L. (Hg.): Märchen der Niederlande. Düsseldorf und Köln: Diederichs, 1977.

CREANGĂ, ION: Prinz Stutensohn. Märchen und Geschichten. Berlin/Ost: Aufbau, 1955.

CZAMBEL, SAMO: Die goldene Frau. Slowakische Märchen. [Bratislava, 1969.] Berlin/Ost: Altberliner Verlag Lucie Groszer, 1972.

DAS FLIEGENDE SCHIFF. Ukrainische Volksmärchen. Kiew: Dnipro, 1983.

DAS KIENSCHLOSS. Sorbische Märchen. Bautzen: Domowina, 1992.

DER NAGELKÖNIG. Zigeunermärchen. Budapest: Corvina, 1977.

DETTMERING, PETER (Hg.): Kinder- und Hausmärchen der Brüder Grimm. Urfassung 1812-1814. Frankfurt am Main: Klotz, 1997.

DIEDERICHS, ULF, und HINZE, CHRISTA (Hg.): Hessische Sagen. Von der Schwalm und der Rhön bis zum Taunus und Odenwald, Hessen-Kassel, Hessen-Darmstadt und die Freie Stadt Frankfurt. Frankfurt am Main und Berlin/West: Ullstein, 1985.

DIE RÄUBERNACHTIGALL. Belorussische Märchen. [Moskau und Minsk, 1958.] Berlin/Ost: Volk und Welt, [1969] 1976. 3. Aufl.

DOBŠINSKÝ, PAVOL: Der verwunschene Wald. Bratislava: Mlade letá, 1976. [Die zweite Auswahl aus der Sammlung slowakischer Märchen von Pavol Dobšinský.]

DOBŠINSKÝ, PAVOL: Slowakische Märchen. Prag: Artia, 1963.

ENDERLE, URSULA (Hg.): Märchen der Völker Jugoslawiens. [Belgrad, Skopje, Ljubljana, 1978.] Leipzig: Insel-Verlag Anton Kippenberg, 1990.

ENDRÖS, HERMANN, und WEITNAUER, ALFRED (Hg.): Allgäuer Sagen. Kempten: Verlag des Heimatpflegers von Schwaben, 1954.

ENGLERT-FAYE, CURT (Hg.): Schweizer Märchen, Sagen und Fenggengeschichten. Basel: Zbinden, 1984.

ESCHKER, WOLFGANG (Hg.): Serbische Märchen. München: Diederichs, 1992.

FÄHNRICH, HEINZ (Hg.): Georgische Märchen. Frankfurt am Main und Leipzig: Insel, 1991.

FINK, HANS: Eisacktaler Sagen, Bräuche und Ausdrücke. Innsbruck: Wagner, 1957.

FINK, HANS: Salige und Unholde. Frauengestalten der Alpensage. Bozen: Athesia, 1996.

FINK, MARTIN (Hg.): Pfullinger Sagen. Kleiner Führer und Wegweiser durch die heimische Sagenwelt. Pfullingen, 1999. 3., erweiterte Aufl.

FRÜH, SIGRID (Hg.): Märchenreise durch Europa. Frankfurt am Main: Fischer Taschenbuch Verlag, 1994.

FRÜH, SIGRID (Hg.): Märchen von Leben und Tod. Frankfurt am Main: Fischer Taschenbuch Verlag, 1990.

GAŠPARÍKOVÁ, VIERA (Hg.): Slowakische Volksmärchen. Kreuzlingen und München: Hugendubel, 2000.

GAŠPARÍKOVÁ, VIERA, JECH, JAROMÍR, KAPEŁUŚ, HELENA, NEDO, PAUL (Hg.): Die gläserne Linde. Westslawische Märchen. Bautzen: Domowina, 1972.

GASTER, THEODOR H.: Die ältesten Geschichten der Welt. Nacherzählt und herausgegeben von … [New York, 1952.] Berlin/West: Wagenbach, 1983.

GERAMB, VIKTOR VON (Hg.): Kinder- und Hausmärchen aus der Steiermark. Graz: Leykam, [1941] 1967. 4. Aufl., bearbeitet von Karl Haiding.

GONZENBACH, LAURA: Sicilianische Märchen. Erster und zweiter Teil. [Leipzig, 1870.] Hildesheim und New York: Olms, 1976.

GRIMM, BRÜDER GRIMM: Kinder- und Hausmärchen. [Göttingen, 1857.] 3 Bde. Ausgabe letzter Hand. Mit den Originalanmerkungen der Brüder Grimm. Mit einem Anhang sämtlicher, nicht in allen Auflagen veröffentlichter Märchen und Herkunftsnachweisen herausgegeben von HEINZ RÖLLEKE. Stuttgart: Reclam, 1984.

GROHMANN, JOSEF VIRGIL: Sagen-Buch von Böhmen und Mähren. Bd. 1. [Prag: Calve, 1863.] Berlin: Contumax, o.J.

HAHN, J. G. v.: Griechische und albanesische Märchen. Erster und zweiter Teil. Leipzig: Engelmann, 1864.

HAHN, JOHANN GEORG VON: Griechische Märchen. Nördlingen: Greno, 1987.

HAIDING, KARL (Hg.): Märchen und Schwänke aus Oberösterreich. Berlin/West: de Gruyter, 1969.

HAIDING, KARL (Hg.): Österreichs Märchenschatz. Wien: Pro domo, 1953.

HALLER, KARL (Hg.): Volksmärchen aus Österreich. [1915.] Wien, Stuttgart, Leipzig: Loewes Verlag Ferdinand Carl, o.J.

HALTRICH, JOSEF: Sächsische Volksmärchen aus Siebenbürgen. [Berlin, 1856 unter dem Titel „Deutsche Volksmärchen aus dem Sachsenlande in Siebenbürgen".] Bukarest: Kriterion, 1971. Herausgegeben von HANNI MARKEL.

HARALAMPIEFF, KYRILL (Hg.): Bulgarische Volksmärchen. Düsseldorf und Köln: Diederichs, 1971.

HAŞDEU, BOGDAN PETRICEICU: Omul de flori. Basme si legende populare româneşti. [Der Blumenmann. Rumänische Volksmärchen und -legenden.] Bukarest: SAECULUM I.O. und Vestala, 1997.

HAŞDEU, B. P.: Literatură populară. Basme populare româneşti. [Volksdichtung. Rumänische Volksmärchen.] Bukarest: „Grai si suflet – Cultura naţională", 2000.

HAUPT, KARL: Sagenbuch der Lausitz. Zwei Theile. Leipzig: Engelmann, 1862.

HENSSEN, GOTTFRIED:     Bergische Märchen und Sagen. Volkserzählungen. Münster in Westfalen: Aschendorff, 1961.

HENSSEN, GOTTFRIED (Hg.): Mecklenburger erzählen. Märchen, Schwänke und Schnurren aus der Sammlung Richard Wossidlos, herausgegeben und durch eigene Aufzeichnungen vermehrt von ... Berlin/Ost: Akademie-Verlag, [1957] 1965. Vierte, unveränderte Aufl.

HENSSEN, GOTTFRIED: Volk erzählt. Münsterländische Sagen, Märchen und Schwänke. Münster i.W.: Aschendorff, 1935.

HENSSEN, GOTTFRIED: Volksmärchen aus Rheinland und Westfalen. [Wuppertal-Elberfeld, 1932.] Hildesheim und New York: Olms, 1981.

HETMANN, FREDERIK (Hg.): Keltische Märchen. Frankfurt am Main: Fischer Taschenbuch Verlag, 1975.

HETMANN, FREDERIK (Hg.): Märchen aus Andalusien. Frankfurt am Main: Fischer Taschenbuch Verlag, 1996.

HETMANN, FREDERIK (Hg.): Märchen aus Wales. Düsseldorf und Köln: Diederichs, 1982.

HETMANN, FREDERIK (Hg.): Roter Drache, grünes Tal. Märchen aus Wales. Frankfurt am Main: Fischer Taschenbuch Verlag, 1987.

HEYL, JOHANN ADOLF: Volkssagen, Bräuche und Meinungen aus Tirol. [1897.] Bozen: Athesia, 1989.

HEYSE, PAUL (Hg.): Die Insel der Glückseligkeit. Italienische Märchen. Leipzig: Reclam jun., 1985. (Text nach: PAUL HEYSE: Italienische Volksmärchen. München: Lehmann, 1914.)

HÖRGER, MARLIES (Hg.): Der Verschleierte. Märchen von Ketzern und Verfemten. Frankfurt am Main: Fischer Taschenbuch Verlag, 1986.

HÖRGER, MARLIES (Hg.): Französische Märchen. Frankfurt am Main: Fischer Taschenbuch Verlag, 1991.

HUBRICH-MESSOW, GUNDULA (Hg.): Sagen und Märchen aus dem Schwarzwald. Husum: Husum, 1995. 2. Aufl.

HUBRICH-MESSOW, GUNDULA (Hg.): Sagen und Märchen aus Eutin. Husum: Husum, 2001.

ILG, B.: Maltesische Märchen und Schwänke. Zwei Teile in je einem Band. Leipzig: Schönfeld, 1906.

IONIȚĂ, MARIA: Drumul urieșilor. Basme, povești și legende din Apuseni. Cluj [Rumänien]: Dacia, 1986.

ISPIRESCU, PETRE: Legende sau basmele românilor. [Sagen oder die Märchen der Rumänen.] [Bukarest, 1872.] Bukarest: Editura Cartea românească, 1988. [Gesamtausgabe der Märchen.]

JAHN, ULRICH: Volksmärchen aus Pommern und Rügen. [Norden und Leipzig, 1891.] Hildesheim und New York: Olms, [1973] 1977.

JECH, JAROMÍR (Hg.): Tschechische Volksmärchen. [Berlin/Ost, 1961.] 2., vollständig bearbeitete und erweiterte Aufl. Berlin/Ost: Akademie-Verlag, 1984.

KAPEŁUŚ, HELENA, und KRZYŻANOWSKI, JULIAN (Hg.): Die Kuhhaut. Hundert polnische Volksmärchen. Leipzig und Weimar: Kiepenheuer, 1987.

KARLINGER, FELIX (Hg.): Das Feigenkörbchen. Volksmärchen aus Sardinien. Kassel: Röth, 1973.

KARLINGER, FELIX (Hg.): Das Mädchen im Apfel. Italienische Volksmärchen. München: Deutscher Taschenbuch Verlag, 1964.

KARLINGER, FELIX (Hg.): Italienische Volksmärchen. Köln: Diederichs, 1973.

KARLINGER, FELIX (Hg.): Märchen der Welt. 5 Bde. (Südeuropa; Mittel- und Nordeuropa; Amerika; Asien; Afrika und Ozeanien.) München: Deutscher Taschenbuch Verlag, 1978-1980.

KARLINGER, FELIX, und BÎRLEA, OVIDIU (Hg.): Rumänische Volksmärchen. Düsseldorf und Köln: Diederichs, 1969.

KARLINGER, FELIX, und LASERER, ERENTRUDIS (Hg.): Baskische Märchen. Düsseldorf und Köln: Diederichs, 1980.

KARLINGER, FELIX, und PÖGL, JOHANNES (Hg.): Katalanische Märchen. München: Diederichs, 1989.

KELLER, WALTER: Am Kaminfeuer der Tessiner. Sagen und Märchen aus dem Volke. Zweite, erweiterte Aufl. Bern: Feuz, o.J.

KELLER, WALTER: Tessiner Sagen und Volksmärchen. [Zürich, 1940.] Zürich: Edition Olms, [1981] 2000. 3. Aufl.

KELLER, WALTER, und RÜDIGER, LISA (Hg.): Italienische Märchen. Düsseldorf und Köln: Diederichs, 1959.

KERBELYTÉ, BRONISLAVA (Hg.): Litauische Volksmärchen. Berlin/Ost: Akademie-Verlag, 1978.

KLEIN, ROBERT (Hg.): Das weiße, das schwarze und das feuerrote Meer. Kassel: Röth, 1966.

KNOOP, OTTO (Hg.): Ostmärkische Sagen, Märchen und Erzählungen. Bd. 1. Lissa i. P.: Eulitz, 1909.

KORMOS, ISTVÁN (Hg.): Die Wunderflöte. Märchen aus Ungarn. Berlin/Ost: Der Kinderbuchverlag, 1971.

KOSCH, MARIE: Deutsche Volksmärchen aus Mähren. [Kremsier, 1899.] Hildesheim, Zürich, New York: Olms, 1988. (Beigebunden ist: ALTRICHTER, ANTON: Sagen aus der Iglauer Sprachinsel. [Iglau, 1920.])

KOTOUČ, JAROSLAV: Das Wasser des Lebens. Märchen und Sagen vom Wasser. Erzählt von … Prag: Artia, 1981; Hanau/M.: Dausien, o.J.

KOVÁCS, ÁGNES (Hg.): Der grüne Recke. Ungarische Volksmärchen. Kassel: Röth, 1986.

KOVÁCS, ÁGNES (Hg.): Ungarische Volksmärchen. Düsseldorf und Köln: Diederichs, 1966.

KRAUSS, FRIEDRICH S.: Sagen und Märchen der Südslaven in ihrem Verhältnis zu den Sagen und Märchen der übrigen indogermanischen Völkergruppen. 2 Bde. Leipzig: Friedrich, 1883-1884.

KRAUSS, FRIEDRICH S.: Tausend Sagen und Märchen der Südslaven. Bd. 1 [einziger Band]. Leipzig: Ethnologischer Verlag [1914].

KRETSCHMER, PAUL (Hg.): Neugriechische Märchen. Jena: Diederichs, 1919.

KUHN, ADALBERT: Sagen, Gebräuche und Märchen aus Westfalen und einigen anderen, besonders den angrenzenden Gegenden Norddeutschlands. 2 Bände in einem Band. [Leipzig, 1859.] Hildesheim und New York: Olms, 1973.

KUHN, ADALBERT, und SCHWARTZ, WILHELM: Norddeutsche Sagen, Märchen und Gebräuche aus Mecklenburg, Pommern, der Mark, Sachsen, Thüringen, Braunschweig, Hannover, Oldenburg und Westfalen. [Leipzig, 1848.] Hildesheim und New York: Olms, 1972.

KUHR, UWE (Hg.): Arabische Märchen aus Syrien. Frankfurt am Main und Leipzig: Insel, 1993.

LAMBERTZ, MAXIMILIAN (Hg.): Die geflügelte Schwester und die Dunklen der Erde. Albanische Volksmärchen. Eisenach: Röth, 1952.

LAUTERBACH, WERNER (Hg.): Sagenbuch des Erzgebirges. Friedrichsthal: Altis, 2003. 2., erweiterte Aufl.

LAZĂR, DUMITRU (Hg.): Fata din dafin. Basme populare românești. [Das Mädchen aus dem Lorbeerbaum. Rumänische Volksmärchen.] Bukarest: Editura pentru literatură, 1967.

LESKIEN, AUGUST (Hg.): Balkanmärchen. Aus Albanien, Bulgarien, Serbien und Kroatien. Jena: Diederichs, 1915.

LEVIN, ISIDOR (Hg): Zarensohn am Feuerfluss. Russische Märchen von der Weißmeerküste. Kassel: Röth, 1984.

LINTUR, P. V. (Hg.): Ukrainische Volksmärchen. Berlin/Ost: Akademie-Verlag, 1972.

LIUNGMAN, WALDEMAR (Hg.): Weißbär am See. Schwedische Volksmärchen von Bohuslän bis Gotland. Kassel: Röth, 1965.

LÖPELMANN, MARTIN: Erinn. Alte irische Märchen und Geschichten. Brünn, München, Wien: Rohrer, 1944.

LÖPELMANN, MARTIN (Hg.): Sagen und Märchen der Rumänen. Aus der Volksdichtung der macedonischen Rumänen. Leipzig: Armanen-Verlag, 1937.

LÖWIS OF MENAR, AUGUST VON (Hg.): Finnische und estnische Volksmärchen. Jena: Diederichs, 1927.

LÖWIS OF MENAR, AUGUST VON (Hg.): Russische Volksmärchen. Jena: Diederichs, 1921. Eine verbesserte und erweiterte Ausgabe erschien 1959, siehe bei REINHOLD OLESCH (Hg.): Russische Volksmärchen.

MARICHAL, WILHELM: Volkserzählgut und Volksglaube in der Gegend von Malmedy und Altsalm. Würzburg: Triltsch, 1942.

MARTYNOWA, FRANZISKA (Hg.): Das goldmähnige Pferd. Russische Zaubermärchen. Aus der Sammlung von ALEXANDER AFANASJEW. Leipzig: Reclam jun., 1990.

MARX, HELMA (Hg.): Das Buch der Mythen aller Zeiten aller Völker. Graz, Wien, Köln: Styria; München: Diederichs; 1999.

MEGAS, GEORGIOS A. (Hg.): Griechische Volksmärchen. Düsseldorf und Köln: Diederichs, 1965.

MEIER, ERNST: Deutsche Volksmärchen aus Schwaben. [Stuttgart, 1852.] Hildesheim und New York: Olms, 1971.

MEIER, HARRI (Hg.): Spanische und portugiesische Märchen. Jena: Diederichs, 1940.

MEIER, HARRI, und KARLINGER, FELIX (Hg.): Spanische Märchen. Augsburg: BECHTERMÜNZ, 1998.

MEIER, HARRI, und WOLL, DIETER (Hg.): Portugiesische Märchen. München: Diederichs, [1975] 1993. Zweite, überarbeitete Aufl.

MELL, MAX (Hg.): Alpenländisches Märchenbuch. Volksmärchen aus Österreich. Wien: Amandus-Edition, 1946.

MERKELBACH-PINCK, ANGELIKA: Lothringer Märchen. [1961.] Düsseldorf und Köln: Diederichs, 1984. Vermehrte und verbesserte Neuausgabe.

MILIOPULOS, PARASKEVAS I.: Mazedonische Märchen. Hamburg: Cram und de Gruyter, 1951.

MODE, HEINZ, unter Mitarbeit von HÜBSCHMANNOVÁ, MILENA (Hg.): Zigeunermärchen aus aller Welt. [Leipzig, 1983.] Frankfurt am Main und Leipzig: Insel, 1991.

MOSER-RATH, ELFRIEDE (Hg.): Deutsche Volksmärchen. Düsseldorf und Köln: Diederichs, 1966.

NACHTIGALL, WALTER, und WERNER, DIETMAR (Hg.): Der pfiffige Bauer und andere Volkssagen um Stände und Berufe aus dem Thüringischen. Hanau: Dausien, 1987.

NACHTIGALL, WALTER, und WERNER, DIETMAR: Volkssagen um Stände und Berufe aus dem Bayerischen. Ausgewählt und neu erzählt von … Berlin: Verlag Die Wirtschaft Berlin, 1991.

NALEPINA, A. (Hg.): Franzuskie skaski. [Französische Märchen.] Moskau: Pravda, 1988.

NEDO, PAUL (Hg.): Sorbische Volksmärchen. Systematische Quellenausgabe mit Einführung und Anmerkungen. Bautzen: Domowina, 1956.

NĚMCOVÁ, BOŽENA: Das goldene Spinnrad und andere tschechische und slowakische Märchen. Leipzig und Weimar: Kiepenheuer, [1981] 1990. Dritte Aufl.

NĚMCOVÁ, BOŽENA: Der König der Zeit. Slowakische Märchen. Bratislava: Mladé letá, 1978.

NEUMANN, SIEGFRIED (Hg.): Mecklenburgische Volksmärchen. Berlin/Ost: Akademie-Verlag, 1973. 2. Aufl.

NEUMANN, SIEGFRIED ARMIN (Hg.): Volksmärchen aus dem historischen Vorpommern. Aus den Sammlungen von Ulrich Jahn, Alfred Haas und ihren Zeitgenossen. Rostock: Hinstorff, 1984.

NICULESCU, RUXANDRA (Hg.): Omul de piatră. Basmele călătoriilor în timp. [Der steinerne Mann. Die Märchen von Zeitreisen.] Bukarest: Minerva, 1976.

NICULIŢĂ-VORONCA, ELENA: Datinile şi credinţele poporului român. Adunate şi aşezate în ordine mitologica. [Die Gebräuche und Glaubensvorstellungen des rumänischen Volkes, mythologisch geordnet.] [Tschernowitz, 1903.] 2 Bde. Bukarest: SAECULUM I.O., 1998.

NIŞCOV, VIORICA (Hg.): Cele trei rodii aurite. O istorie a basmelor româneşti în texte. [Die drei goldenen Granatäpfel. Eine Geschichte der rumänischen Märchen in Texten.] Bukarest: Minerva, 1979.

OBERFELD, CHARLOTTE: Märchen des Waldecker Landes. Marburg: Elwert, 1970.

OBERT, FRANZ: Rumänische Märchen und Sagen aus Siebenbürgen. In: ARCHIV DES VEREINES FÜR SIEBENBÜRGISCHE LANDESKUNDE. Neue Folge. Bd. 42, 2. und 3. Heft. Hermannstadt [Sibiu, Rumänien]: Franz Michaelis Nachf. E. Dück, 1925.

OLESCH, REINHOLD (Hg.): Russische Volksmärchen. Düsseldorf und Köln: Diederichs, 1959.

ONČUKOV, N. E. (Hg.): Severnye skaski. [Märchen des Nordens.] [1908.] 2. Bde. Sankt Petersburg: Tropa Trojanova, 1998.

ORTOLI, J. B. FRÉDÉRIC: Die Steinsuppe. Märchen und Geschichten aus Korsika. Zürich: Unionsverlag, 1996.

ORTUTAY, GYULA (Hg.): Ungarische Volksmärchen. [Berlin/Ost, 1957.] Budapest: Corvina, 1980. 6., berichtigte Aufl.

PAP, ÉVA (Hg.): Der Bärenjunge. Volksmärchen aus dem uralischen Sprachraum. Budapest: Corvina, 1985.

PERGEN, A. RITTER VON: Deutsche Pflanzensagen. Stuttgart und Oehringen: Schaber, 1864.

PETZOLDT, LEANDER (Hg.): Balkan-Märchen. Frankfurt am Main: Fischer Taschenbuch Verlag, 1995.

PETZOLDT, LEANDER (Hg.): Deutsche Volkssagen. München: Beck, 1970.

PETZOLDT, LEANDER (Hg.): Sagen, Märchen und Schwänke aus Südtirol. Gesammelt von Willi Mai. 2 Bde. Innsbruck und Wien: Tyrolia, 2000-2002.

PEUCKERT, WILL-ERICH (Hg.): Schlesische Kinder- und Hausmärchen. Stuttgart: Brentano, 1953.

PFEIFER, VALENTIN (Hg.): Spessart-Sagen. Aschaffenburg: Pattloch, [1948] 1961. 3. Aufl.

POMERANZEWA, E. (Hg.): Die Herrin des Feuers. Märchen der Nordvölker. Moskau: Progress, 1974.

POMERANZEWA, ERNA (Hg.): Russische Volksmärchen. Berlin/Ost: Akademie-Verlag, 1976. 12. Aufl.

POP RETEGANUL, ION: Poveşti ardeleneşti. Basme, legende, snoave, tradiţii şi povestiri. [Siebenbürgische Erzählungen. Märchen, Sagen, Schwänke, Bräuche und Geschichten.] [Bukarest, 1943.] Bukarest: Editura Minerva, 1986.

PRÖHLE, HEINRICH: Kinder- und Volksmärchen. [Leipzig, 1853.] Hildesheim und New York: Olms, 1975.

PRÖHLE, HEINRICH: Märchen für die Jugend. Halle: Buchhandlung des Waisenhauses, 1854.

RĂDULESCU-CODIN, C.: Poveşti. Bukarest: Editura Tineretului, 1957.

RANKE, KURT (Hg.): Schleswig-Holsteinische Volksmärchen. Aus den Sammlungen der Kieler Universitätsbibliothek, der Schleswig-Holsteinischen Landesbibliothek und des Germanistischen Seminars der Universität Kiel. 3 Bde. Kiel: Hirt, 1955, 1958, 1962.

RAUSMAA, PIRKKO-LIISA, und SCHELLBACH-KOPRA, INGRID (Hg.): Finnische Volksmärchen. Augsburg: Bechtermünz, 1998.

RECHEIS, KÄTHE (Hg.): Sagen aus Österreich. Wien: Ueberreuter, 1970.

ŞĂINEANU, LAZĂR: Basmele române în comparaţiune cu legendele antice clasice şi în legătură cu basmele popoarelor învecinate şi ale tuturor popoarelor romanice. Studiu comparativ. [Die rumänischen Märchen im Vergleich mit den klassischen antiken Sagen, mit den Märchen der benachbarten Völker und aller romanischen Völker. Vergleichende Studie.] Bukarest: Litotipografia Göbl, 1895.

SÁNCHEZ-PÉREZ, JOSÉ (Hg.): Cien cuentos populares españoles. [Hundert spanische Volksmärchen.] Palma de Mallorca: Olaneta, 1992.

ŞANDRU OLTEANU, TUDORA (Hg.): Legenda copacului manacá. Poveşti şi legende din America latină. [Die Sage vom Manacá-Baum. Märchen und Sagen aus Lateinamerika.] Bukarest: Minerva, 1980.

SARANTIS-ARIDAS, GEORGIOS (Hg.): Griechische Märchen. Frankfurt am Main und Leipzig: Insel, 1998.

SCHENDA, RUDOLF (Hg.): Märchen aus der Toskana. München: Diederichs, 1996.

SCHENDA, RUDOLF, und SENN, DORIS (Hg.): Märchen aus Sizilien. Gesammelt von GIUSEPPE PITRÉ. München: Diederichs, 1991.

SCHLEGLMANN, MARIA AURELIA (Hg.): Tiroler Legenden, Sagen und Volksbräuche. Regensburg: Manz, 1928.

SCHNELLER, CHRISTIAN: Märchen und Sagen aus Wälschtirol. Ein Beitrag zur deutschen Sagenkunde. [Innsbruck, 1867.] Hildesheim und New York: Olms, 1976.

SCHNEZLER, AUGUST (Hg.): Badisches Sagenbuch. 2 Bde. [Karlsruhe, 1846.] Wiesbaden: Fourier, 1978.

SCHOTT, ARTHUR, und SCHOTT, ALBERT: Rumänische Volkserzählungen aus dem Banat. Märchen, Schwänke, Sagen. [Stuttgart und Tübingen, 1845.] Bukarest: Kriterion, 1971.

SCHULLERUS, PAULINE: Rumänische Volksmärchen aus dem mittleren Harbachtal. [Hermannstadt (Sibiu, Rumänien), 1896 – 1906 – 1907.] Bukarest: Kriterion, 1977.

SCHÜTZ, JOSEPH (Hg.): Die Glücksuhr. Märchen aus Jugoslawien. Recklingshausen: Bitter, 1978.

SCHÜTZ, JOSEPH (Hg.): Jugoslawische Märchen. Frankfurt am Main: Fischer Taschenbuch Verlag, 1972.

SCHÜTZ, JOSEPH (Hg.): Volksmärchen aus Jugoslawien. Düsseldorf und Köln: Diederichs, 1960.

ŞERB, IOAN (Hg.): Legende despre flori şi păsări. [Legenden von Blumen und Vögeln.] Bukarest: Minerva, 1990.

ŞERB, IOAN (Hg.): Tinereţe fără bătrîneţe şi viaţă fără de moarte. Basme populare româneşti. [Jugend ohne Alter und Leben ohne Tod. Rumänische Volksmärchen.] Bukarest: Editura pentru literatură, 1961.

SIMONIDES, DOROTA, und SIMONIDES, JERZY (Hg.): Märchen aus der Tatra. München: Diederichs, 1994.

SIROVÁTKA, OLDŘICH: Polnische Märchen. Erzählt von ... Prag: Artia, 1990; Hanau am Main: Dausien, o. J.

SIROVÁTKA, OLDŘICH (Hg.): Tschechische Volksmärchen. Düsseldorf und Köln: Diederichs, 1969.

SIWIK, HANS, und LESAAR, SUSANNE (Hg.): Der eiserne Mann. Im Märchenland Thüringen. Freiburg im Breisgau, Basel, Wien: Herder, 1992.

SOMMER, EMIL: Sagen, Märchen und Gebräuche aus Sachsen und Thüringen. Bd. 1. Halle: Anton, 1846.

SOUPAULT, RÉ (Hg.): Französische Märchen. Düsseldorf und Köln: Diederichs, 1963.

SOUPAULT, RÉ (Hg.): Französische Märchen. Frankfurt am Main und Hamburg: Fischer Bücherei, 1970.

SPIES, OTTO (Hg.): Türkische Märchen. Augsburg: Bechtermünz, 1998.

STĂNCESCU, D.: Sur-Vultur. Basme culese din gura poporului român. [Grau-Adler. Märchen aus dem Munde des rumänischen Volkes.] Bukarest: SAECULUM I.O., 2000.

STANOVSKÝ, V., SIROVÁTKA, O., LUŽIK, R.: Slawische Märchen. Erzählt von ... Prag: Artia, 1971.

STEPHANI, CLAUS: Zipser Mära und Kaßka. Marburg: Elwert, 1989.

STROEBE, KLARA (Hg.): Nordische Volksmärchen. 2 Bde. Jena: Diederichs, 1919 und 1922.

STUDER-FRANGI, SILVIA (Hg.): Märchen aus Sizilien. Frankfurt am Main: Fischer Taschenbuch Verlag, 1998.

SULEJMENOV, M. (Hg.): Skaski narodov mira. [Die Märchen der Völker der Welt.] Alma-Ata: Žalyn, 1965.

SURMELIAN, LEON: Armenische Märchen und Volkserzählungen. Frankfurt am Main und Leipzig: Insel, 1991.

TAUBE, ERIKA (Hg.): Volksmärchen der Mongolen. München: Biblion, 2004.

TIETZ, ALEXANDER: Das Zauberbründl. Märchen aus den Banater Bergen. Bukarest: Jugendverlag, 1958.

TIETZ, ALEXANDER: Märchen und Sagen aus dem Banater Bergland. Bukarest: Kriterion, 1974.

TIETZ, ALEXANDER: Sagen und Märchen aus den Banater Bergen. Bukarest: Jugendverlag, 1956.

TIETZ, ALEXANDER: Wo in den Tälern die Schlote rauchen. Ein Lesebuch. Bukarest: Literaturverlag, 1967.

TILLHAGEN, CARL HERMAN: Taikon erzählt Zigeunermärchen und -geschichten. Zürich: Artemis, 1948.

TOLSTOJ, A. N.: Russische Volksmärchen. Bearbeitet von ... [Moskau, 1946.] Berlin/Ost: SWA-Verlag, 1949. Die Sammlung erschien 1975 stark gekürzt unter dem Titel „Märchen aus Rußland" im Fischer Taschenbuch Verlag.

UFFER, LEZA (Hg.): Rätoromanische Märchen. Düsseldorf und Köln: Diederichs, 1973.

UTHER, HANS-JÖRG (Hg.): Deutsche Märchen und Sagen. Digitale Bibliothek, Bd. 80. Berlin: Directmedia, 2003.

UTHER, HANS-JÖRG (Hg.): Deutscher Sagenschatz. Kreuzlingen bei München: Hugendubel, 2000.

UTHER, HANS-JÖRG (Hg.): Europäische Märchen und Sagen. Digitale Bibliothek, Bd. 110. Berlin: Directmedia, 2004.

UTHER, HANS-JÖRG (Hg.): Märchen vom Essen und Trinken. Frankfurt am Main: Fischer Taschenbuch Verlag, 1993.

UZUNOGLU-OCHERBAUER, ADELHEID (Hg.): Türkische Märchen. Frankfurt am Main: Fischer Taschenbuch Verlag, 1988.

VERNALEKEN, THEODOR: Alpenmärchen. [Wien, 1863.] Augsburg: Weltbild, 1992.

VERNALEKEN, THEODOR: Mythen und Bräuche des Volkes in Österreich. Als Beitrag zur deutschen Mythologie, Volksdichtung und Sittenkunde. Wien: Braumüller, 1859.

VIIDALEPP, RICHARD (Hg.): Estnische Volksmärchen. Berlin/Ost: Akademie-Verlag, 1980. Die Sammlung wurde 1990 unter demselben Titel im Diederichs-Verlag München veröffentlicht.

VLADISLAV, JAN: Französische Märchen. Erzählt von … Hanau/M.: Dausien, o.J.

VON PRINZEN, TROLLEN UND HERRN FRO. Märchen der europäischen Völker. Rheine in Westfalen. (Eine Reihe von Bänden mit Märchen in der Originalsprache und in deutscher Übersetzung. Ab 1956 im Jahresrhythmus herausgegeben von der Gesellschaft zur Pflege des Märchengutes der europäischen Völker.) Ab 1965 unter dem Titel „Begegnung der Völker im Märchen. Unveröffentlichte Quellen".

WALDAU, ALFRED VON (Hg.): Tschechische Märchen. Eine Auswahl der schönsten Volksmärchen, gesammelt und deutsch erzählt von … Prag: Vitalis, 1999.

WEISSENBERGER, MONIKA A. (Hg.): Das große Buch der Märchen. Frankfurt am Main: Fischer Taschenbuch Verlag, 1993.

WIE IWAN DIE SONNE BESUCHTE. Ukrainische Heldenmärchen. Kiew: Dnipro, 1989.

WILDHABER, ROBERT, und UFFER, LEZA (Hg.): Schweizer Volksmärchen. Köln: Diederichs, 1971.

WISSER, WILHELM: Plattdeutsche Volksmärchen. 2. Bde. Jena: Diederichs, 1914 und 1927. Die Seitenzahlen zu den Märchen „Die Nachtwache" und „Ziburtius" (beide im zweiten Band) habe ich einer Ausgabe entnommen, die 1979 im Verlag der Fehr-Gilde in Hamburg erschienen ist.

WLISLOCKI, HEINRICH VON: Märchen und Sagen der Bukowinaer und Siebenbürger Armenier. Hamburg, 1891.

WLISLOCKI, HEINRICH VON: Märchen und Sagen der Transsilvanischen Zigeuner. Berlin: Nicolaische Verlagsbuchhandlung R. Stricker, 1886.

WOLF, JOHANN WILHELM: Deutsche Hausmärchen. [Göttingen und Leipzig, 1851.] Hildesheim und New York: Olms, 1972.

WOLF, JOHANN WILHELM: Verschollene Märchen. Nördlingen: Greno, 1988.

WOYCICKI, K. W.: Volkssagen und Märchen aus Polen. Breslau: Priebatsch [1920].

ZAUNERT, PAUL (Hg.): Deutsche Märchen aus dem Donaulande. Jena: Diederichs, 1926.

ZAUNERT, PAUL (Hg.): Deutsche Märchen seit Grimm. 2 Bde. Jena: Diederichs, 1912 und 1923.

ZELENIN, D. K. (Hg.): Velikorusskie skaski Permskoj gubernii. [Die großrussischen Märchen des Gouvernements Perm.] [Petrograd, 1914.] Sankt Petersburg: Bulanin, 1997.

ZENDER, MATTHIAS: Volksmärchen und Schwänke aus der Westeifel. Bonn: Röhrscheid, 1935.

ZINGERLE, IGNAZ, und ZINGERLE, JOSEPH: Kinder- und Hausmärchen aus Tirol. [Innsbruck, 1852; Gera, 1870; Innsbruck, 1911.] Hildesheim und New York: Olms, 1976.

# Liste mit Märchentypen
## aus dem Aarne-Thompson-Katalog

Als Antti Aarne die Klassifizierung der Märchen in Angriff nahm, war die ritualistische Theorie noch nicht geboren. Deshalb stehen die Märchentypen mit Motiven, die Momenten der archaischen Jugendweihe entsprechen, im Katalog nicht nebeneinander, sondern verstreut in der Menge der Angaben. Aus Bewunderung für das Sammelwerk der Brüder Grimm benannte der Finne etliche Typen nach bekannten Texten aus den „Kinder- und Hausmärchen".

Aarnes Verzeichnis wurde von Stith Thompson zweimal überarbeitet und ergänzt (1928 und 1961).

AT 222 „Der Krieg der fliegenden und der vierfüßigen Tiere"

AT 300 „Der Drachentöter"

AT 300 A „Der Kampf an der Brücke" (auch registriert als AT 328 A* „Drei Brüder befreien die von Drachen geraubten Gestirne")

AT 301 „Die drei geraubten Königstöchter", auch bekannt als „Die Prinzessinnen in der Unterwelt".

AT 301 A „Die Suche nach den verschwundenen Prinzessinnen"

AT 301 B „Die außerordentlichen Gesellen". Oft wird die Handlung eingeleitet von AT 650 A „Der starke Hans". (Die verbreitete Bezeichnung *Bärensohn-Märchen* trifft nur auf AT 301 B zu.)

AT 301 C „Der Apfelbaum des Königs"

AT 302 „Das Herz des Unholdes im Ei"

AT 302 C „Dienst um ein Zauberpferd"

AT 303 „Die zwei Brüder"

AT 303 A „Sechs Brüder suchen sieben Schwestern zu Frauen"

AT 304 „Der gelernte Jäger"

AT 306 „Die zertanzten Schuhe"

AT 310 „Die Jungfrau im Turm"

AT 311 „Von der Schwester gerettet"

AT 312 „Blaubart"

AT 312 D „Der Held errettet seine Schwester und seine Brüder aus der Gewalt des Drachen"

AT 313 „Der dem Teufel versprochene Königssohn" (zuweilen eingeleitet durch AT 222 „Der Krieg der fliegenden und der vierfüßigen Tiere" und/oder AT 537 „Die magische Schatulle"). In der Sekundärliteratur bekannt unter dem Namen „Die magische Flucht".

AT 314 „Goldener"

AT 321 „Der Held gewinnt die von der Hexe genommenen Augen zurück"

AT 325 „Der Zauberer und sein Schüler"

AT 326 „Der Knabe, der das Fürchten lernen wollte"

AT 329 „Die Versteckwette"

AT 333 „Rotkäppchen"

AT 350 „

AT 361 „Der Bärenhäuter"

AT 400 „Der Mann auf der Suche nach seiner verschwundenen Gattin"

AT 402 „Die Katze als Braut"

AT 403 „Die weiße und die schwarze Braut"

AT 405 „Jorinde und Joringel". Der Anfang des gleichnamigen Grimm'schen Märchens (KHM 69) stimmt mit dem des flämischen Märchens „Janneken und Mieken und die Zauberhexe Peetje Loo" überein. Offenbar war den Brüdern Grimm nichts von der Existenz der flämischen Überlieferung bekannt, denn sie gaben als Quelle die Lebensgeschichte von Heinrich Jung-Stilling an. Mit dem Grimm'schen Märchen nah verwandt ist eine rumänische Legende von der Herkunft der Lilie *(Legenda crinului)*, nur wird das Mädchen von der Zauberin hier nicht in einen Vogel, sondern in eine Blume verwandelt.[704]

AT 407 „Das Mädchen als Blume"

---

[704] Janneken und Mieken und die Zauberhexe Peetje Loo. In: A. M. A. COX-LEICK und H. L. COX (Hg.): Märchen der Niederlande. S. 58-60. – Legenda crinului. In: TONY BRILL (Hg.): Legendele românilor. Bd. 2 (Legendele florei), S. 93-94. – Auch enthalten in: IOAN ŞERB (Hg.): Legende despre flori şi păsări. S. 35-36.

AT 407 A „Das Lorbeerkind“, auch bekannt als „Das Basilikum-mädchen“

AT 408 „Die drei Orangen“

AT 409 A „Das Mädchen als Zicklein (oder Dohle)“

AT 409 B* „Dem ungeborenen Sohn wird eine Fee versprochen“

AT 410 „Dornröschen“

AT 413 „Heirat durch Kleiderdiebstahl“. (Siehe auch AT 425 M, 431 C*.)

AT 425 „Die Suche nach dem verlorenen Gatten“

AT 425 A „Amor und Psyche“

AT 425 B „Der entzauberte Gatte und die Aufträge der Hexe“

AT 425 C „Die Schöne und das Tier“

AT 425 E „Der verzauberte Gatte singt ein Wiegenlied“

AT 425 G „Am Lager des schlafenden Prinzen“. (Siehe auch AT 437 und AT 894.)

AT 431 C* „Der Fisch als Geliebter“

AT 432 „Der Prinz als Vogel (Finist)“

AT 433 „Der Prinz als Schlange“

AT 437 „Der Nadelprinz“. (Siehe auch AT 425 G und AT 894.)

AT 440 „Der Froschkönig“

AT 441 „Hans mein Igel“

AT 450 „Brüderchen und Schwesterchen“

AT 451 „Das Mädchen, das seine Brüder sucht“

AT 460 A „Die Reise zu Gott»

AT 460 B „Die Reise zum Glück“

AT 461 „Drei Haare vom Barte des Teufels“

AT 465 „Der um sein schönes Weib Beneidete“

AT 465 A „Bring mir das – Ich-weiß-nicht-Was“

AT 465 B „Die lebende Kantele“

AT 465 C „Ein Auftrag in der anderen Welt“

AT 468 „Die Prinzessin auf dem himmelhohen Baum“

AT 475 „Der Höllenheizer“

AT 480 „Das gute und das schlechte Mädchen“

AT 502 „Der wilde Mann“

AT 510 A „Aschenputtel“

AT 511 „Einäuglein, Zweiäuglein, Dreiäuglein“

AT 511 A „Das rote Öchslein“

AT 513 A „Die wunderbaren Helfer“

AT 513 B „Das zu Wasser und zu Lande fahrende Schiff“

AT 516 „Der getreue Johannes“

AT 518 „Teufel (Riesen) streiten um Wünscheldinge“

AT 530 „Die Prinzessin auf dem Glasberg“

AT 531 „Das kluge Pferd“

AT 532 „Ich weiß nicht“

AT 537 „Die magische Schatulle“

AT 551 „Das Wasser des Lebens“

AT 552 „Die Tierschwäger“

AT 554 „Die dankbaren Tiere“

AT 560 „Der Zauberring“

AT 563 „Der Tisch, der Esel und der Stock“

AT 570 „Der Hasenhirt“

AT 571 A „Kleb an! Die Königstochter zum Lachen bringen“

AT 590 „Der Prinz und die Armreifen“

AT 590 A „Die verräterische Ehefrau“

AT 650 A „Der starke Hans“

AT 650 C „Das Bad im Drachenblut (Jung-Siegfried)“

AT 670 „Der Mann, der die Sprache der Tiere verstand“

AT 675 „Der faule Bursche“

AT 707 „Die drei goldhaarigen Kinder“

AT 709 „Schneewittchen“

AT 710 „Marienkind“

AT 850 „Die Körpermale der Prinzessin“

AT 851 „Die Rätselprinzessin“

AT 851 A „Turandot“

AT 853 „Redekampf mit der Prinzessin“

AT 894 „Der Kummerstein“. (Siehe auch AT 425 G und AT 437.)

AT 900 „König Drosselbart“

AT 923 „Lieb wie Salz“

AT 930 „Der reiche Mann und sein Schwiegersohn“

AT 936* „Der Edelsteinberg“